1. Mai 1996

70 JAHRE „BUNTE STUBE“ AHRENSHOOP 1922 – 1992

Martha – „Molly“ – Wegscheider, Begründerin der „Bunten Stube“, 1942.

Dorfstraße, Ecke Strandweg in Ahrenshoop vor der Gründung der „Bunten Stube“, 1922

Als im Jahre 1908 Katharina Wegscheider (1865–1918) das Fachwerkhaus des befreundeten Malers Prof. Martin Körte erwarb, senkte die Familie Wegscheider aus Berlin ihre erste Wurzel in den kargen Ahrenshooper Dünensand. Im Laufe der folgenden Jahre ließ Katharina (Käthe) – die mit der Malerin Eva von Pannewitz befreundet und aktives Mitglied des Ahrenshooper Vereins für gemeinnützige Zwecke war – im und am Hause viele bauliche Veränderungen und Verbesserungen durchführen.

1914 kaufte sie das kleine rohrgedeckte Nachbarhaus hinzu, in dem später die BUNTE STUBE ihren Anfang nahm.

Als die unverheiratete Käthe 1918 im Alter von 53 Jahren starb, erbte ihr Bruder Dr. med. Max Wegscheider (1866–1928) die Häuser, die somit das beliebte Feriendomizil der Familie blieben.

1921 ist der Maler und Grafiker Hans Brass (1885–1959), der mit der Familie Wegscheider schon in Berlin befreundet war, zum ersten Mal nach Ahrenshoop gekommen. Ein Jahr später machte er einen Raum im Haus Wegscheider zu seinem ständigen Wohnsitz.

Im Jahre 1922 kamen Martha Wegscheider, die Frau Dr. Wegscheiders – und Hans Brass auf die Idee, ein Geschäft zu eröffnen mit kleinen Dingen, die im Alltag oft so notwendig sind, denn bisher konnte man so etwas nur in Wustrow kaufen. Sie besorgten in Ribnitz Nähgarn, Knöpfe, Schnürsenkel und viele andere kleine Dinge, die sie zum Verkauf in Ahrenshoop anboten.

Hans Brass bemalte Holzdosen und Schälchen, batikte Stoffe, denn vom Verkauf seiner Bilder konnten sie nicht leben.

Der Gewinn dieser kleinen Verkaufseinrichtung sollte auch die Unkosten der Erhaltung der Häuser decken.

Die kleine südliche Veranda am Rohrdachhaus wurde als Lesestube eingerichtet: drei Korbstühle, ein runder Tisch, und für 20 Pfennige konnte man bis zu zwei Stunden lang die Berliner Zeitung, die Vossische und andere Tageszeitungen lesen.

Am 8. Juni 1922, zu Martha Wegscheiders 40. Geburtstag, war die Eröffnung des kleinen Geschäftes, das den Namen BUNTE STUBE erhielt.

1923 wurde an der Westseite dieses Hauses für Hans Brass ein Atelier angebaut. Um das Grundstück wurde ein Zaun mit Zementsockel gesetzt, und Hans Brass malte ein großes Schild BUNTE STUBE.

Das Angebot, vor allem an kunstgewerblichen Artikeln wurde reichhaltiger, der Zuspruch lebhafter. Ein zweiter Raum mußte für den Verkauf eingerichtet werden. Die Inflation erschwerte das Geschäft.

Das „Stammhaus“ der „Bunten Stube“, als es noch ein einfaches Wohnhaus war. Ein historisches Foto aus dem Jahr 1922.

Das Rohrdachhaus der „Bunten Stube“ nach dem Brand 1957

Innenaufnahme „Bunte Stube“ 1964

Fritz Wegscheider als Inhaber der „Bunten Stube“ förderte seit 1958 junge Kunst im dafür eigens geschaffenen Kabinett, Foto 1969

Da gibt es zum Beispiel noch die „Bunte Stube“ in der stillen, von Buchen überschatteten Dorfstraße. Für eine ganze Generation von Malern, Bildhauern, Musikern, Schriftstellern und Regisseuren, die zwischen den Weltkriegen zur geistigen Elite einer bewegten Kunstepoche gehörten, ist dieser kleine Buch- und Kunstgewerbeladen ein Begriff. Sie alle, über die Welt verstreut, erinnern sich an die Besitzerin der „Bunten Stube“, Frau Wegscheider, jene gebildete, quicklebendige alte Dame, die hier mit souveränem Geschick ihren Intellektuellen-Salon führte.

Als ich die „Bunte Stube“ betrete, sitzt sie wie eine zerbrechliche Porzellanfigur ... hinteren Ecke auf dem Empire-Sofa. ... ruhen ... em Krückst...

Ausriß aus dem „Stern“ vom 9. August 1964 unter dem Titel: „Die Nackten und die Roten“.

Die „Bunte Stube“ 1992 – eines der Wahrzeichen von Ahrenshoop seit 1922.

Zwei Zeichnungen von der „Bunten Stube“. Links von Georg Hülsse, rechts von Elizabeth Shaw.

Andreas Wegscheider leitet heute die „Bunte Stube“ in der dritten Generation.

© Bunte Stube Andreas Wegscheider · O-2993 Ahrenshoop · Tel.: 0 38 22 02 38 · Sonderbeilage zu dem Buch:
AHRENSHOOP – Die Geschichte eines Dorfes zwischen Fischland und Darß von Friedrich Schulz · ISBN 3-88 132 290-6

Die „Bunte Stube“ lädt zum Besuch ins Rohrdachhaus ein, 1923

1924 ließ Hans Brass eine große Anzahl selbstentworfener Kunstpostkarten drucken; der Ullstein-Verlag lieferte Zeitschriften und Ullstein-Bücher, man bezog China-Waren und Artikel aus dem Dürer-Haus und vom Werkfreunde-Kunstgewerbe aus Berlin.

1925 erwarb Dr. Max Wegscheider das Eckgrundstück Dorfstraße/Strandweg. Hier wurde eine Bude für Urlaubs- und Strandartikel, Zeitungen und Zeitschriften aufgestellt, die eine Schwester von Frau Wegscheider betreute. Die Veranda des Rohrdachhauses wurde durch einen Anbau verlängert, die Verkaufsfläche somit erweitert.

Hans Brass bemalte expressionistisch die Außenwände des Hauses und der Veranda. Dies war für den kleinen Ort zu extravagant, es wurde protestiert. Die sommerlichen Modenschauen vor dem Rohrdachhaus waren ein voller Erfolg – vor allem wegen der bezaubernden Mannequins; es waren die hübschesten Mädchen vom Sommerkurs der berühmten Leipziger Gymnastikschule von Dora Menzler, der in Wustrow durchgeführt wurde.

1927 wurde Hans Brass zum Gemeindevorsteher von Ahrenshoop gewählt und schied damit aus der Firma Brass und Wegscheider aus. Martha Wegscheider wurde alleinige Inhaberin der BUNTEN STUBE.

Hans Brass gab das Atelier im Anbau auf und arbeitete fortan im Fachwerkhaus, dessen hinterer Parterreraum bis 1929 als Gemeindeamt diente.

Am 3. Oktober 1928 starb Dr. Max Wegscheider in Berlin.

Martha Wegscheider wurde Besitzerin der Grundstücke und siedelte nun ganz nach Ahrenshoop um.

1929 führte der Rostocker Architekt Walter Butzek den Anbau der BUNTEN STUBE nach Ideen von Hans Brass aus.

Der Säulengang erhielt den Namen BUNTE REIHE. Hier gab es an jedem Fenster etwas anderes zu kaufen, Strand- und Badeartikel, am nächsten Fenster Kurzwaren, dann Süßigkeiten und Tabakwaren, an anderen Spielwaren. Bilder von Hans Brass und das Kunsthandwerk waren im alten Rohrdachhaus und in der Veranda untergebracht.

Ideenreich engagiert für die „Bunte Stube“ und Ahrenshoop Hans Brass im Jahre 1930

1929 wurde im früheren Brass-Atelier ein Friseur-Salon (bis 1934) eingerichtet. Fritz Wegscheider, der Sohn von Martha Wegscheider, war aus Persien zurückgekehrt, wo er die ersten Luftbild-Ansichtskarten der Welt gemacht hatte neben seiner eigentlichen Tätigkeit, Luftaufnahmen für die Vermessung des geplanten Bahnbaus zu machen.

Er baute sich im Hause eine Dunkelkammer aus, seine Aufnahmen von Ahrenshoop wurden die ersten „Wegscheider Postkarten“.

Der Clou der Saison war ein von der BUNTEN STUBE veranstalteter Kinder-Zeichenwettbewerb: 110 Zeichnungen wurden eingereicht und im Gemeindehaus ausgestellt; Preisrichter waren Hans Brass, Prof. von Kadorff und Prof. Alfred Partikel. So hatte sich die BUNTE STUBE zum kulturellen und gesellschaftlichen Zentrum von Ahrenshoop entwikkelt, mit einem vielfältigen Angebot an Waren aller Art, Kunst- und Kunstgewerbeartikeln, Dienstleistung und nicht zuletzt an gesellschaftlichen Ereignissen.

1931 wurde eine eigene Schneiderwerkstatt eingerichtet, so konnten 1932 bei einer Modenschau die ersten Modelle aus eigener Werkstatt vorgeführt werden. Das kleine Schneideratelier existierte bis 1954.

1932 wurde der AUTO-DIENST – BUNTE STUBE – AHRENSHOOP eröffnet, der die Gäste von und nach den Bahnhöfen Ribnitz, Rostock oder Stralsund beförderte,

Der erste Anbau mit ausgefallener Bemalung – von Kritikern befeindet – vom Publikum angenommen, 1926

und der vor allem von Fritz Wegscheider ausgeführt wurde.

Ein schwerer Autounfall von Hans Brass mit dem Auto, welches noch nicht restlos bezahlt war, nun hohe Reparaturkosten verursachte, war eine so hohe finanzielle Belastung, daß mit der Hilfe des Auto-Dienstes diese Schuldenlast abgetragen werden sollte.

1939 wurde die BUNTE STUBE zur offenen Handelsgesellschaft (OHG) mit den Inhabern Martha und Fritz Wegscheider.

In den Jahren des Dritten Reiches war die BUNTE STUBE ein Ort der Toleranz und der Unterstützung für Verfolgte und Bedrängte, die in Ahrenshoop Zuflucht suchten.

Im Kriege wurden durch die BUNTE STUBE Hilfsaktionen und Weihnachtsbescherungen für die Frauen und Kinder organisiert, die aus den zerbombten Städten flüchteten oder evakuiert wurden und zu denen sich gegen Kriegsende weitere Flüchtlinge gesellten.

Im Mai 1945 wurden Nähmaschinen aus dem Ort in die BUNTE STUBE transportiert, wo mit Fach- und Hilfskräften aus Ahrenshoop eine große Schneiderstube eingerichtet wurde, die aus dem Material der letzten, nicht mehr abgeholten Kleiderstoffsammlung Kleidungsstücke für die Bevölkerung und für die sowjetische Besatzung nähte. Die Russen beglichen diese Arbeit mit Geld, aber auch mit Naturalien, die unter den Frauen aufgeteilt wurden.

Der 1925 aufgestellte „Pavillon der Bunten Stube" mit Artikeln für den Strand am Strandweg, 1927

Die Idee zu dieser Einrichtung und ihre Leitung hatte Martha Wegscheider. Im Sommer 1946 begann die erste Nachkriegssaison in Ahrenshoop, maßgeblich durch den Deutschen Kulturbund organisiert. Neben dem Kurhaus und der Pension Sankt Lukas bereitete sich auch die BUNTE STUBE darauf vor.

Eine Arbeitsgemeinschaft aus Flüchtlingsfrauen fertigte Gürtel, Kopfbedekkungen, Taschen und Netze. Auch eine Ausstellung von Hans Brass fand ihren Platz. So nahm die BUNTE STUBE in Ahrenshoop – dem „Bad der Kulturschaffenden" – wieder ihren traditionellen Platz ein.

Fritz Wegscheider war 1946 aus Krieg und Gefangenschaft zurückgekehrt und wurde Geschäftsführer der OHG BUNTE STUBE.

1948 wurde das Sortiment der BUNTEN REIHE endgültig aufgelöst; der Bau erhielt den Namen BUNTE STUBE.

Der Handel mit Kunsthandwerk und Büchern nahm den Raum ein.

Es war das Verdienst von Fritz Wegscheider, der nun der BUNTEN STUBE dieses bis heute bestimmende Profil gab.

1951 trennte sich Hans Brass von Martha Wegscheider und damit auch von Ahrenshoop. Er ging zurück nach Berlin.

Im Jahre 1953, als in der berüchtigten „Aktion Rose" an der Ostseeküste – auch in Ahrenshoop – Hoteliers und Besitzer von Pensionen und Gaststätten unter zumeist fadenscheinigen Vorwänden

Eine der Werbegrafiken für die „Bunte Stube" von Hans Brass aus den ‚Zwanziger Jahren'.

festgenommen und ihr Besitz beschlagnahmt wurden, drohte auch der BUNTEN STUBE der Zugriff der Staatsgewalt. Doch die BUNTE STUBE konnte auch in den folgenden Jahren unter schwierigen Bedingungen ihre Existenz als privates Unternehmen behaupten, denn ein wohlüberlegter Agenturvertrag mit der Universitäts-Buchhandlung Rostock verhinderte andere staatliche Eingriffe.

Seit dem ersten Entwurf von Hans Brass machte das Signet der „Bunten Stube" – wie diese selbst – einige Metamorphosen durch, bis zu seiner heutigen bekannten Gestalt aus dem Anfang der 90er Jahre.

Bunte Stube
AHRENSHOOP

Modeschauen und Kinderfeste gehörten seit 1926 zum attraktiven Sommerprogramm.

Dieser Vertrag mit Rostock löste sich erst 1990.

Als aber im Jahre 1957 der Dachstuhl des Rohrdachhauses und ein Teil der BUNTEN STUBE durch den Funkenflug der vorüberfahrenden Lokomotive, die das Material für den Deichbau vom Grenzweg durch Ahrenshoop transportierte, in hellen Flammen aufging, wertete das mancher als Menetekel und mahnte Fritz Wegscheider zur Kapitulation und zum Verlassen der DDR.

Doch trotz aller Schwierigkeiten schaffte die Familie Wegscheider den Wiederaufbau in relativ kurzer Frist; die BUNTE STUBE blieb Ahrenshoop erhalten. Beim Wiederaufbau wurde die BUNTE STUBE mit dem ehemaligen Brass-Atelier verbunden. So entstand das kleine Kunstkabinett, in dem nun die regelmäßigen Sommerausstellungen stattfinden konnten.

Durch die Vermittlung von Prof. Heinrich Ehmsen war es zunächst die Akademie der Künste, die für interessante Ausstellungen sorgte.

1963 gelang es Fritz Wegscheider, die National-Galerie und das Kupferstichkabinett in Berlin für die Möglichkeit zu interessieren, junge Künstler in diesem Kabinett auszustellen. Durch diese gute Zusammenarbeit konnten in der BUNTEN STUBE über 50 junge Maler, Bildhauer und Grafiker ihre Arbeiten einem großen Publikumskreis vorstellen.

Fritz Wegscheiders großes Engagement auch für den Kunstkaten und den Kulturbund, dessen Vorsitzender er seit der Gründung der Ortsgruppe 1948 in Ahrenshoop war, wurde 1957 eingeschränkt, da der Präsident des Kulturbundes, Johannes R. Becher, seinen Rücktritt verlangte, weil ein privater Unternehmer nicht Vorsitzender einer sozialistischen Organisation sein sollte.

1965 starb Martha Wegscheider im Alter von 83 Jahren in Ahrenshoop.

Die OHG BUNTE STUBE wurde nun von Fritz Wegscheider und seiner Frau Gertrud weitergeführt.

1984 übergaben F. und G. Wegscheider die alleinige Inhaberschaft der BUNTEN STUBE an ihren Sohn Andreas (geb. 1955), der nach seinem Studium in Berlin seit 1979 im Geschäft mitarbeitete.

Er führt es nun mit seiner Frau Kornelia, auf Erhalten von Bewahrenswertem bedacht und um neue Orientierun-

Der Anbau von 1929 als „Bunte Reihe" mit vielseitigen Angeboten

gen bemüht.

1987 starb Fritz Wegscheider im Alter von 78 Jahren in Ahrenshoop.

Mit der deutschen Einheit im Jahre 1990 ergaben sich für Ahrenshoop und die BUNTE STUBE neue Möglichkeiten. Wegscheiders loten diese Bedingungen und Bedürfnisse aus und profilieren von hier ausgehend die BUNTE STUBE, um die Tradition fortzusetzen.

Erste Eigenpublikationen des VERLAGS BUNTE STUBE sind erschienen. Das Schicksal der BUNTEN STUBE ist eng mit dem von Ahrenshoop verbunden. Seine Verantwortung für das Gemeinwesen nimmt Andreas Wegscheider als Gemeindevertreter und als Vorsitzender des von ihm mitinitiierten Förderkreises Ahrenshoop e.V. sehr engagiert wahr. Auch das ist eine Wegscheider-Tradition.

Fritz Wegscheider 1932 bei der Reifenkontrolle des Fords, den er seit 1932 für den Autodienst der „Bunten Stube Ahrenshoop" fuhr

AHRENSHOOP

Die Geschichte eines Dorfes
zwischen
Fischland und Darss
von
Friedrich Schulz

Verlag Atelier im Bauernhaus
Bunte Stube Ahrenshoop

Hier am Grenzweg, wo das Hohe Ufer jäh nach Norden abfällt, verläuft die seeseitige Grenze zwischen dem mecklenburgischen Fischland und dem vorpommerschen Ahrenshoop. Während Wustrow, Alt- und Niehagen auf dem eiszeitlichen Geschiebemergelkern des Fischlandes liegen (das vom Meer auf ein Drittel seiner ursprünglichen Größe zurückgeschnitten wurde), entstand Ahrenshoop auf der wesentlich jüngeren Landbildung zwischen Fischland, Schifferberg und Altdarß.

An der Boddenseite, beim Dornenhaus mit seinen wetterfahnengleichen Windflüchtern, verläuft diese Grenze weniger schroff, als am Kliff des Hohen Ufers. Hier liegt das Land nur wenige Dezimeter über dem Meeresspiegel und steigt allmählich gegen Westen an, so daß die Häuser im Windschatten liegen.

Im Osten und Nordosten Ahrenshoops erstrecken sich um den Schifferberg bis zum Vordarß weite Weide- und Wiesenflächen, zu denen das jahrhundertealte Ahrenshooper Holz einen reizvollen Kontrast bildet.
So entwickelte sich Ahrenshoop mit seinen Mitte des zwanzigsten Jahrhunderts eingemeindeten Nachbarn Alt- und Niehagen als ein Dorf zwischen Meer und Bodden, zwischen Fischland und Darß, zwischen Mecklenburg und Vorpommern. Die Geschichte dieses Dorfes erzählt unser Buch.

VORWORT

Ahrenshoop an der Ostseeküste ist von großer Bedeutung für mich. Ich bin hier geboren und aufgewachsen, lebe und arbeite in diesem Dorf. Für mich hat dieses Fleckchen Erde schon immer etwas Besonderes gehabt. Neben der landschaftlichen Schönheit, der eigenen Dorfstruktur und der unterschiedlichen Prägung der drei Ortsteile Niehagen, Althagen, Ahrenshoop gibt es hier ein nicht zu definierendes Flair, vielleicht ist es die Mischung aus Wasser, Wind, Licht, Menschen und Geschichte. Das eigene Erleben und die Geschichte von Ahrenshoop sind sicher wesentliche Elemente für meine anhaltende Ahrenshoopverbundenheit.

Als Kind habe ich jeden Winkel auf diesem Landstrich zwischen Ostsee und Saaler Bodden erkundet und von meinen Eltern und meiner Großmutter viel über Ahrenshoop und seine Entwicklung erfahren. Seit 1908 nahm die Familie Wegscheider durch den Erwerb des Künstlerhauses Dorfstraße 26 am Leben in Ahrenshoop ohne Unterbrechung teil. Neben den vielen mündlichen Überlieferungen haben meine Großmutter Martha Wegscheider und mein Vater Fritz Wegscheider auch eine Vielzahl von Aufzeichnungen und Fotografien hinterlassen. Entsprechend dem Wunsch meines Vaters, dieses Wissen vielen Ahrenshoopfreunden zugänglich zu machen, ist es mir eine Freude, Ihnen dieses Buch zur Geschichte Ahrenshoops vorlegen zu können.

Andreas Wegscheider

Meine Beziehung zu Ahrenshoop hat eine lange Vorgeschichte. Im Jahre 1936 lernte ich als elfjähriger Berliner in sechs Winterwochen auf der nordfriesischen Insel Amrum das offene Meer kennen, das mich nachhaltig faszinierte. 1943 beeindruckte mich die vorpommersche Boddenlandschaft ebenso, als ich beim Reichsarbeitsdienst auf dem Flugplatz Pütnitz war und in dienstfreien Stunden am Ufer des Saaler Boddens streifte. Gegenüber erstreckte sich das Fischland und im Nordwesten lagen Ahrenshoop und der Darß – durch die Umstände für mich unerreichbar. Hierher wollte ich nach dem Kriege unbedingt wiederkommen, nahm ich mir vor. Aber erst nach siebzehn Jahren konnte ich diesen Vorsatz verwirklichen.

Da war er also, der schmale Landstreifen zwischen zwei Wassern, wo man mit einem Blick beides umfaßt: die offene salzige See und die brackige Boddenkette unter einem hohen und weiten Himmel, und auf der Schwelle vom Fischland zum Darß lag dieses Dorf mit seinem ungewöhnlichen und unbeschreibbaren Charme – Ahrenshoop.

In jedem Jahr kam ich seither mit meiner Frau wieder, erwanderte alle Wege und Winkel zu jeder Jahreszeit, las die Bücher von Käthe Miethe, Gerhard Ringeling, Ottomar Enking und Hermann Glander, erlebte die Lichtbildervorträge und Ausstellungen in Ahrenshoop. Später, Mitte der achtziger Jahre, fragte mich Fritz Wegscheider, Seniorchef der Bunten Stube, ob ich nicht ein Buch über Ahrenshoop schreiben möchte. Und ob ich mochte! Aber berufliche Einspannung wie auch die ungünstigen Zeitumstände ließen uns mit dem Gedanken an ein solches Projekt immer nur spielen. Doch entstanden in jenen Jahren Vorarbeiten: zahlreiche heimatgeschichtliche Beiträge für die Nordpresse. Anfang 1991 griff Andreas Wegscheider, seit 1984 Inhaber der Bunten Stube, die Idee eines Ahrenshoop-Buches erneut auf und begeisterte auch den Verlag Atelier im Bauernhaus Fischerhude dafür. So entstand in anderthalbjähriger gemeinsamer Arbeit dieses aus tiefer Zuneigung zu Ahrenshoop geborene Buch.

Berlin, im Mai 1992 Friedrich Schulz

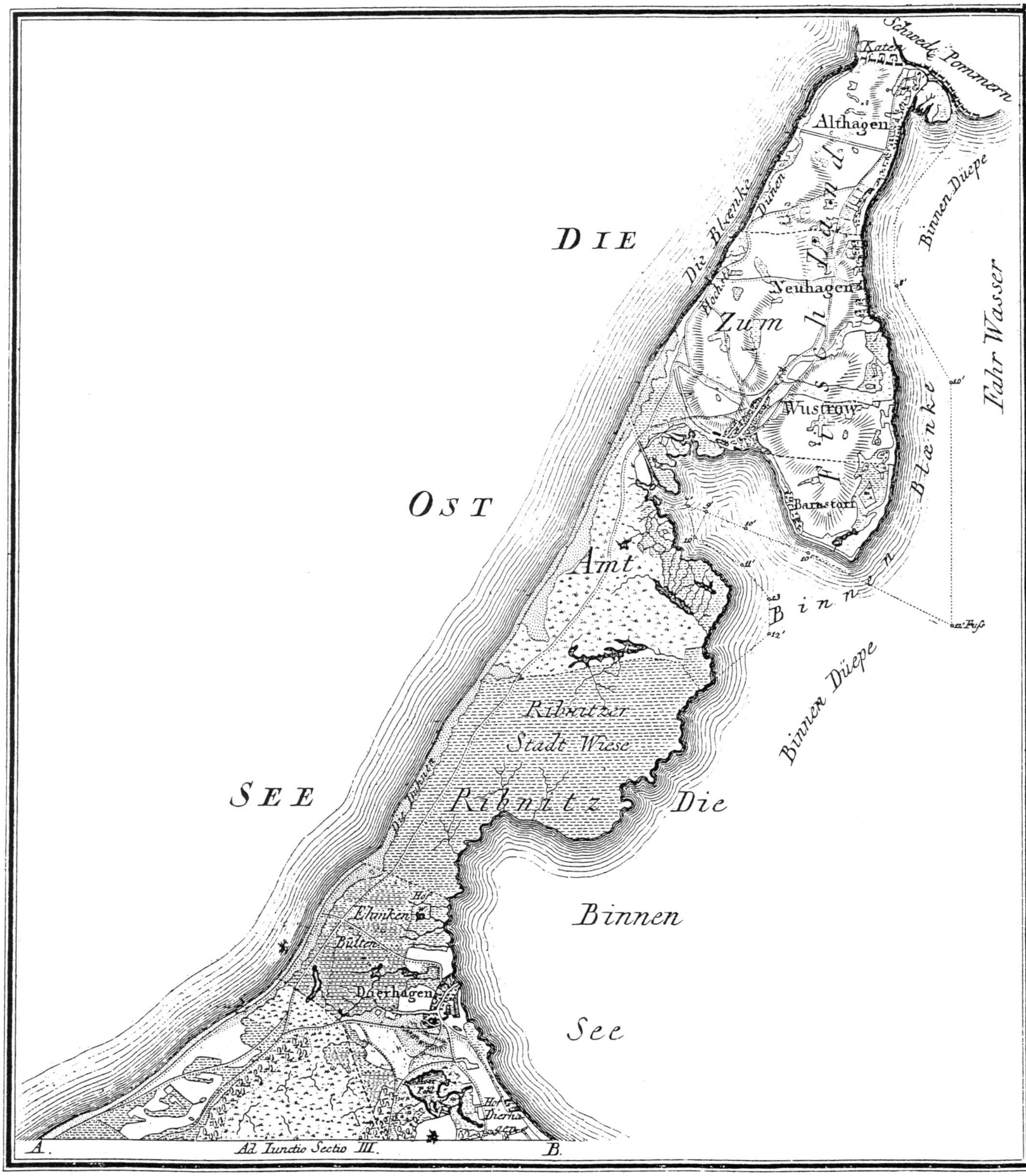

Die Fischland-Karte des Grafen Schmettau vom Jahre 1788.

DIE VORGESCHICHTE AHRENSHOOPS VON DER ERSTEN URKUNDLICHEN ERWÄHNUNG IM 13. JAHRHUNDERT BIS ENDE DES 18. JAHRHUNDERTS

Der erste Abschnitt der überlieferten Geschichte Ahrenshoops währte ein halbes Jahrtausend. So lange dauerte es nämlich, bis aus einer entlegenen Hofstelle ein Dörflein mit einem halben Hundert Bewohnern wurde.

In den siebziger Jahren des 13. Jahrhunderts versicherte Fürst Waldemar von Rostock in einer verloren gegangenen Urkunde der Stadt Ribnitz ihre Privilegien und Besitzungen; dabei wird als einer der Grenzpunkte Arneshop genannt. In der erhalten gebliebenen Ribnitzer Stadtprivilegienbestätigung des Königs Erich VI. von Dänemark vom Jahre 1311 wird das Eigentum der Stadt Ribnitz auf den Teil des Saaler Boddens beschrieben, „dessen Grenzen sich von einem gewissen, in das Wasser geworfenen Stein, zwischen dem Dorf Moysenstorp auf der einen Seite bis an den Haken, der gewöhnlich Arneshop genannt wird und sich weiter ausdehnt, auf der anderen Seite erstrecken".

Alte Karten zeigen uns hier, an der Grenze des Fischlandes, tatsächlich einen sich nordwärts krümmenden Landhaken, der seinen Namen Arneshop ganz gewiß der Hofstelle eines Arne oder Arens verdankt. Jedenfalls haben wir es hier mit der ersten urkundlichen Erwähnung Ahrenshoops zu tun.

Gegen Ende des 14. Jahrhunderts machte Ahrenshoop als Opfer eines militärischen Handstreichs der Hansestadt Rostock auf sich aufmerksam. Um das Jahr 1390 ließ der Herzog Bogislaw VI. von Pommern-Wolgast in Ahrenshoop eine Burg anlegen und mit einem Graben umziehen. Hier, an der Grenze zu Mecklenburg, befand sich damals ein natürlicher Auslauf vom Bodden zur Ostsee, der aber ziemlich versandet war. Der Herzog ließ das Seegatt ausräumen und schiffbar machen; gleichzeitig wurde ein Hafen angelegt. Die Befestigung sollte offenbar ein Gegenstück zur Hertesburg am Prerowstrom – eine weitere Verbindung zwischen Bodden und See – sein. Im Schutze dieser Grenzfestung gedachte der Herzog einen Handelsplatz einzurichten. Aber gerade das konnten die Hansestädte nicht zulassen, und so war ihnen die Ahrenshooper Anlage von Anfang an ein Dorn im Auge. Nach mehreren Drohungen und von den Pommern erfolgreich abgewehrten Störaktionen während der Bauarbeiten holten sie schließlich zum entscheidenden Schlag aus.

Im Jahre 1393 war Bogislaw VI. gestorben und da schien den Rostockern die Gelegenheit günstig. Am Margarethentag (20. Juli) 1395 zogen die Rostocker mit tausend kriegsmäßig bewaffneten Männern durch die Heide und über das Fischland nach Ahrenshoop. Die Festung wurde zerstört, der Kanal wieder mit Sand zugeschüttet und die Kaufmannsniederlassung ebenfalls zerstört. Die Konkurrenz war aus der Welt geschafft und schon kurze Zeit später, so berichten die Chronisten, vermochte man kaum noch zu erkennen, wo die ehrgeizige Unternehmung sich einmal befunden hatte. Der Nachfolger des Pommernherzogs war in so vielen Händeln verstrickt, daß er weder Rache nahm noch sich um die Reste des zerstörten Ahrenshoop kümmerte. Damit war der möglichen Entwicklung Ahrenshoops zu einer pommerschen Hafen- und Handelsstadt an dem nordwestlichsten Grenzzipfel zu Mecklenburg endgültig ein Ende gesetzt.

Es folgte eine Zeit, in der das Schicksal Ahrenshoops offenbar am seidenen Faden hing: Im 15. und 16. Jahrhundert wurde es viele Jahrzehnte lang nicht einmal mehr als Wohnort auf Karten und in Urkunden erwähnt.

Im Jahre 1591, als die viele Jahre strittige Grenze endgültig festgelegt wurde, machte man den „Vittezaun" zur Grenzlinie. Einige Zeit später wurde eine Wohnstätte nördlich der Grenze als Vittebrook angegeben. Dort befand sich – der Name sagt es – eine Niederlassung zum Bergen der Heringsfänge, eben eine Vitte, und noch bis in unsere Zeit trug der Ahrenshooper Ortsteil im Bereich des Grenzweges auf den Karten die Bezeichnung „Vitte".

Jedoch das alte „Fischerdorf Vitte" wurde durch die große Sturmflut von 1625 hinweggerissen und es entstand erneut ein breiter und tiefer Durchlauf zwischen Bodden und Meer, der dann 1650 durch Dünenversetzungen endgültig verschüttet wurde.

Doch die schwere Sturmflut von 1625 war nicht die einzige Katastrophe, die das Küstengebiet im 17. Jahrhundert ereilte. Noch schlimmer war der Dreißigjährige Krieg, die von 1618 bis 1648 währende große europäische Auseinandersetzung, von der auch das entlegene Fischerdorf nicht verschont blieb. Nach 1628 waren hier kaiserliche Truppen für zwei Jahre einquartiert und hatten fürchterlich gehaust. Nach ihrem Abzug kamen schwedische Soldaten, die gegen Ribnitz zogen, nachdem die Schweden unter Gustav Adolf 1630 in Pommern gelandet waren und in den Krieg auf dem Festlande eingriffen.

Als der Dreißigjährige Krieg, der sich selbst erschöpft hatte, im Jahre 1648 mit dem Westfälischen Frieden zu Ende ging, da war von allen beteiligten Mächten neben Frankreich Schweden der eigentliche Gewinner, der unter anderem ganz Vorpommern einschließlich Rügen mit Stettin und der Odermündung erhielt. Ahrenshoop – völlig bedeutungslos – war nun für fast zwei Jahrhunderte die äußerste nordwestliche Ortschaft von Schwedisch-Vorpommern.

Wie jammervoll es um Ahrenshoop noch ein halbes Jahrhundert nach dem Ende des Dreißigjährigen Krieges bestellt war, das erfuhren die schwedischen Landvermesser, die zwischen 1692 und 1698 das ganze pommersche Gebiet vermaßen und aufnahmen, das an Schweden gefallen war. Im Juni 1696 schrieben sie in ihre Annotationsbücher:

Ahrenshoop, Amt Barth, Kirchspiel Prerow.

Nur 2 Wohnstellen: das Heidereiterhaus, in ihm der Heidereiter Christoph Janik und eine, von einem Leineweber bewohnte, Kate an der Grenze, das Fährhaus genannt, weil dort zur Zeit, als der jetzt verlandete Auslauf „der Loop" noch offen war, ein Fährmann gewohnt hat. – Der Heidereiter contributiert nicht. – Zur Communion gehört die Ortschaft zu Prerow, zur Predigt nach „Karkendorf" in Mecklenburg. – (Mit „Karkendorf" war Wustrow gemeint.)

Es lebten also Ende des 17. Jahrhunderts nur zwei Familien in Ahrenshoop. Der Heidereiter – der zugleich Zöllner war – säte Roggen und Gerste aus und mähte die Wiese; er fütterte den Winter durch 4 Pferde und 26 Stück Rindvieh.

Auf das Ahrenshooper Weidegebiet trieben die Althäger Bauern vom Fischland vom Frühjahr bis zum Herbst ihr Vieh und zahlten dafür Weidegeld. Wie der Heidereiter den schwedischen Landvermessern erzählte, weideten hier 100 Pferde, 200 Stück Klauenvieh, 100 Schweine und einige Hundert Gänse.

Aus dem Ahrenshooper Wald holten die Bauern von Althagen ihr Brennholz gegen Bezahlung; das Fischwasser benutzten alle Fischländer Bauern und zahlten dafür jährlich Pacht an das Amt Barth.

Im Grunde wurde das vorpommersche Ahrenshoop von den mecklenburgischen Fischlandbauern bewirtschaftet – wenn man vom Heidereiter absieht.

Die Schwedische Martrikelkarte von Vorpommern aus dem Jahre 1696:
Ahrenshoop bestand damals nur aus zwei Wohnstellen, so daß die schwedischen Landvermesser es zwar in ihren Annotationsbüchern aufführten, in die Karte aber nicht namentlich als Dorf einzeichneten.

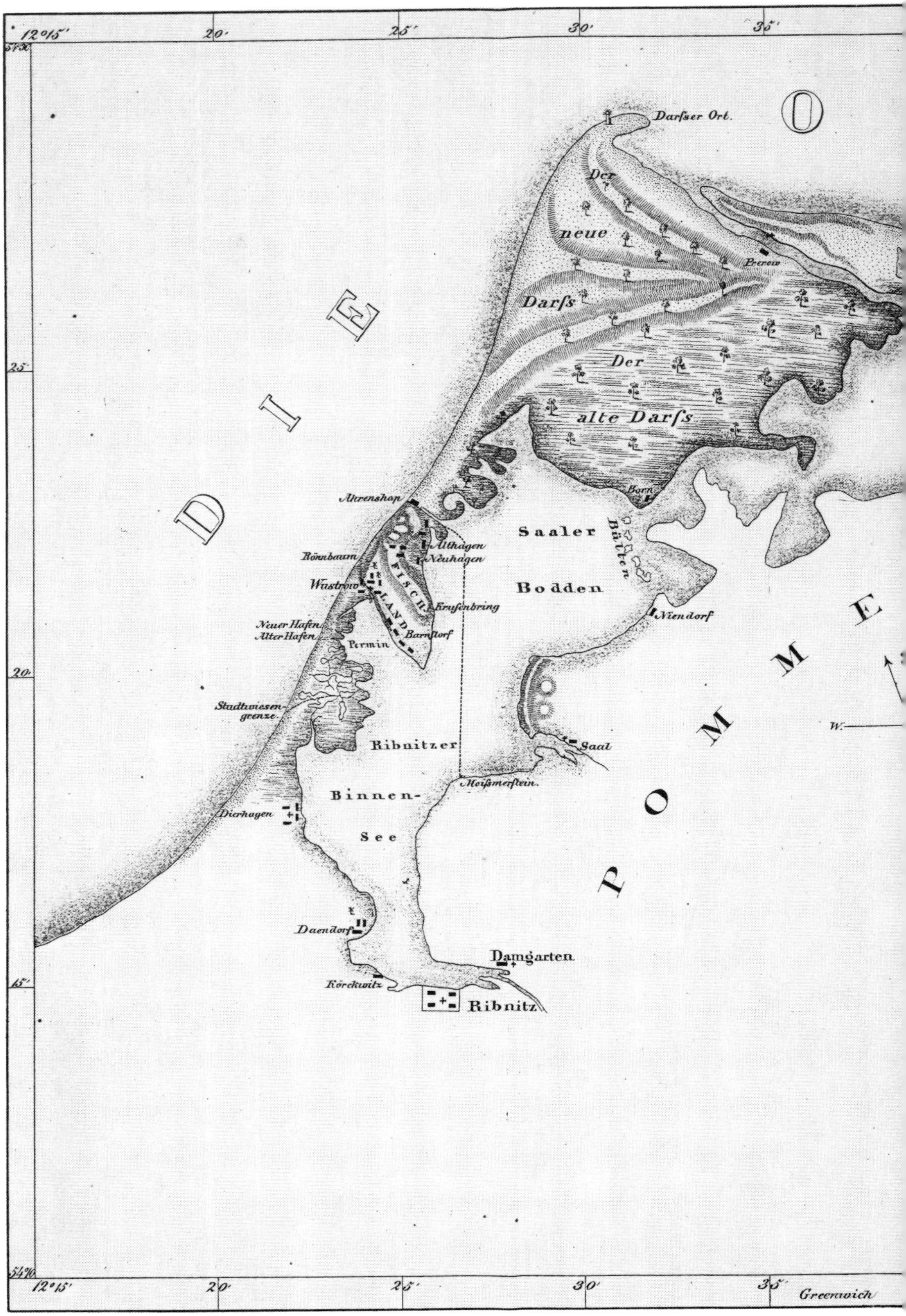
12°15'
20'
25'
30'
35'
Darſser Ort.
O
Der
neue
Darſs
Prerow
Der
alte Darſs
D I E
Born
Ahrenshop
Saaler
Bülten
Bodden
Althagen
Neuhagen
Körnbaum
Wustrow
FISCH
LAND
Krusenbring
Niendorf
Neuer Hafen
Alter Hafen
Barnstorf
Permin
P O M M E
Stadtwiesen-
grenze
W.
Saal
Ribnitzer
Meiſsmerstein.
Binnen-
Dierhagen
See
Daendorf
Damgarten
Körckwitz
Ribnitz
Greenwich

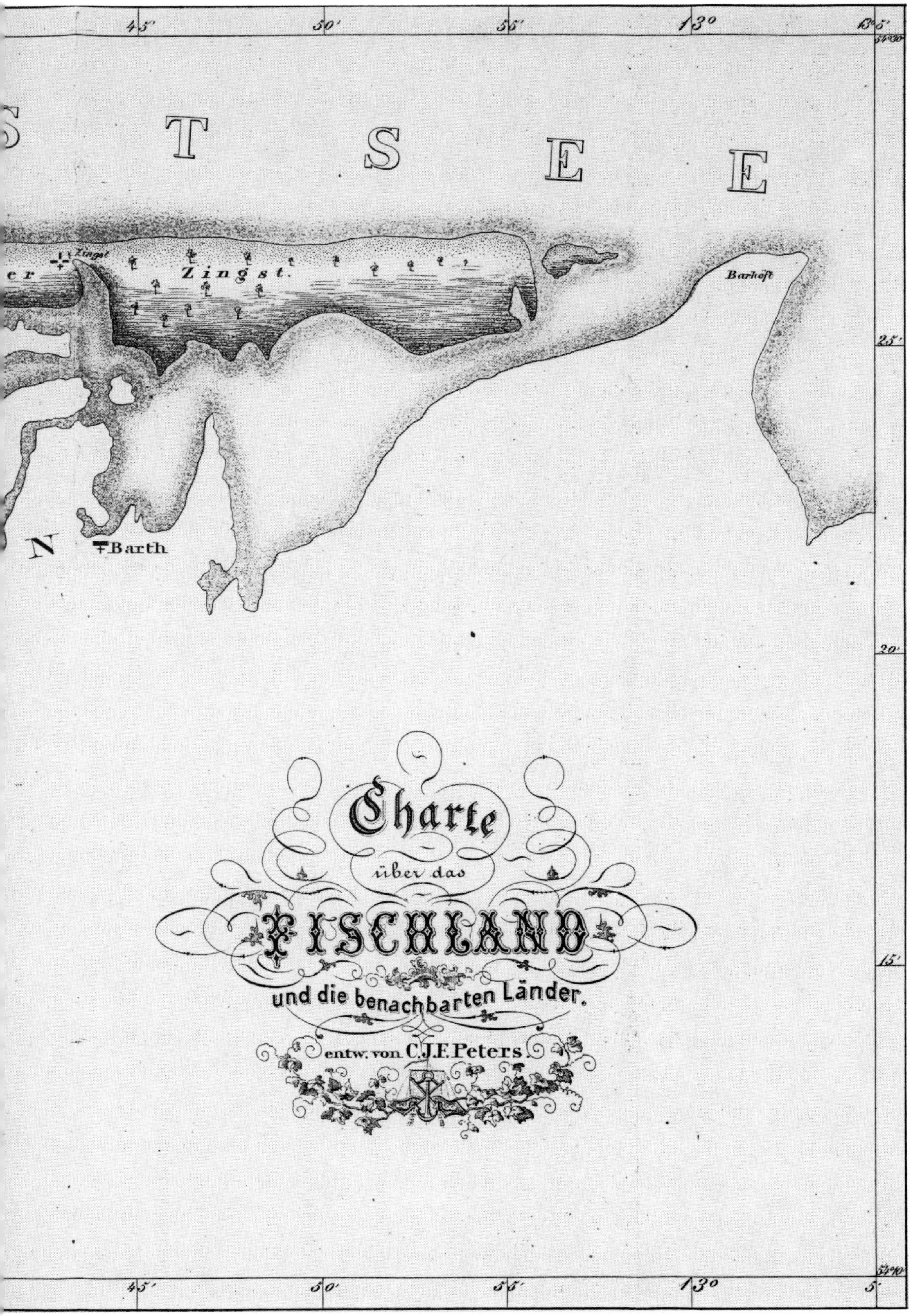

Eine Karte über das Fischland und die benachbarten Gebiete von dem Wustrower Navigationsschullehrer C.J.F. Peters aus dem Jahre 1862.

Auf dem Fischland hatte sich in der zweiten Hälfte des 18. Jahrhunderts eine neue aktive maritime Berufsart in der Bevölkerung herausgebildet, die einen großen wirtschaftlichen Aufschwung des Landes verursachte: die Fischländer Berufsschiffahrt. Dafür gab es hier die günstigsten Voraussetzungen: „Durch die Jahrhunderte lang betriebene Fischerei und die gelegentlich unternommenen Küstenfahrten waren die Fischländer mit dem Meer vertraut geworden, es war durch sie die für die Schiffahrt notwendige Grundlage, der seemännische Geist und die physische Tauglichkeit der Bewohner, geschaffen", schrieb H. Sköllin (1906).

Schon im Jahre 1764 hieß es in einem Bericht an die herzogliche Kammer in Schwerin: „Viele von ihnen (den Fischländern) bauen sich kompagnieweise kleine und mittelgroße Fahrzeuge und begnügen sich nicht, auf die Küsten der Ostsee bis nach Rußland, Preußen, Schweden und Dänemark zu trafiquieren; sie gehen nicht selten durch den Sund in die Nordsee nach Holland."

Schon gegen Ende des 18. Jahrhunderts beherrschte die Schiffahrt das ganze Fischland und drängte die früheren Erwerbszweige, Landwirtschaft und Fischerei, in den Hintergrund.

Diese dominierende Stellung als Haupternährungsquelle hat sie bis zum allgemeinen Niedergang der Segelschiffahrt in den siebziger Jahren des 19. Jahrhunderts innegehabt.

Mit der Ausbreitung der Berufsschiffahrt stieg die Bevölkerung auf dem Fischland weit über das erwartete Ausmaß an, um so mehr natürlich, als diese zahlreiche Bevölkerung sich eines wachsenden Wohlstandes erfreute während der ganzen mehr als hundertjährigen Periode der Blütezeit der Fischländer Segelschiffahrt (1760–1875).

Zu dieser Zeit – um das Jahr 1770 – machte auf dem Fischland der Althäger Schulmeister von sich reden, der den Zug der Zeit begriffen hatte: Johann Jacob Cyrus.

Er hatte als junger Mann mit dem Steuermannspatent die Seefahrt wieder aufgegeben, um in Althagen von seinem schwerkranken Vater das Schulamt zu übernehmen. Johann Cyrus wußte, was in den Knabenseelen seiner Schüler vor sich ging, die nach der Konfirmation ausnahmslos alle zur See fahren würden. So unterrichtete er sie neben den üblichen Fächern auch in Mathematik, Geographie und Navigation und vermittelte ihnen zugleich die Liebe zur Seefahrt und die Sehnsucht nach weiten Meeren und fernen Ländern. Die größeren, halbwüchsigen Jungen lehrte er, mit dem Oktanten die Sternhöhe zu messen, die Bedeutung des feststehenden Polarsterns und des Sonnenstandes um die Mittagszeit für die Ortsbestimmung zu erkennen, die Mißweisung des Kompasses durch den Sextanten auszugleichen und sich in der Trigonometrie zurechtzufinden. Cyrus hatte ein Astrolabium aus Holz und Draht und ein Fernrohr – zu dem er die Linsen aus England mitgebracht hatte – selbst gebastelt. Sein Unterrichtssystem fand die Anerkennung einer außerordentlichen Kommission, die man ihm auf den Hals geschickt hatte. Der Unterricht fand in einem rohrgedeckten Katen – die heutige Büdnerei B 52 war damals „dei Schaul" – statt.

Im Jahre 1795 ging Johann Cyrus nach Barth: das kärgliche Schulmeistergehalt reichte nicht aus, eine Familie zu gründen. So nahm er im pommerschen Barth eine bessere Stellung als Schreib- und Rechenmeister an und unterrichtete auch hier künftige Seeleute. Bei seinem Tode am 15. 8. 1825 würdigte der Rat der Stadt Barth in einem Nachruf die Leistungen von Cyrus.

Das benachbarte kleine Ahrenshoop – im Jahre 1767 zählte es ganze 38 Einwohner – war an der anhaltenden Konjunktur der Fischländer Segelschiffahrt in der zweiten Hälfte des 18. Jahrhunderts indes nicht beteiligt.

Diese Situation begann sich grundlegend zu ändern, als nach 1790 eine Gruppe mecklenburgischer Schiffer vom Fischland über die Grenze in das vorpommersche Ahrenshoop übersiedelte, um jene bedeutenden Privilegien zu erwerben, welche alle Schiffe besaßen, die unter schwedischer Flagge über die Weltmeere fuhren. Es ging vor allem um die schwedische Sundzollermäßigung und die „Türkenpässe", die lukrative Mittelmeerfahrten ermöglichten, da es sich um Schutzbriefe handelte, welche die schwedische Regierung für teures Geld von den Seeräubern erwarb, die von der nordafrikanischen Küste aus operierten.

Die Übersiedler vom Fischland erhielten Baustellen mit Gartenland auf dem Grund und Boden des königlichen Pachthofes gegen ein jährliches Grundgeld von 4 Talern.

Die Schiffer siedelten sich an dem Dorfweg auf der Osterseite an und erbauten 11 Häuser, die sogenannte „Schifferreihe". Es waren wohlhabende Familien; denn die Segelschiffahrt hatte damals ihre Blütezeit, und die Häuser waren stattlich. Auf der anderen Straßenseite und in der Fischerreihe von Vittebrook aber standen die weniger stattlichen Häuser der ärmeren und der ganz armen Ahrenshooper.

Nach 1800 war Ahrenshoop aus einem Dorf mit wenigen und armen Leuten – spöttisch „Powersdörp" genannt – zu einem Dorf mit Armen und Reichen geworden.

Eine der Fischländer „Schifferwiegen", aus denen die neuen Ahrenshooper Schifferfamilien kamen, war das bekannte „Dornenhaus" – die Hufe XI in Althagen, die auf der Boddenseite unmittelbar vor der Grenze zu Ahrenshoop liegt.

Diese Althäger Hufe XI ist ein alter Jörck-Hof. Man nimmt an, daß etwa um 1700 zwei Gebrüder Jörck aus Wustrow nach Niehagen und Althagen gezogen sind und sich dort angebaut haben.

Das Dornenhaus in Althagen an der Grenze zu Ahrenshoop, ursprünglich die Hufe XI, ist ein alter Jörk-Hof: sicher ist, daß um 1700 hier ein Jörk aus Wustrow ansässig wurde. Ein Schiffer Clas Jörk aus dieser Familie ging rund 100 Jahre später über die Grenze nach Ahrenshoop und baute dort sein Haus in der „Schifferreihe": er war der Vater der vielen Ahrenshooper Jörks.

Aus den Kirchenkarten ist ersichtlich, daß in Althagen – sicherlich im Dornenhaus – ein Hanns Jörck gelebt hat, der 1697 geboren wurde. Sein einziger Sohn – neben vier Töchtern – Hinrich Jörck, wird schon als Hausmann, also als Grundstücksbesitzer geführt. Dessen Sohn Peter Jörck wurde der Besitzer des Hofes. Ein jüngerer Sohn, Clas Jörck, wurde Schiffer. Er heiratete Catharina Staben aus der Althäger Büdnerei 13. Er ist, wie es um 1790 viele Fischländer Schiffer taten, in das vorpommersche Ahrenshoop gegangen und hat dort ein Haus gebaut. Dieser Clas Jörck ist der Vater der vielen Ahrenshooper Jörcks.

Die zugezogenen Schiffer stammten aus den zahlreichen Schifferfamilien mit kleinem bäuerlichen Besitz, die in erster Linie Träger des durch die Schiffahrt auf dem Fischland hervorgerufenen Wohlstandes waren. Die Schifferkinder heirateten fast nur untereinander, so daß es unter den Schifferfamilien gewiß nur sehr wenige gab, die nicht miteinander durch Abstammung oder eheliche Verbindung verwandt waren. „Daher kommt es", schrieb J.C.F. Peters in der zweiten Auflage seines Fischlandbuches (1884), „daß jedes Dorf seine vorherrschenden Familiennamen hat, die oft so häufig vorkommen, daß man zur Verständigung den Schiffsnamen mit dem des Kapitäns verbindet, ja nicht selten den Schiffer nach seinem Schiffe benennt."

VON DER GRÜNDUNG DER „SCHIFFERREIHE" BIS ZUM NIEDERGANG DER SEGEL-SCHIFFAHRT IN DEN SIEBZIGER JAHREN DES 19. JAHRHUNDERTS

Das 19. Jahrhundert, an dessen Beginn Ahrenshoop zum Schifferdorf wurde, brachte für den Ort und seine Bewohner mehr einschneidende Ereignisse, als das halbe Jahrtausend zuvor.

Im Jahre 1809 kamen französische Truppen als Besatzungsmacht auf das Fischland. Die Einwohner gingen ihnen mit Dreschflegeln und Mistgabeln entgegen; andere versteckten sich in Althagen in der Scheune vom Bauern Voß.

Die Franzosen besetzten zwischen 1806 und 1813 auch zweimal den Darß. Während ihres Angriffs auf Schwedisch-Pommern leisteten eine ganze Reihe Darßer auf schwedischen Kanonenschaluppen wesentliche Dienste, da sie erfahrene Seeleute waren und sich an der Küste gut auskannten. Im Pariser Frieden vom 6. Januar 1810 wurde Neuvorpommern an Schweden zurückgegeben. Mit den schwedischen Truppen, die nach Stralsund kamen, um das von Frankreich geräumte Territorium in Besitz zu nehmen, kam auch der Hauptmann August von Wehrs, ein gebürtiger Hannoveraner, der nach Schweden gegangen war, als ihm 1809 in Göttingen die Aushebung zum westfälisch-französischen Dienst drohte.

1811 weilte August von Wehrs zehn Monate auf dem Darß, wo sich seine Truppe als Küstenwache in Ahrenshoop an der Durchführung der Napoleonischen Kontinentalsperre gegen England beteiligte. In seinem Buch „Der Darß und Zingst, eine Arbeit zur Kenntnis von Neuvorpommern" (1819) schrieb er:

„Auf dem höchsten Platz der Arendshoper Anhöhe, die meines Wissens der höchste Punkt auf dem ganzen Darß und Zingst ist, stand im Jahre 1811 eine Lärmstange, um Signale zu geben, sobald von englischen Schiffen Gefahr drohete, mit welcher es aber gar nichts zu bedeuten hatte, weil die Engländer recht gut wußten, daß auf unsern deutschen Küsten nicht ihre geschworensten Feinde, sondern von ihren geschworensten Feinden Überwundene wohnten, die sich damals mit schwerem Herzen bequemen mußten, Werkzeuge einer fremden Tyrannei zu seyn."

Obgleich Schweden und Frankreich zu dieser Zeit eigentlich in Frieden und Freundschaft lebten, rückten die Franzosen Anfang 1812 erneut in Schwedisch-Vorpommern ein.

Im Nachklang dieser Ereignisse erlebte Ahrenshoop 1813 nochmals eine militärische Aktion, die folgende Vorgeschichte hatte: 1809 ging Finnland, nach dem Vorrücken der russischen Truppen, aus der Hand Schwedens in die des Zaren über. 1810 wählte der schwedische Reichstag den französischen Marschall Bernadotte, einen Verwandten Napoleons, zum Thronfolger. Dieser verbündete sich mit dem Ziel, als Ersatz für Finnland Norwegen zu gewinnen, mit dem Zaren und nahm als Oberbefehlshaber der Nordarmee der Verbündeten am Befreiungskrieg gegen Napoleon teil. Nach der Völkerschlacht bei Leipzig schwenkte er mit seinen Truppen nach Norden ab und erzwang im Friedensschluß mit Dänemark die Übergabe Norwegens an Schweden. „1813 war man darauf bedacht," schrieb ein Chronist, „der Nordarmee einen sicheren Rückzug nach Rügen zu verschaffen; deshalb wurde auf Ahrenshoop vom Meere aus über den Ahrenshooper Berg (Schifferberg) eine Schanze angelegt, wozu alle Palisaden aus dem Darßer Wald beschafft wurden. Der spätere König von Schweden leitete selbst den Bau." Die Reste dieser alten Schanze, auch „Schwedenschanze" genannt, sind heute noch zu sehen.

Mit Napoleons Niederlage in Rußland war die Kontinentalsperre faktisch beendet. Sie hatte natürlich der internationalen Seefahrt schwere Rückschläge zugefügt, was für die Schifferfamilien und die Familien der Steuerleute und Matrosen auf dem Fischland und in Ahrenshoop nicht ohne Auswirkungen blieb. Doch nach dem Ende der Kontinentalsperre blühte die Segelschiffahrt rasch auf, es gab lohnende Fahrten und die Werften hatten alle Hände voll zu tun.

Nach den Befreiungskriegen und nach dem Wiener Kongreß 1815 fiel das der schwedischen Krone verbliebene Restgebiet von Pommern im Herbst 1815 an Preußen. Friedrich Wilhelm III. teilte am 19. September mit, er nehme „von dem Herzogthum Pommern, dem Fürstenthum Rügen und allen dazu gehörigen Dependenzen, Inseln, Festungen, Städten und Landschaften, so wie solche bisher von Seiner Königlichen Schwedischen Majestät besessen worden sind, Besitz, und einverleiben solche Unsern Staaten mit allen Rechten der Landeshoheit und Oberherrlichkeit für jetzt und auf ewige Zeiten."

Nach fast zweihundertjähriger schwedischer Herrschaft war der Darß preußisch und mit ihm seine südwestlichste Ortschaft Ahrenshoop.

Die Ahrenshooper Schiffer, die unter schwedischer Flagge gefahren waren, gingen nun der damit zusammenhängenden Privilegien verlustig; denn Preußen schloß keine Verträge mit den Mittelmeerpiraten ab. Dabei nahmen die Fahrten in dieses Gebiet sehr zu, da sie wirtschaftlich außerordentlich lukrativ waren.

Wir hatten schon gesagt, daß der Mittelpunkt des alten Ahrenshoop der von den Heidereitern gepachtete alte Hof war, der ursprünglich (1767) 48 Hufen, 9 Morgen und 30 Ruten groß war. Um die Jahrhundertwende erhielten die Fischländer Schiffer, die sich in Ahrenshoop ansiedelten, Grund und Boden aus der Domäne zur Pacht (Büdnereien).

Kapitänsbild
L.P. Sjöström: Bark Mecklenburgs Hauswirthe. 1874.
Auf dieser Bark fuhr der Ahrenshooper Schiffer Peter Bradhering (1836–1894) in den Jahren 1870–1882. Das 1856 gebaute Schiff hatte vorher und nach ihm freme Kapitäne; 1895 strandete es auf der Fahrt von Grangemouth nach Danzig auf Amager und wurde in Kopenhagen kondemnier, d.h. für reparaturunwürdig erklärt.

Im Jahre 1825 übergab die preußische Regierung den Büdnern die Grundstücke in Erbpacht gegen Zahlung einer Grundsteuer. In Ahrenshoop gab es in jenem Jahr bereits 39 Wohnhäuser. Der alte Hof wurde 1826 für 1200 Taler und 11 Taler Grundsteuer an den bisherigen Pächter, den pensionierten Förster Bülow verkauft. Dem Pächter war bislang das Dorfschulzenamt mitsamt der Polizeigewalt übertragen gewesen. Ein Nebenerwerb war durch die „Kruglage" gegeben: der Dorfschulze besaß die Schankgerechtigkeit und verkaufte das begehrte Barther Bier. Aber der Umsatz war nur im Frühjahr lukrativ, wenn die Fuhrleute Bücklinge abholten und ihren Durst stillten. Nun war der alte Heidereiter- und Försterhof also zu einer Bauernstelle hinabgesunken. Er war und blieb der einzige Bauernhof, den Ahrenshoop jemals besessen hat.

Die im Oktober 1846 gegründete „Großherzoglich Mecklenburgische Nagivationsschule zu Wustrow auf dem Fischlande".
(Aufnahme von 1888)
„Ursprünglich war Ribnitz als Sitz der Seefahrtschule vorgesehen worden, aber die Ribnitzer Stadtväter lehnten die Schule ab. Sie fürchteten, die vielen jungen Seeleute könnten auf den Straßen zu laut ‚randalieren'. Aber die Fischländer hat das niemals gestört . . .
Man muß auch bedenken, daß die Navigationsschule den Weg zum Schifferstand für jeden Jungen öffnete, ob er durch die Dorfschule gegangen war oder durch das Gymnasium. Es kam nur auf den Seemannsgeist an und auf die Willenskraft, nach den Jahren der ersten Fahrtzeit auch auf geistigem Gebiet alle Kräfte zu entfalten." (Käthe Miethe)

Über die Heringsfischerei „im großen Strande" von Ahrenshoop aus jener Zeit wissen wir, daß sie 1825 einzeln, zum Teil an Ortschaften – Born, Alt- und Niehagen – verpachtet war. In Ahrenshoop selbst scheint es damals kaum Fischer gegeben zu haben.

Die königliche Regierung in Stralsund ließ 1827/28 das Ahrenshooper Schulhaus in der Dorfstraße 16 bauen, nachdem bisher die Kinder im Heidereiterhof unterrichtet wurden. Der Bau des rohrgedeckten Schulkatens wurde vom Tischlermeister Rätz aus Wieck auf dem Darß ausgeführt.

Der erste Lehrer der Schule war der Schneider Heinrich Adolf Ernst; der sehr tüchtig gewesen sein soll und sein Amt bis 1865 ausübte. Da sein Gehalt nur kärglich bemessen war, erhielt er die Holzgerechtigkeit, d.h. er durfte Holz zum Bau von drei Häusern schlagen. Für sich errichtete er das Haus neben dem Schulgebäude in der Dorfstraße 14. Nach seiner Pensionierung erhielt Lehrer Ernst 15 Taler Pension jährlich; außerdem durfte er mit dem „Schnurrbeutel" im Kreisgebiet von Haus zu Haus betteln gehen.

Ahrenshooper Einwohnerzahlen aus der ersten Hälfte des 19. Jahrhunderts sind nicht in Erfahrung zu bringen; es ist aber anzunehmen, daß das Dorf um 1835 etwa 120 Seelen gezählt haben wird.

Von den mecklenburgischen Nachbargemeinden Ahrenshoops am Bodden dagegen haben wir genaue Zahlen: Im Jahre 1834 hatte Althagen 419, Niehagen 155 Einwohner. Beide Dörfer waren also größer als Ahrenshoop, Althagen sogar beträchtlich.

Althagen ist wohl damals schon im Lebensstil und im Baustil wesentlich vom Kirchendorf Wustrow, der größten Fischlandgemeinde, abgewichen. Niehagen dagegen wuchs aus Althagen heraus und entstand in enger Beziehung zu diesem.

In Alt- und Niehagen wohnten überwiegend Bauern und Fischer, Schiffer und Steuerleute, Matrosen und später auch Handwerker, nachdem das in jener Zeit streng geltende Gesetz, wonach auf dem Fischland nur wohnen durfte, wer ein eigenes Haus besaß, aufgehoben war.

Stark vermehrt hatte sich in den zurückliegenden Jahren der Anteil der seemännischen Bevölkerung; die Fischländer Segler wagten sich auf immer weitere Fahrten und die Anforderungen an die Seemannschaft, vor allem aber an das nautische Wissen und Können der Schiffer und Steuerleute nahmen immer mehr zu.

Im Jahre 1845 hatten sich acht Wustrower Schiffer an den Großherzog in Schwerin mit der Bitte um Einrichtung eines geordneten Navigationsunterrichtes gewandt, damit die Fischländer Jungen als selbständige Steuerleute und Schiffer auftreten könnten. Sie wiesen darauf hin, daß sie durch ihre weiten Fahrten mit vielen anderen Nationen Berührung hätten und dabei schmerzlich den Rückstand Mecklenburgs zu diesen erleben würden.

Wie dringend diese Bitte war ersieht man daraus, daß zu jener Zeit der Blüte der Segelschiffahrt nahezu sämtliche männlichen Konfirmanden auf dem Fischland zur See gingen. Erst

nach 1866 traten vereinzelt auch andere Berufswünsche auf. Es gab zwar auf dem Fischland schon während der winterlichen Liegezeit der Schiffe navigatorische Vorbereitungskurse, die von erfahrenen Seeleuten durchgeführt wurden; aber ihre Examen mußten die Fischländer auswärts ablegen. Darum setzten sie sich so für eine eigene Seefahrtschule ein.

Im Oktober 1846 wurde die „Großherzoglich Mecklenburgische Navigationsschule zu Wustrow auf dem Fischlande" feierlich eröffnet. Der Großherzog hatte der Errichtung der Schule zugestimmt unter der Bedingung, daß die Bevölkerung von Wustrow und den anderen Seedörfern die Hälfte der Kosten beisteuern würde. Das Geld wurde zusammengebracht, und nun konnten die Söhne der Schiffer ihre Examen bis hin zum Patent für Große Fahrt auf dem Fischland ablegen.

Das kam natürlich auch den Söhnen aus den Ahrenshooper Schifferfamilien zugute, die ja fast alle vom Fischland stammten: in den Akten der Wustrower Navigationsschule wurden die Ahrenshooper Seefahrtschüler niemals als „Ausländer" geführt, wie die anderen vorpommerschen Eleven aus Born, Wieck oder Prerow, sondern – mit allen Vergünstigungen – stets als Einheimische.

Die Fischländer und Darßer waren einerseits weltoffene, weitgereiste und lebenserfahrene Männer, andererseits waren sie nicht weniger konservativ als die an ihre Scholle gebundenen Bauern, deren Fixpunkt der Kirchturm und deren Horizont die Ackergrenze waren.

Das Schulhaus in Ahrenshoop wurde 1827/28 erbaut, nachdem die wenigen Kinder des alten Dorfes zuvor im Schulzenhof unterrichtet wurden.

In diesem alten Weberhaus in der Dorfstraße wohnte später „Mutter Schumacher". Das Haus wurde in den zwanziger Jahren abgerissen.

Der Widerspruch zwischen rüstiger Kühnheit und konservativ langem, oftmals zu langem Festhalten am Althergebrachten und Gewohnten, hing gewiß mit der geografischen Abgeschiedenheit der Halbinsulaner auf dem Darß und Fischland zusammen. Aber er beruhte sicher auch auf den Erfahrungen, daß man Stürme und Katastrophen zur See und zu Lande am besten meistert, wenn man ruhige Gelassenheit walten läßt; bei wirklicher und direkter Gefahr aber entschieden und kühn handelt. Auch die Zeit der Kriege, der napoleonischen Fremdherrschaft und der Kontinentalsperre hatte man ja so überstanden und konnte am Florieren der Segelschiffahrt vor der „Franzosentid" wieder anknüpfen. In den revolutionären gesellschaftlichen Umwälzungen von 1848/49 sah man hier keinen Sinn, eher im seemännischen Wagemut und Unternehmungsgeist – und die bekamen recht bald darauf schon wieder tüchtig zu tun.

Im Jahre 1853 war der Krimkrieg ausgebrochen, fern vom Fischland und von Ahrenshoop, und doch von großer Bedeutung für die Entwicklung des Landstreifens zwischen Meer und Bodden.

Dieser Krimkrieg hatte nicht unwesentlich zur Blütezeit der Fischländer Schiffahrt, der Fischlanddörfer und Ahrenshoops beigetragen. Die Ostsee-Segelflotte war nach dem Ende der Kontinentalsperre rasch erneut angewachsen. Als nach 1853 England und Frankreich im Krieg gegen Rußland dringend Schiffsraum für den Nachschub zu den Schwarzmeerküsten benötigten, da stand eine stattliche auf dem Fischland beheimatete Flotte von 189 Schiffen disponibel bereit, große Gewinne einzuheimsen. Noch größere aber waren mit Fahrten für Rußland, vor allem für das eingeschlossene Sewastopol zu machen. Also dienten nicht wenige unserer Schiffer zwei Herren: von England und Frankreich aus fuhren sie für die Verbündeten ins Schwarze Meer; im Schwarzen Meer aber segelten sie häufig als Blockadebrecher für Rußland. Waghalsig – aber äußerst profitabel. Die Fischländer Blokkadebrecher – kühne und furchtlose Seefahrer – sympathisierten im Herzen mit den eingeschlossenen Russen, über deren Heldentum auf dem Fischland noch lange wahre Legenden erzählt wurden. Lew N. Tolstoi, der als Offizier am Krimkrieg teilgenommen hatte, schilderte in dem dreiteiligen Zyklus seiner „Sewastopoler Erzählungen" (1855/56) die heldenmütige Verteidigung der Stadt.

Die Fischländer und Ahrenshooper Schiffer steckten einen Teil ihrer Riesengewinne aus dem Krimkrieg vor allem in die Erweiterung ihrer Segelflotte, in der naiven Annahme, die Konjunktur würde ewig währen.

Um 1845 wurde das neue Althäger Schulgebäude auf dem „Schaulberg" auf der Grenze zwischen Alt- und Niehagen erbaut. Leider gibt es keine Akten, die über die Zeit bis 1880 Auskunft geben könnten. Bekannt ist nur, daß die Schule zu Althagen als eine sehr begehrte Lehrerstelle galt, da sie über ausreichendes und fruchtbares Acker- und Wiesenland verfügte.

In Ahrenshoop entstanden 1850 und in den darauffolgenden Jahren eine ganze Reihe von Häusern, die man – soweit sie noch stehen – zu den ältesten des Dorfes zählt. Zu ihnen gehören die Häuser Am Strom 4, 5 und 6 (Haus Hülsse), und Dorfstraße 12/14, 18 (das spätere Mutter-Schumacher-Haus, in den zwanziger Jahren abgerissen), 22 („Seezeichen") und 28. Ahrenshoop wuchs also weiter an.

Am 13. April 1853 kam es zwischen der preußischen und der mecklenburgischen Regierung nach mehrfachen Verhandlungen zu einem Vergleich, der es den Ahrenshoopern vorläufig gestattete, sich der Fischländer Gemeinde anzuschließen, ohne von der Gemeinde zu Prerow abgetrennt zu werden. Im engeren Sinne gehörten sie von jeher zu der letzteren und beteiligten sich daher auch nicht an allen den Fischländern zustehenden kirchlichen Gerechtsamen. Die Sache war ein jahrhundertelanger Fall von Meinungsverschiedenheiten zwischen den Prerower und den Wustrower Geistlichen. Im Juni 1696 hatten die schwedischen Landvermesser über Ahrenshoop notiert:

„Zur Communion gehört die Ortschaft zu Prerow, zur Predigt nach ‚Karkendorf' (Wustrow) in Mecklenburg." So wurde auch im Interesse der Gemeindekinder verfahren, wenn es auch ohne ausdrückliche Genehmigung der zuständigen Regierungen geschah. In der Folgezeit erregte dieser Anschluß die Unzufriedenheit des Prerower Predigers, der Einspruch dagegen erhob.

Zu dieser Zeit war Johann Friedrich Rassow (1795–1873) Pfarrer in Prerow. In seine Amtszeit fiel die Abtrennung von Zingst vom Kirchspiel Prerow und seine Erhebung zur eigenen Parochie (1856). Mag sein, daß Pfarrer Rossow im Süden des Kirchspiels zugewinnen wollte, was ihm im Osten entglitt. Der obengenannte Vergleich indes entsprach der Realität eines langen Gewohnheitsrechtes.

Im Jahre 1860 hatte Ahrenshoop bereits 151 Einwohner. Althagens Bevölkerung war auf 471 gestiegen und die von Niehagen auf 174.

Die Verbindungen mit dem Festland aber waren um die Mitte des 19. Jahrhunderts noch immer mehr als miserabel. Das Fischland und Ahrenshoop – wie der Darß insgesamt – zählten damals zu den entlegensten deutschen Gebieten, obgleich hier eine männliche Bevölkerung ansässig war, welche die weite Welt kannte. Aber wenn die Männer im Herbst von großer Fahrt heimkehrten, dann mußten sie zusehen, daß sie von Rostock aus ein Fuhrwerk nach Ribnitz mitnahm, von wo aus sie ein Fährboot nach Wustrow oder Althagen segelte; oder ein Fuhrwerk brachte sie über den „Fischländer Weg" durch die Heide aufs Fischland.

Die Landstraße von Ribnitz nach dem Fischland war ein elender, sandiger Feldweg, der am schlimmsten war, wenn im Herbst oder Frühjahr das Wasser die Stadtwiesen mitsamt der Straße überschwemmt hatten, so daß die Pferde oftmals ihren Weg mit den Hufen ertasten mußten. Wenn dann noch Regen- oder Schneestürme über das ungeschützte Land jagten, war die zweistündige Fahrt ein Martyrium für Menschen und Pferde.

Kein Wunder, daß man den Weg über den Bodden vorzog. So lange der Bodden eisfrei war, fuhren von Wustrow und Althagen aus private Fährboote, die Fracht und Passagiere für 25 Pfennig nach Ribnitz oder von Ribnitz aufs Fischland beförderten. Trug die Eisdecke im Winter auf dem Bodden, so verkehrten Segelschlitten, die von kundigen Seeleuten geführt wurden und bei gutem Wind die Fahrt in zwanzig Minuten zurücklegten.

Rosa Schumacher, die als „Mutter Schumacher" der kulinarische Mittelpunkt der Ahrenshooper Malerkolonie war, vor ihrem Haus in der Dorfstraße.

„Unter ihren Gästen machte sie keinen großen Unterschied, Titel und Würden imponierten ihr nicht. Eines Tages hatte eine alte Exzellenz ein Bild von mir gekauft, und als der alte Herr meinte, er habe es preiswert erstanden, sagte Mutter Schumacher: ‚Schad' nich, Exz'llenz, lütt Veih makt ook Meß.' Ein Vergnügen war es, die alte Frau erzählen zu hören von vergangenen Tagen, konnte sie doch in ihren alten Tagen einige 60 Jahre zurückdenken. So von Schmugglergeschichten, von Schiffbrüchen, Wassersnot und Sturmfluten und von dem im Ahrenshooper Wald spukenden Franzosen, der dort Anfang des vorigen Jahrhunderts hinterrücks vom Pferde geschossen war und mit dessen wohlgefüllter Geldkatze der Führer seinen verschuldeten Hof gerettet haben soll."
(Paul Müller-Kaempff, 1926)

Fritz und Sophie Paetow (oben) kauften 1872 den schon seit dem 17. Jahrhundert als Heidereiter- oder Försterhof bekannten einzigen Bauernhof Ahrenshoops. Fritz Paetow war damit traditionsgemäß der Dorfschulze von Ahrenshoop und übte dieses Amt bis 1894 aus. Erhard und Ida Paetow (unten) erbten den Paetow-Hof. Erhard Paetow starb 1945.

Wenn die Fahrensleute aber im Frühjahr wieder in ihre Hafenstädte – Rostock, Wismar, Lübeck oder Stettin – zogen, so fuhren die Fischländer Bauern sie mit ihren Wagen, die man Godswagen nannte, dorthin, da es kaum andere Verbindungen gab. Zuerst wurden die Matrosen vom Darß abgeholt. Vor dem Althäger Schulzengehöft stand damals ein Tanzsaal; denn zum Schulzengehöft gehörte der Krug. Hier kehrten die Matrosen ein; abends gab es dann noch einen Abschiedsball und am nächsten Tag ging die Reise weiter. Zurück blieben in den Dörfern nur die Frauen, die Kinder und die Alten.

Seit 1851 fuhr zwischen Ribnitz und Wustrow die amtliche Bootspost. Ein Bote holte zweimal am Tage für die Ahrenshooper die Post aus Wustrow ab.

Im Jahre 1865 begann der erste Dampferverkehr zwischen Ribnitz und Wustrow – Althagen. Trotzdem unternahmen immer wieder Wustrower und Althäger regelmäßige Segelfahrten über den Bodden nach Ribnitz und zurück. Im Winter aber blieb ohnehin der von sachkundiger Hand geführte Segelschlitten das Hauptbeförderungsmittel zwischen Ahrenshoop, den Fischlanddörfern und Ribnitz, und manchmal für Wochen auch die einzige Verbindungsmöglichkeit, wenn die Landstraßen verweht waren und Pferdegespanne keine Chance des Durchkommens hatten.

Auf der Dorfstraße in Ahrenshoop, die zwischen zwei langgestreckten Dünenzügen nach Norden verlief, versanken Menschen und Wagen tief im weißen Sand. Die Fischländer meinten, daß die Ahrenshooper daher ihren eigenartigen mahlenden Gang hätten . . .

Der Weg nach Born – ebenfalls nur ein ausgefahrener Waldweg – führte über Drei Eichen am Rande des ausgedehnten Moorgebietes zwischen Wald und Bodden in das Dorf, in dem die Oberförsterei ihren Sitz hatte. Nach Wieck bog man bei Drei Eichen in den Küsterweg ein, der in nordöstlicher Richtung bis Peters Kreuz verlief, wo man auf dem ostwärts abgehenden Gestellweg direkt in das Dorf am Bodstedter Bodden kam.

Es sah also um die internen Verbindungen zwischen den Dörfern auf dem Fischland und dem Darß nicht besser aus, als um die Verkehrsanschlüsse zum Festland und nach Ribnitz und Rostock.

Im Jahre 1868 trat Mecklenburg dem Deutschen Zollverein bei, der 1834 von zunächst 18 deutschen Staaten unter der Führung Preußens gebildet worden war. Zwischen den Mitgliedern dieser wirtschaftspolitischen Vereinigung wurden die Zollgrenzen beseitigt und gegenüber nicht angeschlossenen Staaten gemeinsame Grenzzölle festgelegt. Der Deutsche Zollverein war ein wichtiger Schritt zur Beseitigung der ökonomischen Zersplitterung in Deutschland und zur Bildung eines nationalen Marktes.

Mit dem Beitritt Mecklenburgs zum Deutschen Zollverein wurde den legendären Darßer Schmugglern, denen der Prerower Kapitän und Schriftsteller Johann Segebarth (1833–1919) ein literarisches Denkmal gesetzt hat, der Boden für ihre waghalsige und abenteuerliche Tätigkeit entzogen, die der Armut in den Darßdörfern geschuldet war. Die preußisch-mecklenburgische Grenze war nun keine Zollgrenze mehr und der über viele Jahre andauernde Zweikampf zwischen den preußischen Zollwächtern von Born und Michaelsdorf und den schmuggelnden Darßern fand sein Ende. Wer nun bei Ahrenshoop die Grenze passierte, brauchte keinen Zoll mehr für mitgeführte Waren zu entrichten.

Im Jahre 1871 wurde nach einem wechselvollen Schicksal der frühere Ahrenshooper Heidereiter-Hof in stark heruntergewirtschaftetem Zustand zu einem billigen Preis an Fritz Paetow verkauft. Fritz Paetow hatte auf einem Gut in Mecklenburg gearbeitet, wo seine Frau Sophie Bruss als Wirtschafterin tätig war. Beide waren sehr fleißig und sparsam und brachten den verwahrlosten Hof bald wieder auf die Beine. Fritz Paetow war lange Jahre hindurch bis 1894 Dorfschulze und Dünenmeister. Von der Kruggerechtigkeit, die der Hof vertragsgemäß besaß, machten Paetows keinen Gebrauch. Sie hatten zwei Kinder: die Tochter Erna und den Sohn Erhard, der später den Hof erbte.

Ahrenshoop war 1871 immer noch das abgelegene Küstendorf am Rande der Welt, mit einer sandigen Dorfstraße und den links und rechts sich erstreckenden Häuserzeilen hinter den beiden Dünenzügen. Das Dorf war sauber geschieden: auf der Westseite hausten die armen Leute in ihren mickrigen Katen, während auf der Osterseite die wohlhabenden Familien der Schiffer und Steuerleute in ihren schmucken Häusern wohnten.

Der Paetow-Hof zu Anfang des Jahrhunderts von Süden gesehen. Links im Bild das nach Entwürfen des Architekten Griesebach erbaute Sommerhaus des Stadtbaurates Geheimrat Theodor Koehn, das später als „Musikzimmer“ eine bedeutende Rolle im geselligen Leben Ahrenshoops spielte.

Während man auf der Westseite das prunkvolle Reichsgründungsspektakel im fernen Versailles ungerührt hinnahm und seinem mühseligen Broterwerb nachging, herrschte auf der Ostseite das Hochgefühl des Sieges über Frankreich und die Hoffnung, daß ein geeintes, starkes und mächtiges Deutschland zu einem weiteren Aufblühen des Handels und Wandels und damit auch der Segelschiffahrt führen würde.

Es sollte bald schon klar werden, daß zumindest diese letztere Hoffnung für die Ostsee-Segelschiffahrt ein Trugschluß war und das Gegenteil eintrat.

Federzeichnung von Paul Müller-Kaempff aus der Serie: „Ahrenshoop – Sommertage am Ostseestrande“ (um 1900)

Es war wie ein Menetekel, als zu dieser Zeit das südwestliche Ostsee-Küstengebiet und mit ihm Ahrenshoop und die Fischlanddörfer von einer schrecklichen Naturkatastrophe heimgesucht wurden – der großen Sturmflut vom November 1872.

Das Unglück kam nicht unangemeldet: Schon der Oktober war sehr stürmisch gewesen, und seit Anfang November wehten Stürme aus Südwest, die dann nach Westen und Nordwesten drehten. So entstand im westlichen Teil der Ostsee eine Art Ebbe, während sich in den östlichen Gebieten gewaltige Wassermassen aufstauten. Am 8. November zeigte der Pegel bei Kiel 90 cm unter Null. In dieses Niedrigwassergebiet drängte der Nachschub aus der Nordsee hinein, der das Ostseebecken sehr rasch auffüllte. Am 10. November drehte der Wind über Norden nach Nordosten um. Anfangs wehte er mäßig, als er dann aber immer stärker wurde und sich schließlich am 12. November zum Orkan steigerte, war die Katastrophe vorprogrammiert. Die aufgestauten Wassermassen wurden nach Westen geschoben und drangen durch die lange Kette der Bodden von Barhöft bis in den Saaler Bodden vor, und das bei einer Windgeschwindigkeit von 50 Meter in der Sekunde! Alles niedrig liegende Land war in kurzer Zeit von der reißenden Flut verschlungen: südlich von Wustrow vereinigten sich der Bodden und die Ostsee, wie in alten Zeiten, als das Fischland noch eine Insel war.

Die tiefer gelegenen Ortsteile von Althagen und Niehagen waren ebenfalls überspült. In Fulge und Althagen standen verschiedene Gehöfte bis an die Rohrdächer im Wasser. Die seit den Jahren 1847/48 gebauten Deiche erwiesen sich als völlig unzureichend: im Grunde lagen die Dörfer offen zum Bodden da, als hätten sie vertrauensselig niemals mit einer solchen Sturmflut gerechnet.

Im Westteil von Ahrenshoop wurde der alte Strom zwischen dem Fischland und dem Schifferberg, 240 Meter nördlich der vorpommersch-mecklenburgischen Grenze wieder von der See geöffnet. Nach der Flut sandete diese Stelle wieder zu, jedoch drang noch lange Zeit bei höheren Außenwasserständen Wasser unter der neu gebildeten Düne hindurch, da der Sand in frischen Ablagerungen lockerer liegt.

Da die rasch in das südwestliche Ostseebekken zurückströmenden Wassermassen nicht schnell genug in die Nordsee zurückfließen konnten, schlugen sie gegen die Küsten Schleswig-Holsteins und fluteten von dort wieder zurück, so daß auch am Darßer Weststrand große Schäden angerichtet und auch die Dünen bei Ahrenshoop völlig zerstört wurden.

Paetows Hof im Paetowweg 3, seit 1871 der einzige Bauernhof Ahrenshoops und zugleich das älteste Anwesen, schon seit dem 17. Jahrhundert als Heidereiter- und Försterhof bekannt.

Die Ahrenshooper retteten sich bei den eisigen Stürmen auf die höher liegenden Teile des Fischlandes und des Schifferberges. Frieda Niemann, die als zehnjähriges Mädchen die Sturmflut erlebte, erzählte, wie sie von den Nachbarn geweckt wurden, als das Wasser schon ins Zimmer kam. Mit Booten wurden alle Menschen zuerst auf die andere Straßenseite gebracht, die etwas höher lag. Sie fanden Unterschlupf bei den alten Niemanns. Aber als das Wasser ihnen nachkam, mußte sie auch von hier weiter. Erst auf dem Hof bei Paetows waren sie sicher. Die Kühe bekamen ein Seil um den Kopf und schwammen über die Straße; so konnten sie gerettet werden.

In Ahrenshoop wurden viele Häuser beschädigt, einige durch die Flut auch ganz vernichtet:

Im Ortsteil Vittebrook – etwa der heutige Grenzweg – standen die Häuser von Behm, Kirchner und Both da, wo heute der Strand ist; sie wurden durch die Sturmflut weggerissen.

Das heutige Haus Grenzweg 10 wurde zerstört; das Haus Jaeger, heute Grenzweg 6, wurde beschädigt, aber wieder aufgebaut. Das Haus von Reimer Niemann wurde zerstört, heute steht dort das Haus Budde in der Dorfstraße 2. Das Haus von Daniel Jörk in der Dorfstraße 31 wurde stark beschädigt und später abgerissen. In Althagen wurden ebenfalls etliche Häuser von der Flut ausgewaschen und einige völlig zerstört, so die Büdnereien B 21 und B 37 am Bodden, und die Doppelbüdnerei B 30/31.

Immer wieder fielen in früheren Zeiten in Ahrenshoop, Alt- und Niehagen Häuser den Sturmfluten zum Opfer. Zeichnungen solcher Katastrophen veranschaulichen die Sturmgewalt der Ostsee, als die Silvestersturmflut 1913 diese Ahrenshooper Häuser auf den Strand setzte.
rechts oben:
Die Kirche in Wustrow auf dem Fischlande wurde 1873 geweiht: vorher stand an ihrer Stelle mehr als ein halbes Jahrtausend lang eine Backsteinkirche, die 1869 abgebrochen wurde.

Die meisten Althäger Büdner bauten neue Häuser höher im Ort gelegen. Am Bodden blieben Gärten ohne Häuser zurück – an der Landstraße entstand eine Häuserzeile ohne Gartenland: so wurde das alte Straßendorf Althagen aufgerissen. Das am Bodden gelegene Grundstück der Büdnerei 21 – der Neubau erfolgte an der Straße – kaufte H. Jörck. Später entstand dort das „Boddenhaus".

Die verheerende Sturmflut vom November 1872 machte buchstäblich über Nacht die bis dahin wegen ihrer Abgeschiedenheit nahezu unbekannten Küstendörfer des Fischlandes und des Darß in ganz Deutschland bekannt und löste eine beispiellose Hilfs- und Spendenaktion im Lande aus.

Eine zweite positive Folge war, daß die Regierungen Preußens und Mecklenburgs ein umfassendes Deichbauprogramm ausarbeiteten und seine Verwirklichung unverzüglich in Angriff nahmen.

Zur gleichen Zeit gab es noch ein anderes Ereignis, das die Gemüter in Ahrenshoop bewegte.

Die Ahrenshooper Gemeinde – wir sagten es schon – nahm seit dem Jahre 1853 auch regierungsamtlich an den Gottesdiensten in der Wustrower Kirche teil und begrub auch ihre Toten auf dem Wustrower Kirchhof. 1869 nun mußte die alte Kirche in Wustrow wegen zu großer Baufälligkeit abgerissen werden und an ihrer Stelle sollte unverzüglich eine neue entstehen, was auch mit einer Verlegung des Friedhofs – bisher hatte man die Toten rings um die Kirche bestattet – verbunden war.

Nun verlangten die Wustrower, daß sich Ahrenshoop an den Kosten für den Kirchenneubau beteiligen sollte, andernfalls würde man die verstorbenen Ahrenshooper nicht mehr auf dem Wustrower Gottesacker beisetzen.

Da verfügte der Dorfschulze, auf einem Dünenhang nördlich vom Schulzenhof einen eigenen Ahrenshooper Friedhof anzulegen. Drei Tage nach dem Ende der Sturmflut – am 13. November hatten die Wasser zu fallen begonnen – wurde auf dieser Friedhofsdüne das erste Grab ausgehoben, in dem die kleine Albertine Kirchner beigesetzt wurde. Sie war, schwer erkrankt, während der Fluttage verstorben und fand nun hier ihre Ruhestätte.

So endete das schicksalsschwere Jahr 1872 für die Ahrenshooper.

Fischerkirchhof, 1893/94, ein Gemälde von Ludwig Dettmann, das den Ahrenshooper Friedhof zeigt. Das Bild wurde 1902 von der Nationalgalerie Berlin gekauft und im Zweiten Weltkrieg zerstört.

Die Reichsgründung 1871 beendete die aus dem Feudalismus überkommene territoriale Zersplitterung Deutschlands und schuf einen bürgerlichen Nationalstaat, durch den sich der Kapitalismus rascher entwickeln konnte.

Die ungeheuer rasche wirtschaftliche Entwicklung, die zu modernen Produktions- und Verkehrsbedingungen in Deutschland führten, und auf die man in den Kreisen der Reeder, Schiffer und Werften an der Ostseeküste so große Hoffnungen gesetzt hatte, erwiesen sich letzten Endes als die tiefste Ursache für den Untergang der Segelschiffahrt in unserem Gebiet.

Das betraf natürlich auch die Ahrenshooper Fahrensleute und ihre Schiffe, für die es nur drei Schicksale gab: entweder sie versanken auf einem der Weltmeere; sie havarierten, wurden kondemniert (d.h. für reparaturunwürdig oder -unfähig erklärt) und verschrottet oder – falls sie all dem entgangen waren – spätestens Ende des 19. Jahrhunderts verkauft. Anfang des 20. Jahrhunderts jedenfalls befand sich kein Segelschiff mehr im Besitz der Fischländer oder Ahrenshooper Schiffer.

Die Ursachen für den Niedergang der Ostsee-Segelschiffahrt lassen sich nicht auf eine generelle Ursache reduzieren. Dr. Helmut Sköllin schrieb 1905 in einer bemerkenswerten Untersuchung, daß das Absinken der deutschen Kornexporte und die Einführung eines Schutzzolls auf deutsche Ausfuhrwaren im Jahre 1879 diesen wichtigsten Verkehrszweig der Ostseeschiffahrt zum Erliegen brachte.

Kapitänsbild
F. Wettering: Bark Peter Suppicich. 1877.
Auf dieser Bark fuhr der Ahrenshooper Schiffer Carl Meyer (geboren 1825) in den Jahren 1869–1884. Ein anderer Kapitän übernahm das 1869 erbaute Schiff und verkaufte es 1887 weiter.

„Vor allem aber", schrieb er, „wurden die großen technischen Umwälzungen auf dem Gebiete des Schiffsbaus verhängnisvoll für die Ostseeschiffahrt. Während die Nordseereederei, dem Vorbilde Englands folgend, den Übergang vom hölzernen zum eisernen, von diesem zum stählernen, vom kleineren zum größeren Segelschiff, vor allem aber den entscheidenden Schritt vom Segelschiff zum Dampfer sehr bald mitmachte, blieb die Ostseereederei zunächst in der Hauptsache beim hölzernen Segelschiff. Der Verzweiflungskampf der älteren Segler gegen die Dampfer mußte mit einer vernichtenden Niederlage der ersteren enden ... Die Rostocker Segelschiffahrt hatte schon 1870 ihren Höhepunkt erreicht mit 372 Schiffen von 102 933 Reg.-Tonnen; sie erhielt sich bis 1880 ungefähr auf gleicher Höhe (335 Schiffe, 100 517 Reg.-Tonnen), seitdem aber trat auch in ihr der unvermeidliche Rückgang ein, der immer mehr den Charakter des Verfalls annahm."

Der Fischländer und Ahrenshooper Schiffahrt, die in engster Beziehung zur Rostocker stand, wurde durch deren Verfall ebenfalls der Todesstoß versetzt. Als die alten Segler durch die Konkurrenz der Dampfer und größeren eisernen Segelschiffe sich nicht mehr rentierten, drangen die Reeder auf deren Verkauf. Die Schiffer aber schoben oft diesen Verkauf hinaus, der dann sehr verspätet und zumeist mit Verlust doch geschah. Auf diese Weise und durch den Konkurs Rostocker Firmen wurde der Wohlstand mancher angesehenen Schifferfamilie zerstört. Andere Schiffer, die weitsehender waren, lösten sich rechtzeitig von der Segelschiffahrt und retteten so wenigstens einen Teil ihres Vermögens. Im allgemeinen aber hielten die Kapitäne und manche Gruppen der Handwerkerreeder zu sehr am Althergebrachten fest. Vielen Schiffern und Reedern fehlten dann schließlich der Unternehmungsgeist und auch die Mittel zu neuen, dem modernen Schiffahrtsbetrieb entsprechenden Unternehmungen. So erlosch nach einem Jahrhundert der Stern der Ostsee-Segelschiffahrt auch auf dem Fischland und in Ahrenshoop.

Der Niedergang der Segelschiffahrt bedeutete jedoch nicht, daß damit auch zugleich die große Rolle seemännischer Berufstätigkeit auf dem Fischland und in Ahrenshoop zu Ende war. In den folgenden Jahren wandte sich zwar ein Teil der Bevölkerung von der Seefahrt ab; andere aber paßten sich den neuen Bedingungen des Seeverkehrs an und gingen zur Dampfschiffahrt über. Fischländer Seeleute, die auf der Navigationsschule in Wustrow ihr Schifferpatent erlangten – wozu sie während ihrer Fahrenszeit als Steuerleute ohne weiteres die finanziellen Mittel ersparen konnten –, gelangten regelmäßig in die höheren Offiziersstellen auf zumeist großen Dampfern und Segelschiffen der großen Reedereien und, sobald eine Stelle frei wurde, bei anerkannter Tüchtigkeit in die leitenden und verantwortungsvollen Stellungen als Kapitäne. Ihre Ersparnisse legten sie nun nicht mehr in Schiffsanteile an, sondern deponierten sie auf der Bank.

Viele von ihnen zogen nicht in die großen Städte, sondern blieben auf dem Fischland und in Ahrenshoop wohnen, um mit dem ersparten Geld auf dem ererbten oder gekauften ländlichen Besitz in der Heimat einen geruhsamen Lebensabend zu verbringen.

Es soll aber auch nicht verschwiegen werden, daß noch geraume Zeit Steuerleute und Kapitäne, die auf die Dampfer umstiegen, von denen, die bis zum bitteren Ende der Segelschiffahrt auf den kleinen Schiffen die Treue hielten, als Abtrünnige verachtet wurden. Leichter dagegen hatten es die Matrosen, die nie zum gehobenen Schifferstand gehört hatten, sondern immer nur auf fremden Schiffen für meist magere Heuer dienten.

In der neuen Seefahrt hatten sich viele Lebensbedingungen für die Seeleute verändert. Die Reisen wurden länger, es wurde das ganze Jahr hindurch gefahren, und die Landaufenthalte wurden kürzer. So gaben viele auf ihren Büdnereien die Landwirtschaft als Nebenerwerb auf. Der Haupterwerbszeig – die Schiffahrt – hatte seine Wurzeln nun nicht mehr in der engeren Heimat, sondern außerhalb, und vor allem an der Nordseeküste, wo die großen Reedereien mit ihren Dampfern und großen Segelschiffen ihren Sitz hatten.

Als die Segelschiffahrt zurückging und für einen Teil der Bevölkerung kein Unterkommen mehr war, wandte man sich wieder verstärkt der Fischerei zu. Die leidlichen Erträge in den achtziger Jahren gingen wegen der Raubfischerei jedoch rasch wieder zurück. In Althagen und Fulge wurde die Fischerei im Saaler Bodden und in der Ostsee von 19 Berufsfischern betrieben, die bis auf zwei sämtliche Seeleute, besonders Matrosen gewesen sind. Von Niehagen aus fischten nur 3 Personen. In Ahrenshoop – wo uns keine Zahlen vorliegen – werden es auch nicht mehr gewesen sein.

In den Fischlanddörfern Alt- und Niehagens wandten die Erbpächter auf den größeren Besitzstellen der intensiveren Betriebsweise nunmehr gesteigerte Aufmerksamkeit zu, und sowohl die Erben als auch die jüngeren Söhne stellten sich jetzt von vornherein auf ihren landwirtschaftlichen Beruf und nicht mehr auf die Seefahrt ein.

Mit dem landwirtschaftlichen Aufschwung lohnte sich der Bau einer eigenen Mühle in diesem Gebiet, und so erbaute der Müller Heinrich Niemann im Jahre 1880 die erste Windmühle in Ahrenshoop. Sie lag günstig für die Fischländer Bauern und den Paetow-Hof und zeichnete sich durch ein gutes Mahlwerk aus. 1882/83 erbaute Heinrich Niemann das Haus Dorfstraße 9, dessen Obergeschoß teilweise als Kornkammer diente. In diesem Haus wurde die Poststelle Ahrenshoop eingerichtet, deren Verwalterin lange Jahre Clara Niemann, die Ehefrau des Müllermeisters war. Noch heute befindet sich hier das Ahrenshooper Postamt.

Mit der Aufhebung des Ansiedlungsverbotes für „Einlieger", kamen etliche der nicht in seemännischem Besitz befindlichen Büdnereien auf dem Fischland in die Hände von Arbeitern und Handwerkern, die hier ihr Auskommen fanden.

So veränderte sich die soziale Struktur auf dem Fischland und in Ahrenshoop.

Die von Heinrich Niemann im Jahre 1880 erbaute Ahrenshooper Windmühle, die eines der beliebtesten Motive der Maler war.

Müllermeister Heinrich Niemann, Erbauer des Hauses Dorfstr. 9 und der Ahrenshooper Windmühle, mit seiner Frau Clara Niemann, die lange Jahre Verwalterin der Poststelle Ahrenshoop war und 1951 einundneunzigjährig starb.

Die ersten Ansichtspostkarten aus Ahrenshoop um die Jahrhundertwende zeigten unter anderen Motiven auch das „Hotel Voß“ in der Dorfstraße 4, das spätere „Hotel Nordpol“, das dann in „Baltischer Hof“ umbenannt wurde.
„Villa Hegewald“, Dorfstraße 41, wurde 1894 von der Malschülerin Hella Hegewald als Pension erbaut. Die „Villa Grebe“ ließ sich der Maler Prof. Friedrich Grebe 1895 im Grenzweg 8 errichten.

VON DER ENTDECKUNG AHRENSHOOPS DURCH DIE MALER, DER HERAUSBILDUNG DER KÜNSTLERKOLONIE UND DES OSTSEEBADES AHRENSHOOP VOR DER JAHRHUNDERTWENDE, BIS ZUM ERSTEN WELTKRIEG 1914–1918

Viele Veränderungen im Leben von Völkern, Staaten und Gemeinwesen gehen allmählich vor sich; alte und neue Zustände haben oftmals keine klaren Trennungslinien, sondern gehen fließend ineinander über und verknüpfen sich häufig auf merkwürdige Weise miteinander. In der Entwicklung von Ahrenshoop, aber auch seiner fischländischen Nachbargemeinden Alt- und Niehagen, waren die achtziger und neunziger Jahre vor der Jahrhundertwende von solchen Erscheinungen gekennzeichnet; die alten Verhältnisse gerieten aus den Fugen oder modifizierten sich, die neuen entstanden fast unmerklich. Die Wandlungen und Veränderungen hatten unscheinbare Vorzeichen.

1882 hielt sich der mecklenburgische Landschaftsmaler Carl Malchin (1838–1923), der im gleichen Jahr zum Konservator der Großherzoglichen Gemäldegalerie in Schwerin avanciert war, in Ahrenshoop auf. Er hinterließ von diesem Besuch zwei Skizzen (er skizzierte vor der Natur, malte aber im Atlier), die mit „Ahrendshoop d. 9. Septbr. 1882" signiert und datiert sind. Diese Skizzen sind die ersten nachgewiesenen künstlerischen Zeugnisse der produktiven Anwesenheit eines Malers in Ahrenshoop. Carl Malchin hatte wahrscheinlich während seiner Zeit als Schweriner Vermessungsingenieur das weltabgeschiedene Dorf schon kennengelernt. Er kam auch nach 1882 häufig und gern hierher um zu malen. Aber er hat hier niemals ein Haus gebaut und war auch kein Mitglied der Ahrenshooper Künstlerkolonie; hatte jedoch mit ihren führenden Köpfen freundschaftliche Beziehungen.

Im selben Jahr 1882 baute Vater Schumacher am Ahrenshooper Strand die erste Badehütte. Vielleicht hatte er ihr Vorbild bei einem Kirchgang nach Wustrow am dortigen Strand gesehen; denn das Fischländer Kirchdorf hatte bereits 1880 einen „Gemeinnützigen Verein" gegründet, der aus dem Niedergang der heimischen Segelschiffahrt Schlußfolgerungen zog: Badegäste mußten her als neue Einnahmequelle für die Wustrower, und damit sie kamen und wiederkamen, mußte man ihnen Unterkünfte, Gaststätten, Dienstleistungen aller Art, gepflegtere Straßen und Badehütten am Strand bieten.

Aber da Vater Schumacher die erste Ahrenshooper Badehütte ganz gewiß nicht für sich und seine Frau, die legendäre Mutter Schumacher, gebaut hatte, können wir schlußfolgern, daß sich 1882 schon die ersten Badegäste nach Ahrenshoop verirrt haben müssen.

1884 wohnte der Schweriner Maler Friedrich Wachenhusen (1859–1925) in Nordens Hotel in Wustrow. Wir wissen nicht, ob er damals schon bis Ahrenshoop kam; aber es ist anzunehmen.

1886 rafften sich die Ahrenshooper zu einer bedeutenden kommunalen Leistung auf: Die Dorfstraße wurde mit Pappeln bepflanzt, und jede Familie mußte zwei Bäume setzen. Das geschah nicht wegen irgendwelcher Badegäste, sondern als Wind- und Sandschutz; denn die Straße war noch immer ein sandiger Feldweg und die Häuser lagen ohne Baumschutz inmitten der Dünen, die erst später nach und nach abgetragen wurden.

In der Malerei als der im 19. Jahrhundert führenden Gattung bildender Kunst formierten sich zuerst in Frankreich seit der Mitte des 19. Jahrhunderts erneut jene Künstler zu losen Künstlergruppen, die im scharfen Widerspruch zu dem offiziellen Akademismus bzw. den entsprechend beherrschten Verbänden standen. Dabei spielten oft auch Proteste gegen die bürgerliche Lebens- und Denkweise eine Rolle.

In Deutschland und anderen Ländern entstanden die meist dörflichen Künstlerkolonien, für die ihre Abkehr von der Großstadt, gegründet

Carl Malchin: Der Wustrower Hafen. 1882. Seit 1851 fuhr zwischen Ribnitz und Wustrow die amtliche Bootspost; daneben beförderten aber noch zahlreiche private Fährsegler von Wustrow und Althagen aus Menschen und Fracht. 1865 begann der Dampferverkehr.

auf dem Streben nach einer unmittelbaren Begegnung mit der Natur infolge einer kleinbürgerlichen Zivilsationsflucht am Übergang vom Industriekapitalismus zur Weltpolitik des Imperialismus kennzeichnend waren. Aber nur in den besten künstlerischen Leistungen wurde ein besonderer Beitrag zur Kunstentwicklung spürbar, besonders in der Entdeckung neuer Landschaftsgebiete für die Malerei und im Gestalten besonderer Stimmungswerte.

Eine neue und bereits widersprüchliche Entwicklungsphase der Künstlerkolonien wurde durch den Kreis von Pont Aven in der Bretagne seit 1886 eingeleitet. In Deutschland entsprachen dem in den achtziger und neunziger Jahren besonders die Künstlerkolonien von Schwaan in Mecklenburg, Ahrenshoop, Neu-Dachau und Mittenwalde bei München, der sogen. Goppelner Kreis, Grötzingen bei Karlsruhe, Worpswede und andere.

An einem schönen Spätsommertag des Jahres 1889 passierte dann jenes stille Ereignis, von dem im Grunde der ganze neue Entwicklungsabschnitt in der Ortsgeschichte Ahrenshoops ausging. Der Maler Paul Müller-Kaempff (1861 –1941) beschrieb es später einmal so:

„Im Spätsommer 1889 hielt ich mich mit meinem Kollegen, dem Tiermaler Oskar Frenzel, in Wustrow auf dem Fischlande auf, um zu malen. Gelegentlich einer Wanderung am Hohen Ufer lag plötzlich, als wir die letzte Anhöhe erreicht hatten, zu unseren Füßen ein Dorf: Ahrenshoop. Wir hatten von seiner Existenz keine Ahnung und blickten überrascht und entzückt auf dieses Bild des Friedens und der Einsamkeit. Kein Mensch war zu sehen, die altersgrauen Rohrdächer, die grauen Weiden und grauen Dünen gaben dem ganzen Bilde einen Zug tiefen Ernstes und vollkommener Unberührtheit."

Paul Müller-Kaempff war nicht der erste Maler, dem Ahrenshoop unter die Augen kam; aber er war der erste, der aus dieser ganz individuellen Entdeckung Ahrenshoops den Entschluß faßte, sich hier niederzulassen.

Im Jahre 1891 kam aus Rostock ein gewisser Carl Molchin nach Ahrenshoop und baute auf dem Grundstück Dorfstraße 45 das Kurhaus, dem er den Namen „Bogislaw" gab. Molchin war ein Rostocker Schiffshändler, der von seinem Schwiegervater nach dessen Tode einen Holzhandel übernommen hatte und außerdem noch eine Gipsplattenfabrik besaß. Die Platten wollte er nach St. Louis in den USA verkaufen; hielt aber den Termin nicht ein und die Platten wurden ihm nicht abgenommen. Daraufhin ging die Fabrik pleite. Nun verwendete Carl Molchin die Platten, auf denen er sitzengeblieben war, zum Bau mehrerer Häuser in Ahrenshoop, nämlich das Kurhaus, die Häuser von Kleinberg und Urbich, sowie die Häuser der Malerinnen Eva von Pannewitz und Helene von Choffel. Die Grundstücke hatte Molchin in Barth für 500,– Mark ersteigert.

Molchin war intelligent und energisch; er hatte eine laute Stimme und wenn er sprach, hörte man ihn weit ins Dorf hinein. Zum Schleppen des Baumaterials hatte er einen verkümmerten Schimmel, der die Loren vom Hafen durch den Sand zog. Noch nie war in Ahrenshoop ein Haus so schnell entstanden wie Molchins „Bogislaw".

Das Ahrenshooper Kurhaus wurde 1891 von dem Rostocker Schiffshändler Carl Molchin erbaut und erhielt den Namen „Hotel Bogislav“.

Paul Müller-Kaempff (1861–1941)
„Am 1. Oktober habe ich meine Malschule geschlossen und fange wieder mit eigener Arbeit an. Im Lukas sind noch 14 Personen bei Tische, darunter mehrere Kollegen, die hier Herbstbilder malen. Am 20ten gedenken wir zu schließen, und dann werden die Damen Wachenhusen abreisen.
Ich freue mich nun sehr auf die eigene Arbeit, besonders da die Natur jetzt so stimmungsvoll ist. Ein größeres Bild aus dem Walde, herbstliche Birken und hohe welke Farren, dazu ein Paar Drosseln, habe ich schon fertig.“ (Brief an Otto Kaysel vom 4. Oktober 1896)

Den großen Saal des Kurhauses hatten die Maler Paul Müller-Kaempff und Friedrich Wachenhusen mit großen Wandbildern geschmückt („um Schulden abzubezahlen“), die Landschaftsmotive und Darstellungen aus dem Leben der Fischer zeigten.

Carl Molchin setzte für das „Bogislaw“ Pächter ein. Besonders tüchtig war der Pächter Rath aus Müritz, der mehrere Jahre lang das Kurhaus verwaltete. Er war auch bereit, das Haus zu kaufen, konnte sich aber mit Molchin nicht über den Kaufpreis einigen: Molchin verlangte 78 000,– Mark, Rath war aber nur bereit, 72 000,– Mark zu zahlen. Rath ging daraufhin nach Müritz zurück, wo er das Hotel „Erbgroßherzog“ übernahm.

Der Bau des Kurhauses war ein deutliches Zeichen dafür, daß inzwischen auch in Ahrenshoop das Badeleben begonnen hatte. Eine neue soziale Gruppe entstand im Dorf: die der Zimmervermieter, zumeist Hausbesitzer aus den Kreisen, die nicht zu den Schifferfamilien gehörten; denn diese sträubten sich anfangs gehörig gegen den einsetztenden Fremdenverkehr, wie auch in anderen Orten, die sich zu Ostseebädern zu mausern begannen. Die meisten von ihnen hatten es finanziell nicht nötig, Gäste aufzunehmen, und bei ihrem ausgeprägten Standesbewußtsein hielten sie es auch für unter ihrer Würde, irgendwelchen Fremden Quartier zu geben und diese gar auch noch zu bedienen.

Für die Ärmeren im Dorf aber entstand hier eine lohnende Quelle des Zuverdienens. Ahrenshoop bot den Badegästen nicht viel Komfort; aber eine unberührte, malerische Landschaft, und zwischen den ersten Badegästen, den ersten Malern und ihren Wirtsleuten stellten sich nahezu familiäre Beziehungen her.

Ahrenshoop wurde zu einem Anziehungspunkt für viele Maler. Im Herbst 1891 ging der mecklenburgische Landschaftsmaler Karl Rettich (1841–1904) zum erstenmal nach Ahrenshoop, welches ihm eine Fülle von Anregungen bot. Er brachte eine reiche Ausbeute an Studien und Skizzen für die Winterarbeit des Jahres 1891 mit nach München, wo er zu jener Zeit seine künstlerische Heimat suchte. In den folgenden Jahren kam er immer wieder nach Ahrenshoop und schuf hier 1894 sein wohl eindrucksvollstes Ostseegemälde, das „Panorama von Ahrenshoop“, das vom Danziger Museum erworben wurde. Als Karl Rettich sich 1896 am heimatlichen Ostseestrand bis zu seinem Lebensende niederließ, wählte er nicht Ahrenshoop sondern Graal zu seinem Wohnsitz.

Im Jahre 1892 schuf Ludwig Dettmann (1865–1944), einer der ersten Vertreter der Freilichtmalerei in Deutschland, eine Studie des Friedhofs in Ahrenshoop, nach der er 1893/94 das großformatige Bild „Fischerkirchhof“ malte, das 1902 von der Nationalgalerie zu Berlin angekauft wurde. Auf einzelnen Grabkreuzen des Gemäldes sind die Namen von Angehörigen Ahrenshooper Schifferfamilien zu erkennen: Jörck, Hansen und Engel Voß geb. Jörck (der Großmutter des 1963 verstorbenen Kapitäns Heinrich Voß, der die Schiffsmodelle in der Ahrenshooper Kirche schuf).

Im selben Jahr 1892 erbauten die ersten Maler ihre Häuser in Ahrenshoop: Paul Müller-Kaempff in der Dorfstraße 18 und Bertha Gerresheim in der Dorfstraße 20. Ihre Schwester Anna Gerresheim wohnte zuvor in Prerow und Wustrow und zog nach Fertigstellung des Hauses zu ihrer Schwester Bertha.

Diese erste Ansiedlung zweier bedeutender Landschaftsmaler im Jahre 1892 in Ahrenshoop wird als Entstehungsdatum der Ahrenshooper Malerkolonie angesehen.

1892 gab es noch ein bemerkenswertes Ereignis in Ahrenshoop: Im „Baltischen Hof“ in der Dorfstraße 4 – dem ältesten Gasthof des Dorfes – wurde eine Poststelle eingerichtet und der erste Fernsprechanschluß gelegt.

1893 besaß Ahrenshoop 169 Einwohner. Die Bevölkerungszahl war also in dreißig Jahren um 18 gestiegen. Das mag nicht viel erscheinen; aber im gleichen Zeitraum war sie in Althagen um 96 und in Niehagen um 35 gesunken. Die Ursachen für diesen Bevölkerungsrückgang auf dem Fischland hatten wir schon im vorigen Kapitel genannt.

In der deutschen Hauptstadt Berlin lenkte indes im Jahre 1893 das kleine Ahrenshoop am Ostseestrande gleich zweimal die Aufmerksamkeit des kunstbeflissenen Berliner Publikums auf sich.

Auf der Großen Berliner Kunstausstellung war das großformatige Bild von Paul Müller-Kaempff „Schifferfriedhof" zu sehen, das sich jetzt in der Kieler Kunsthalle befindet. Es zeigt den Ahrenshooper Schifferfriedhof auf einer mit gelben Strohblumen dichtbewachsenen Düne, mit einigen weißen Grabkreuzen hinter einem halbzerfallenen Koppelzaun, dem sich eine schwarzgekleidete Frau im Witwenschleier mit einem ärmlichen Kranz in der Hand nähert. Das Bild macht die traurige Einsamkeit des Friedhofs, der ja zu dieser Zeit erst zwei Jahrzehnte alt war, wie des Hinterbliebenenschicksals gleichermaßen deutlich.

Am 9. November 1893 wurde im Berliner Schauspielhaus ein „Vaterländisches Schauspiel in einem Aufzug" uraufgeführt: „Die Ahrenshooper". Sein Verfasser, Axel von Demandowski (Autorenname Axel Delmar) wählte Ahrenshooper Fischer und Schiffer und die Dünenlandschaft als Handlungsort für sein Stück. Der Ahrenshooper Steuermann Klaas Kron führte das Vollschiff „Marengo" mit 400 Soldaten, 8 Offizieren und Munition und Proviant, die für das französische Geschwader bei Danzig bestimmt war. In der Nacht vom 25. zum 26. Juni 1813 läßt er das Schiff vor dem Fischland stranden. Damit bricht er seinen von den Franzosen erpreßten Kapitänseid, fällt aber nicht seinen Landsleuten in den Rücken, die sich gegen die napoleonische Fremdherrschaft erhoben hatten. Die Ahrenshooper retten ihren Klaas schließlich vor der Verhaftung durch die französischen Zollsoldaten.

Paul Müller-Kaempff: Schifferfriedhof. 1893. Der damals gerade zwei Jahrzehnte alte Ahrenshooper Friedhof war ein beliebtes stimmungsvolles Motiv der Maler und Malschülerinnen.

Das Stück hatte keinen bedeutenden dramaturgischen Tiefgang; kam aber zur 80-Jahrfeier der Völkerschlacht den Berlinern gerade recht.

Nachdem sich Paul Müller-Kaempff in Ahrenshoop ein eigenes Haus erbaut hatte, zog er vor allem in den Sommermonaten seine Malschüler nach. Es erschien ihm zweckmäßig, für die große Schar dieser Malschüler eine gemeinsame Unterkunft mit Atelier- und Kommunikationsmöglichkeiten zu schaffen. So ließ er in der Dorfstraße 35 das „Haus Lukas" erbauen.

In diesem Jahre, 1894, hatte Ahrenshoop bereits 150 Badegäste. Es kamen vor allem die Verwandten und Freunde der Maler und der zahlreichen Malschüler, die ja hauptsächlich aus begüterten Familien und aus den Städten stammten. Diese brachten wiederum ihre Bekannten mit und so wurde in Ahrenshoop die Vermietung an Sommergäste durch die Einheimischen (aber auch durch die Maler, die bereits eigene Häuser gebaut hatten) eine willkommene neue Einnahmequelle. Fast alle Maler, aber auch viele andere, die sich später in Ahrenshoop ansiedelten, kamen anfangs als Badegäste zu Zimmer- oder Hausvermietern hierher.

Die Malschule „St. Lukas“ von Professor Müller-Kaempff in der Ahrenshooper Dorfstraße 35. Im Jahre 1894, nach der Errichtung des Hauses, zogen hier 14 Malschülerinnen ein. In der Folgezeit wuchs diese Zahl beträchtlich an. Foto: Rückansicht des „St. Lukas“

Im Jahre 1895 wurde der Kapitän Friedrich Krohn Gemeindevorsteher in Ahrenshoop, nachdem bis 1894 der Bauer Fritz Paetow gewohnheitsgemäß dieses Amt ausgeübt hatte: war doch der einzige Ahrenshooper Bauernhof zugleich Schulzenhof. In die Amtszeit von Friedrich Krohn fiel nun die Entwicklung Ahrenshoops zu einem Ostseebad, das sich zunehmender Beliebtheit erfreute; in dem aber die Einheimischen immer weniger, die Fremden dafür immer mehr das Sagen hatten.

1896 wurde in der Dorfstraße 9 – im Hause des Müllermeisters Heinrich Niemann – das Ahrenshooper Postamt eröffnet.

Im selben Jahr kaufte der Ludwigsluster Rechtsanwalt Dr. Otto Kaysel das Haus Dorfstraße 14. Erbaut hatte es Heinrich Adolf Ernst, der erste Ahrenshooper Schulmeister, der in Armut gestorben war. Von dessen Erben erwarb Otto Kaysel das Anwesen zwischen Kirchners Gang und dem Schulgrundstück.

Schon vor dem Hauskauf im Jahre 1896 hatten ihn die Künstler gelockt, die angefangen hatten, sich im Sommer in Ahrenshoop aufzuhalten, allen voran die Professoren Georg Ludwig Meyn und Paul Müller-Kaempff, deren Malschülerin seine Tochter Otty Kaysel war, die ihn auf Ahrenshoop aufmerksam machte.

Seine Enkeltochter Marianne Clemens berichtete:

„Mein Großvater war zuerst mit seiner Familie jahrelang im Sommer in Müritz gewesen. Aber Ende der achtziger Jahre des vorigen Jahrhunderts schreibt er: ‚In Müritz haben sie neue Villen erbaut, die Villen tragen Balkons, die Menschen Glacéhandschuhe, die Damen turmähnliche Frisurgebilde und kallipygische Geschwulste in ungemein erheiternden Façons, die Kinder werden ausgeputzt wie Affen . . . Müritz hat sich einen bunten Lappen umgehängt, hat hohe Preise und hohe Gäste und bildet sich ein, für Warnemünde und den heiligen Damm habe das letzte Stündlein geschlagen. Nun schüttele ich den Müritzer Sand aus meinen Schuhen und erfinde irgendeinen anderen Badeort ...'"

Dieser Badeort, den er sich erfand, war dann Ahrenshoop.

Mit Dr. Otto Kaysel begann offenbar in Ahrenshoop das Zeitalter der Forensen – nach dem englischen Wort foreigner = Ausländer, Auswärtiger – wie man die Besitzer der Sommervillen nannte, die entweder Häuser im Dorf oder in Althagen kauften und ausbauten oder Neubauten für sich errichten ließen. Es waren vor allem städtische Juristen, gehobene Beamte, Fabrikanten, Kaufleute und andere gutsituierte Leute, die, zumindest in den ersten Jahren, angelockt von den Malern Ahrenshoop zu erobern begannen.

Weitere Malerinnen und Maler hatten sich inzwischen in Ahrenshoop häuslich niedergelassen und zwischen 1892 und 1897 – also innerhalb von fünf Jahren – hatte sich die Ahrenshooper Malerkolonie im wesentlichen etabliert.

Die bekanntesten Künstlerinnen und Künstler dieser ersten Generation der Malerkolonie, die in jenen Jahren in Ahrenshoop oder Althagen Häuser erbaut oder erworben hatten, waren: Professor Paul Müller-Kaempff (1861–1941), Schüler der Akademien Düsseldorf und Karlsruhe und H. Gudes in Berlin, war als Landschaftsmaler in Berlin tätig. Er und Professor Friedrich Wachenhusen brachten im Sommer ihre Malschülerinnen mit nach Ahrenshoop, die nach 1894 vor allem in der Pension „St. Lukas" untergebracht waren. Unter diesen Malschülerinnen befand sich auch das Fräulein Else Schwager, das Müller-Kaempff im Jahre 1905 heiratete.

Sommermalschule Ahrenshoop a. d. Ostsee.

Vom 1. Mai bis 1. Oktober.

Unterricht im Zeichnen und Malen von Figuren, Landschaft, Marine und Stillleben in jeder Technik.

Honorar bei täglicher Correctur monatlich 50 Mark.

Den Damen steht die neuerbaute Villa St. Lucas mit schönen Räumen, Atelier und Garten zur Verfügung.

Vollständige Pension daselbst, Alles in Allem, von monatlich 100 Mark an.

Bei schlechtem Wetter Malen von Costüm - Figuren im Atelier.

Auch stehen für Studien bei schlechtem Wetter transportable, äusserst praktische Malbuden zur Verfügung.

Annonce um die Jahrhundertwende, die anzeigt, wie bewußt die Malerkolonie von Paul Müller-Kaempff um „Malweiber" warb.

Oben:
Das Haus Dorfstraße 14, um 1830 erbaut, 1896 von Dr. Otto Kaysel erworben:
„Den ehemaligen Heuboden der Kate hatte mein Großvater romantisch ausgestaltet, wohl großenteils eigenhändig oder mit Hilfe der Künstler, die seine Freunde waren . . .
(Enkeltochter Marianne Clemens)
unten:
Rechtsanwalt Dr. Otto Kaysel (1843–1937) aus Ludwigslust, Freund und Mäzen der Künstler.

Als Müller-Kaempff und Wachenhusen noch Junggesellen waren, wohnten sie bei Mutter Schumacher – deren Haus neben dem Grundstück Dorfstraße 21 um 1923 abgerissen wurde – und waren ständige Gäste im späteren „Charlottenhof“. In der Pension „St. Lukas“ dagegen führten die Mutter und die Schwester Wachenhusens die Wirtschaft. So eng Paul Müller-Kaempff und Friedrich Wachenhusen miteinander befreundet waren: später verzürnten sie sich ernsthaft miteinander – und das war nicht der einzige Fall in der Malerkolonie.

Man sagte Müller-Kaempff viel Humor nach; er sah aus wie der „gestiefelte Kater“ und wurde scherzhaft „Piefke“ genannt. Er hatte einen schwarzen Dackel, dick wie eine Schlummerrolle, und wenn er aß, sagte er: „Minka, meine Süße, soll auch etwas haben!“

1895, als Mitglied des Gemeinderates, versuchte Paul Müller-Kaempff Arbeitsbeschaffungsmaßnahmen für die Einheimischen einzuführen; stieß damit aber bei den Ahrenshoopern weder auf Lust noch auf Interesse. Er hatte aber auch die erste Kurtaxen-Ordnung für Ahrenshoop angeregt und mit unterzeichnet. In Niehagen erwarb er die Büdnerei Nr. 11 vom Fischer Koepke und baute sie für Badegäste aus.

1896 fuhr Paul Müller-Kaempff zur Hochzeit des Großherzogs von Oldenburg; mit Rücksicht auf seinen Vater, wie er sagte. Frau Henk gegenüber äußerte er einmal: „Ich bin so stolz, daß der Kaiser vor meinen Bildern gestanden hat.“

Als Landschaftsmaler war Paul Müller-Kaempff sehr erfolgreich; seine Bilder kauften die Museen in Kiel, Hamburg, Rostock und Oldenburg, und er verkaufte seine Werke bis nach China und Argentinien.

Professor Friedrich Wachenhusen (1859–1925) studierte an der Akademie in Karlsruhe, in Weimar bei Theodor Hagen und in Berlin bei Eugen Bracht. Er arbeitete vor allem in Hamburg und beschickte mit seinen Landschaften und Radierungen regelmäßig die Kunstausstellungen in Berlin. Werke von Wachenhusen kaufte das Schweriner Museum an.

1897 baute er auf dem Schifferberg sein Haus nach eigenen Entwürfen. Auf dem Fischland weilte er schon Ende der achtziger Jahre, als er von Wustrow aus die Gegend durchstreifte.

Bei Theodor Hagen hatte er gelernt, vor der Natur zu malen, in hellen Farben und mit einem sensiblen Landschaftsempfinden. Die Bevorzugung von Wald- und Tiermotiven verriet den leidenschaftlichen Jäger und aufmerksamen Beobachter.

Man erzählte, daß Friedrich Wachenhusen die Malerin Elisabeth von Eicken heiraten wollte. Aber der Verwandtschaft des Fräuleins von Eikken erschien diese Verbindung nicht standesgemäß, und so heiratete Elisabeth – nach einer romantischen Verlobung auf der Hohen Düne bei Prerow – den Edlen von Paepke. Aber Prof. Friedrich Wachenhusen bekam doch noch eine adlige Lebensgefährtin: Eva von Gillern, eine Alt-Sängerin aus Dresden.

Die bedeutendste unter den Ahrenshooper Malerinnen war Anna Gerresheim (1852–1921), auf deren künstlerisches Schaffen wir später zurückkommen werden.

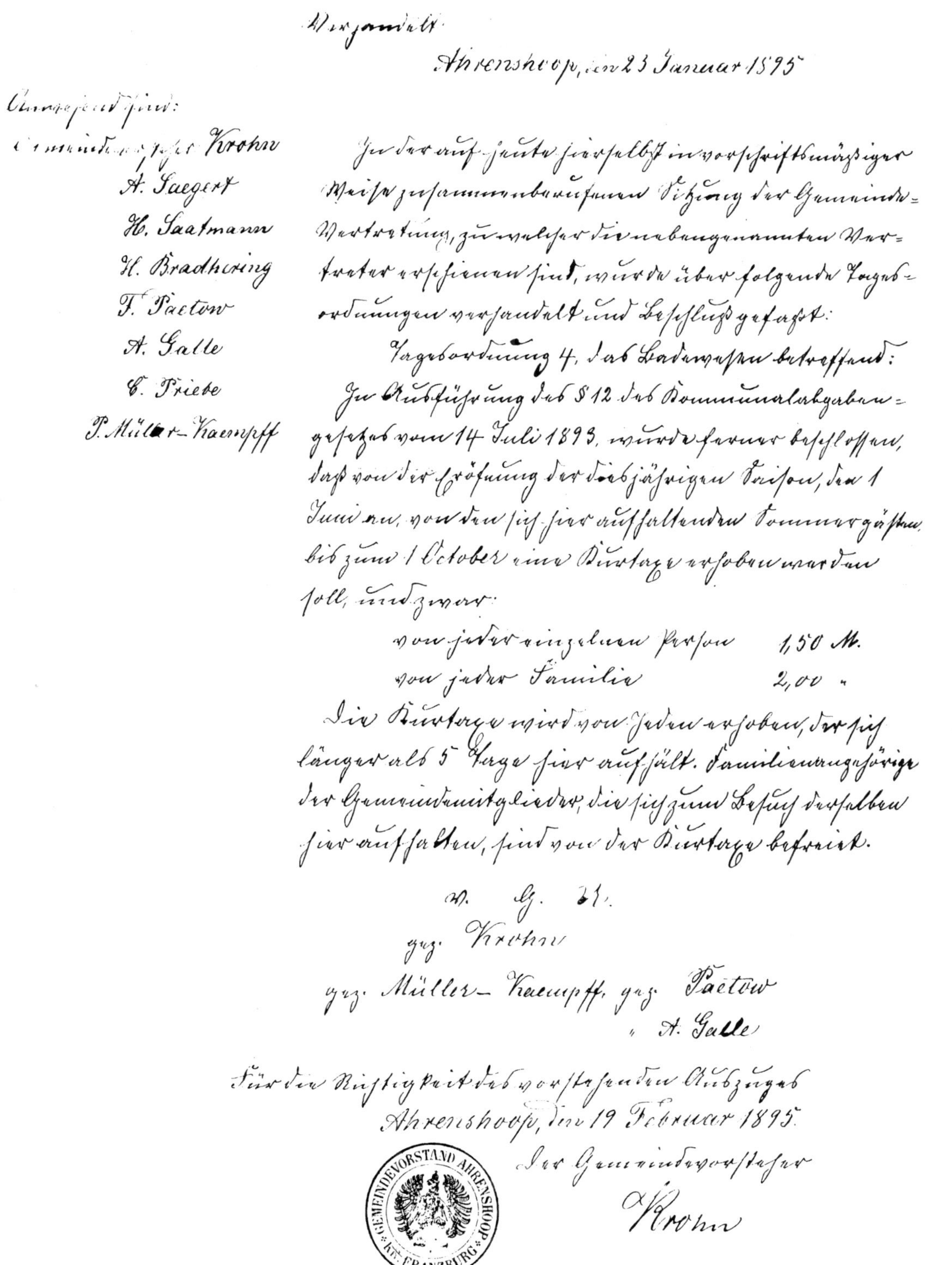

Verhandelt
Ahrenshoop, den 23 Januar 1895

Anwesend sind:
Gemeindevorsteher Krohn
A. Saegert
H. Saatmann
H. Bradhering
F. Paetow
A. Galle
C. Priebe
P. Müller-Kaempff

In der auf heute hierselbst in vorschriftsmäßiger Weise zusammenberufenen Sitzung der Gemeinde-Vertretung, zu welcher die nebengenannten Vertreter erschienen sind, wurde über folgende Tagesordnungen verhandelt und Beschluß gefaßt:

Tagesordnung 4. Das Badewesen betreffend:

In Ausführung des § 12 des Kommunalabgabengesetzes vom 14 Juli 1893, wurde ferner beschlossen, daß von der Eröffnung der diesjährigen Saison, den 1 Juni an, von den sich hier aufhaltenden Sommergästen, bis zum 1 October eine Kurtaxe erhoben werden soll, und zwar:

von jeder einzelnen Person 1,50 M.
von jeder Familie 2,00 "

Die Kurtaxe wird von Jedem erhoben, der sich länger als 5 Tage hier aufhält. Familienangehörige der Gemeindemitglieder, die sich zum Besuch derselben hier aufhalten, sind von der Kurtaxe befreit.

v. g. u.
gez. Krohn
gez. Müller-Kaempff. gez. Paetow
" A. Galle

Für die Richtigkeit des vorstehenden Auszuges
Ahrenshoop, den 19 Februar 1895
Der Gemeindevorsteher
Krohn

Original-Protokollseite der Sitzung der Ahrenshooper Gemeindevertretung vom 23. Januar 1895, auf der die erste Kurtaxen-Ordnung für Ahrenshoop beschlossen wurde.

Professor Friedrich Wachenhusen (1895–1925) war Schüler von Theodor Hagen in Weimar und Eugen Bracht in Berlin. Der fast zwei Meter große Künstler mit dem entsprechenden Normalgewicht von nahezu zwei Zentnern liebte die Natur und die Jagd.

Über eine Gedächtnisausstellung seiner Bilder im Schweriner Landesmuseum schrieben die „Mecklenburgischen Monatshefte“ im Dezember 1926:

„Kahle, herbe Luftstimmungen scheinen den Künstler besonders zu reizen; erstes Frühlingsahnen über bräunlich schimmernden Blattknospen an den noch kahlen Bäumen, die sich klar von dem zartblauen Himmel abheben, leuchtende Schneefelder in kalter, grauer Dämmerung, aufziehende Herbststürme um die Windmühle oder die weiße Kirche von Katwyk, um die sich die braunen Fischerhäuser ängstlich zusammendrängen . . .“

oben links:
Eva von Pannewitz:
Am Ahrenshooper Strand
(undatiert)
Plattenbauten anno 1895/96:
Die Häuser Schifferberg 8 und 7 von Eva von Pannewitz und Henriette von Choffel (Malschülerinnen von Professor Müller-Kaempff) wurden aus den Gipsplatten des Rostocker Fabrikanten Carl Molchin errichtet.
oben rechts:
Das Haus in der Dorfstraße 18, das Paul Müller-Kaempff im Jahre 1892 als erstes Künstlerhaus erbaute.

Sie lebte mit ihren Schwestern Berta (1846–1916), Malerin und Klavierlehrerin, und Auguste (1838–1908), die ebenfalls malte, in dem von Berta Gerresheim erbauten Haus Dorfstraße 20. Anna Gerresheim war eine eigenwillige Persönlichkeit, die selten vor der Natur malte und deren Bilder in der Komposition wie im Aufbau der einzelnen Bildteile häufig aus dem üblichen Rahmen herausfielen.

Die drei Schwestern Gerresheim – so berichteten Zeitgenossen – zankten sich gern untereinander, vor allem Anna und Berta. Auf der Straße gingen sie hintereinander, Anna mit langen Schritten, ihren Hund an der Leine. Sagte sie etwas, so fauchte Berta sie häufig an: „Schweig, du und der Hund!" Paul Müller-Kaempff nannte Anna Gerresheim „die Morchel". Als Malerin überragte Anna ihre Schwestern deutlich; vielleicht lag darin auch der Kern der Streitereien.

Einen ähnlichen künstlerischen Rang wie Anna Gerresheim hatte die um zehn Jahre jüngere Malerin Elisabeth von Eicken (1862–1948). Auch auf sie kommen wir noch einmal zurück.

Elisabeth von Eicken stammte aus dem Ruhrgebiet und wohnte in Berlin-Grunewald. Das Haus in der Dorfstraße 39 hatte sie 1894 bauen lassen; zuerst war es nur klein, aber nach ihrer Hochzeit mit dem Landwirt Henry Edler von Paepke wurde das Haus vergrößert und der Turm gebaut.

Elisabeth von Eicken galt viel bei den Ahrenshooper Malern, vor allem wegen ihrer ausgeprägten Begabung.

Der an Lebensjahren älteste Maler der Ahrenshooper Kolonie war der 1850 geborene Landschaftsmaler Friedrich Grebe, der 1895 das Haus Grenzweg 8 erbaute.

Die alten Ahrenshooper erinnerten sich an Grebe – der 1923 sein Haus verkaufte und aus Ahrenshoop wegzog – als einen kleinen, feinen alten Herr, der mit Müller-Kaempff, Wachenhusen und Schorn befreundet war.

Grebes Zwillingstöchter Adda und Emmi hatten als Hauslehrerin ein Fräulein Stange, das – wie so manche andere im Ort – mit dem Maler Hugo Richter-Lefensdorf befreundet war.

In der Gaststätte bei Kapitän Rubarth.
Hugo Richter-Lefensdorf (vorn links) und Prof. Adolf Miethe (vorn rechts), ein unbekanntes Ehepaar und Eva von Pannewitz (sitzend), Oberst Neumann, Frau Rubarth, Martin Rubarth (stehend von links)

oben:
Ansichtskarte aus dem Jahre 1910:
Im Vordergrund die „Villa Dernburg“ (links) und das Haus Grebe; am Strand die alte Badeanstalt.

„Mutter Zorn“: Luise Zorn geb. Behrens (1857–1941), war lange Jahre Handarbeitslehrerin und wohnte in der Dorfstraße 10.

oben:
Das Haus Dorfstraße 12/Ecke Kirchners Gang.
Das Haus Dorfstraße 10/12 baute Johann Kirchner (1823–1908), nachdem das Elternhaus am Strand durch eine Sturmflut zerstört wurde.

Marie Kirchner (1856–1936) Ende der zwanziger Jahre. Sie besaß das Haus Dorfstraße 12.

Das Haus Dorfstraße 26 in Ahrenshoop erbaute im Jahre 1897 der Maler Martin Körte (1857–1927), ein erfolgreicher Berliner Porträtmaler, der es 1908 an Käthe Wegscheider aus Berlin verkaufte.

Freund und Gast des Hauses Grebe war ein Herr von Bassewitz, der mit Vorliebe Tiere im Walde malte. Um geduldige Modelle zu haben – so erzählten die Ahrenshooper – ließ er einen Rehbock schießen und ausstopfen, der bei Bedarf in den Darßwald gefahren wurde.

Der Maler Hugo Richter-Lefensdorf (1854–1904) war an der Berliner Akademie Schüler bei Ch. Wilberg und Eugen Bracht gewesen. Das Ahrenshooper Haus Dorfstraße 30 errichtete er 1896 mit Hilfe seiner Gönnerin Frau Gronen aus Berlin.

Richter-Lefensdorf malte Landschaften, Porträts und Stilleben. Auf bedeutenden Berliner Ausstellungen war er 1895 und 1902 vertreten; Bilder erwarben die Museen in Schwerin und Rostock. Aus seinem Garten hatte er eine blühende Oase auf Dünensand gezaubert. Richter-Lefensdorf war recht exzentrisch, hatte in der Damenwelt eine ganze Reihe Gönnerinnen und Freundinnen und war offensichtlich kein Kind von Traurigkeit, wie sein Porträt, das Prof. G.L. Mayn 1894 in Lebensgröße auf eine Haustür des Künstlers malte, ahnen läßt.

Doch es schien, als wohnten zwei Seelen in seiner Brust, und eine davon neigte wohl zur Melancholie und Empfindsamkeit. Er malte häufig auf dem Darß; wenn dann die Sonne unterging, wurde er schweigsam und verschlossen.

Der Maler Professor Martin Körte (1857–1927) hatte an den Akademien Berlin und München studiert und war in Berlin ein erfolgreicher Porträtmaler, dessen Bilder um die Jahrhundertwende auf jeder bedeutenden Berliner Kunstausstellung zu sehen waren. Er unterrichtete an der Berliner Akademie und der Unterrichtsanstalt des Kunstgewerbemuseums Berlin.

1897 hatte er das Haus Dorfstraße 26 in Ahrenshoop erbaut, in dem die Familie die Sommermonate verlebte.

Zur Ahrenshooper Malerkolonie gehörte als einer ihrer aktivsten Künstler auch der Landschafts- und Genremaler Theobald Schorn (1865–1913). Er war Schüler der Münchner Akademie und kam nach Orientreisen in den neunziger Jahren nach Ahrenshoop, wo er eine Zeitlang bei Mutter Zorn wohnte. 1897 wurde er Mitglied der Gemeindevertretung Ahrenshoop. Er war der jüngste der Ahrenshooper Maler und es ist nicht nachvollziehbar, was diesen weitgereisten Mann hier hat seßhaft werden lassen. Gemeinsam mit Paul Müller-Kaempff betrieb Theobald Schorn am intensivsten das Zustandekommen des Ahrenshooper Kunstkatens. Sein eigenes Haus in Ahrenshoop hat sich Theobald Schorn erst 1908/09 auf dem Grundstück Strandweg 2 bauen lassen.

Heinrich Schlotermann (1859–vor 1922), ein Maler aus dem Kreis des Vereins Berliner Künstler, hatte 1895 einen Katen in Althagen erworben.

Heinrich Schlotermann erhielt seine Ausbildung zum Landschaftsmaler an den Kunstakademien Dresden und Berlin, hier als Schüler von Eugen Bracht. Auf den Berliner Kunstausstellungen um die Jahrhundertwende war er regelmäßig vertreten; seine Bilder zeigten, daß er außer auf dem Fischland und Darß auch auf Hiddensee und der Insel Vilm gemalt hat. Die impressionistische Malweise, zu der viele Künstler der Ahrenshooper Kolonie gefunden hatten, machen auch den fast zeitlosen Reiz der meisten Schlotermannschen Bilder aus.

Die Althäger Büdnerei Nr. 9 hat er mit viel Geld ausgebaut.

Die Althäger Büdnerei Nr. 54 hatte 1895 der Maler Hugo Jaeckel (geb. 1864) erworben. Er war sehr wohlhabend und baute das Haus als Sommersitz aus: von hier aus wollte er sich dem Segeln, Angeln, Jagen und auch Malen widmen.

Käthe Miethe schrieb über ihn: „Er nannte sich Maler und hat zuzeiten gemalt. Aber er setzte seinen Stolz darein, daß seine Bilder nicht käuflich zu erwerben waren. Sie waren nicht besser, aber gewiß auch nicht schlechter, als man sie damals in den Ausstellungen der bekannteren Landschafter nach der Jahrhundertwende sah."

In jungen Jahren gehörte er dem Friedrichshagener Dichterkreis an. Alles betrieb er aus Liebhaberei. Er war gebildet, klug und hilfsbereit. Von den geselligen Festen, die er in mondklaren Nächten in seinem Garten an der Boddenseite veranstaltete, sprachen die Fischländer noch lange. Als der erste Weltkrieg ausbrach, blieb Jaeckel in Althagen. Nach dem Tod des Sohnes, der mit einem Torpedoboot gesunken war, geriet seine Frau immer mehr in geistige Umnachtung.

Da gab er das Haus auf und verkaufte es an den Geheimrat Prof. Adolf Miethe, der es für seine Tochter Käthe Miethe erwarb.

Der dritte Berliner Maler, der sich 1895 in Althagen niederließ, war Carl Friedrich Koch (1856–1941), der die Büdnerei Nummer 3 erwarb. Koch war als Porträt- und Genremaler bekannt geworden; hat aber während seiner Althäger Sommeraufenthalte auch gelegentlich Landschaften gemalt.

Daß diese drei Künstler nicht nach dem Beispiel ihrer in Ahrenshoop ansässigen Malerkollegen und -kolleginnen eigene Häuser bauten, sondern alte Büdnereien kauften und ausbauten, hing mit den unterschiedlichen Ansiedlungsgesetzen im preußisch-vorpommerschen Ahrenshoop und auf dem mecklenburgischen Fischland zusammen.

Der Fischländer, schrieb Käthe Miethe in ihrem Fischland-Buch, „war Eigentümer und war es doch wiederum nicht. Er durfte mit seinem Besitz nicht frei schalten. Aber was ihm nicht gestattet war, durften auch andere nicht an ihm tun. Er war vor Ausbeutung und Übervorteilung geschützt, und niemand konnte ihm von seinem Land auch nur eine kleine Ecke abschwätzen. Und er war – das ist wohl das Wichtigste – geborgen im Schoß einer festgefügten Gemeinschaft, zu deren Erhaltung jeder sein Teil beitrug.

Diese Bevormundung und strenge Ordnung hat das Fischland bis in unser Jahrhundert hinein vor dem erbarmungslosen Schicksal bewahrt, ein Opfer der Bodenspekulation zu werden. Wenn einer Lust hatte, sich auf dem Fischland niederzulassen, konnte er nicht von irgendeinem Bauern oder Büdner, wo es ihm gerade gefiel, ein Stück Land als Bauplatz erwerben und sich darauf nach seinem Geschmack ein Wochenendhaus oder eine Villa in irgendeinem Stil bauen lassen. Auf dem Fischland gab es keine Bauplätze. Es gab nur Höfe und Büdnereien. Wer sich ansiedeln wollte, mußte versuchen, einen Hof oder eine Büdnerei zu kaufen, und unterwarf sich damit allen Vorschriften, die sein Hausbrief aufzählte.

Ganz anders ging es in dem benachbarten Ahrenshoop zu. Dort war Bodenspekulation möglich, und sie setzte sofort ein, nachdem Ahrenshoop von den Künstlern aufgespürt worden war. Als dann für Ahrenshoop die großen Zeiten kamen, von denen noch immer ein Abglanz über dem Dorf liegt, wurde ein Haufen weißen Dünensandes mit spärlichem Strandhafer und vielleicht einer verkümmerten Kiefer oder Polarweide darauf mit Gold aufgewogen. So entstand im Laufe weniger Jahre hinter dem alten Dorf das neue Ahrenshoop, das sich bis an die Kuhweide hinauszieht, der Bereich derer ‚dor buten', wie die alten Ahrenshooper gern sagen."

Von den Malschülerinnen, die nicht durch ihre Heirat mit Ahrenshoop verbunden blieben wie Otty Ziel oder Else Müller-Kaempff, ließen sich nur drei in Ahrenshoop nieder und wurden zu Mitgliedern der Malerkolonie:

Der Maler Karl Josef Bartoschek (1870–1943) kam seit 1902 nach Ahrenshoop, errichtete ab 1907 das Haus Grenzweg 14, wohin er 1933 übersiedelte.

Theobald Schorn (1865–1913) der Jüngste in der Reihe der Künstler der Ahrenshooper Malerkolonie:
„Man weiß nicht, was den weitgereisten Künstler veranlaßt hat, sich in Ahrenshoop niederzulassen . . . Theobald Schorn hatte in München studiert und dann größere Studienreisen gemacht, u.a. auch nach Tibet. Er galt als Maler ‚orientalischen Genres'." (Hermann Glander/Erich Venzmer 1963)
oben rechts:
Ansicht um das Jahr 1910: vorn das Haus des Malers Theobald Schorn im Strandweg 2, rechts davon der Ahrenshooper Kunstkaten, dahinter das Haus Wegscheider.

Helene Hegewald baute 1894 das Haus Dorfstraße 41. Sie wurde dabei von ihrem reichen Freund und Vetter Kurt Bieneck unterstützt. Über das künstlerische Schaffen Helene Hegewalds war bislang nichts zu erfahren.

Eva von Pannewitz, Tochter eines Generals aus Schlesien, kam als Malschülerin Friedrich Wachenhusens von Breslau nach Ahrenshoop und baute 1895 das Haus Schifferberg 8, wo sie ganzjährig lebte und das Haus als Pension führte.

Sie wird als eine kleine Person mit einem eindrucksvollen Tituskopf beschrieben. Zu ihren prominentesten Gästen gehörten der Geheimrat Prof. Adolf Miethe, der mit seiner Familie bei ihr wohnte, als er 1901 zum ersten Mal in Ahrenshoop weilte, und der bekannte Hamburger Landschaftsmaler Friedrich Kollmorgen, dessen Frau damals als beliebte Blumenmalerin galt.

Käthe Miethe erinnert sich, daß im Hause Eva von Pannewitz' „sämtliche Türen und Glasscheiben mit Ranken und Blumen bemalt waren". Vom künstlerischen Schaffen der Malerin ist indes wenig erhalten geblieben.

Henriette von Choffel kam als Malschülerin von Müller-Kaempff und Wachenhusen aus Berlin und baute ihr Haus Schifferberg 7 direkt neben dem der Eva von Pannewitz, mit der sie eng befreundet war. Sie war Französischlehrerin und in einem erhalten gebliebenen Brief an Dr. Otto Kaysel, in dem sie um ein Darlehen bat, gab sie eine Probe ihres guten Französisch und ihrer schönen Handschrift. Auch sie führte ihr Haus als Pension (später „Villa Hortense" genannt). Von Zeitgenossen wurde sie als wenig hübsch aber sehr scharfzüngig beschrieben. 1901 kam es – offenbar im Zusammenhang mit dem Auftauchen eines Fräulein Violet – zu einem tiefen Zerwürfnis zwischen ihr und Eva von Pannewitz das dazu führte, daß sie ihre gemeinsame Veranda mit einer festen Wand gegeneinander trennten.

So hatte sich 1897 die Ahrenshooper Malerkolonie herausgebildet als eine entscheidende Voraussetzung dafür, das Ahrenshoop um die Jahrhundertwende ein wirklicher Künstlerort wurde. Daß es sich gleichzeitig zu einem Seebad entwickelte, war nicht die ursprüngliche Absicht der Maler gewesen; gereichte ihnen aber sehr zum Nutzen.

Am 18. März 1898 wurde zwischen Mecklenburg und Preußen ein Staatsvertrag abgeschlossen, der die Fischereiverhältnisse in den Boddengewässern neu festlegte.

Die Fischereirechte betrafen einen Haupterwerbszweig der einheimischen Bevölkerung. Sie waren im Bereich der Boddenkette schon häufig Gegenstand von Auseinandersetzungen gewesen, sowohl zwischen Ribnitz und den mecklenburgischen und vorpommerschen Boddendörfern, als auch zwischen diesen Dörfern selbst. 1842 wurde in einem Vertrag zwischen Mecklenburg und Preußen – dem sogenannten „Ahrenshooper Grenzrezeß" – die Grenze zwischen beiden Ländern vor allem im Ufer- und Wasserbereich neu festgelegt, wobei sich die Mecklenburger, die einen inkompetenten Junker zu den Verhandlungen entsandt hatten, von dem preußischen Verhandlungsführer übers Ohr hauen ließen.

Der Staatsvertrag von 1898 hob nun den „Ahrenshooper Rezeß" auf. Es wurde eine gemeinschaftliche Regelung der Fischereiaufsicht in der gesamten Boddenkette festgelegt, Schonreviere wurden eingeführt und es wurde geregelt, daß die Fischerei mit Zeesen (Schleppnetzen), Garnen, Stellnetzen, Aalangeln, Hechtangeln, Aalsperren und Reusen betrieben werden durfte. Den Mecklenburgern waren 40 Zeesen bewilligt worden; aber schon bald wollte der preußische Fischmeister in Stralsund diese Zahl auf 10 reduzieren. Tatsächlich gab es in den Dörfern rund um die Bodden viele, vielleicht zu viele Fischer; und als nach der großen Sturmflut von 1872 die Mündung des Prerowstroms in die Ostsee geschlossen wurde, gingen die Fischbestände in den Boddengewässern stark zurück. So fischten die Zeesen auch auswärts in den vorpommerschen Fanggründen östlich von Barhöft. Das machte sie unbeliebt bei den dortigen Fischern und so war ein Streit programmiert, der noch etliche Jahrzehnte anhielt; vor allem auch, als nach dem Niedergang der Segelschiffahrt die Fischerei wieder einen gewissen Auftrieb erhielt.

Die Landwirtschaft bot um die Jahrhundertwende folgendes Bild: In Ahrenshoop war nach wie vor der Paetow-Hof die einzige Bauernwirtschaft.

In Alt- und Niehagen gab es 15 bäuerliche Wirtschaften, die im Durchschnitt 8–10 Hektar Ackerland und 3–4 Hektar Wiese besaßen. Daneben hatten auch die meisten Büdner ihr eigenes Vieh und etwas Land, wie auch in Ahrenshoop.

Eine bedeutende Rolle im Leben der Dörfer spielten neben dem Tonnenreiten, den Kinderfesten und den verschiedenen Bällen die Schützenfeste.

Sie dauerten meistens von Samstag abend bis Dienstag früh. Sie begannen samstags mit dem Zapfenstreich, sonntags mittag fand ein Ständchen statt. Danach ging der Umzug durch alle Orte, von Niehagen bis Ahrenshoop, mit geschmückten Gewehren. Die Fahne hatte der Maler Paul Müller-Kaempff gemalt; sie zeigte eine Scheibe mit gekreuzten Gewehren und der Aufschrift „Schützengilde Althagen".

Das alte Zollhaus in Ahrenshoop, Am Strom 5. Das Haus wurde 1910 durch das Zollamt gekauft und 1925 durch die Reichszollverwaltung übernommen. Später wurde es in die Dorfstraße 6 umgesetzt und war in den dreißiger Jahren die Praxis des Arztes Dr. Meyer.

An allen Gaststätten wurde kurze Rast gemacht. In Ahrenshoop ging es zuerst zum Kurhaus, dann zu Knechts Gaststätte (Seezeichen) und dann zurück zum Ostseehotel, vor dem der Festplatz war. Hier waren Bäckerbuden, eine Spickaalbude, eine Bierbude, ein Karussell und andere Vergnügungsmöglichkeiten aufgebaut, wo sich die Gäste amüsieren konnten, während die Schützen ihren König ermittelten. Willkommene Besucher waren stets die Seefahrtschüler aus Wustrow.

Nachts wurde in der Kaffeestube des Ostseehotels Punsch ausgeschenkt. Danach wurde in den Gasträumen getanzt und bis morgens gegen 9 Uhr weitergefeiert.

oben:
Eine der beliebten „Landpartien“ zur Zeit der Ahrenshooper Malerkolonie (Mitte: Professor Adolf Miethe und Frau Marie)
unten:
Der Geheime Regierungsrat Prof. Dr. Adolf Miethe (1862–1927) war Ordentlicher Professor an der Technischen Hochschule in Berlin.

Im Jahre 1901 kam der Berliner Professor Dr. Adolf Miethe mit seiner Familie zum ersten Male nach Ahrenshoop und wohnte als Gast bei Eva von Pannewitz auf dem Schifferberg 8. Tief beglückt von der Ländlichkeit und Unberührtheit des eigentlichen Fischlandes, schrieb seine Tochter Käthe Miethe, kaufte er sich in Althagen den alten Katen der Büdnerei Nr. 10 und baute ihn für sich und seine Familie als künftigen Sommersitz aus.

Adolf Miethe (1862–1927) war Geheimer Regierungsrat und Ordentlicher Professor an der Technischen Hochschule Berlin; er erfand das Magnesiumblitzlicht, konstruierte das Teleobjektiv, verbesserte die orthochromatische Platte, förderte die Dreifarbenphotographie und die Herstellung synthetischer Edelsteine.

In Althagen wollte Adolf Miethe in den Sommermonaten unter Seeleuten, Fischern und Buhnenarbeitern leben. Er trieb Gemüseanbau und Blumenzucht und führte seine Forschungen am Meeresstrand durch. Er unternahm damals als erster den glücklichen Versuch, das Verfahren der Herstellung photographischer Naturfarbbilder so auszugestalten, daß es den Schritt aus dem Laboratorium in Gottes freie Natur machen konnte.

Als Ausgleich für seine Forschungsarbeit auf dem Gebiet der Farbphotographie malte und zeichnete der Professor gern und talentiert. Er segelte leidenschaftlich gern auf dem Bodden und sein Boot war das erste Wasserfahrzeug im Althäger Hafen, das nicht dem Fischfang oder der Passagierbeförderung diente. Aber Miethe liebte auch die Geselligkeit. Zu den Künstlern in Ahrenshoop und Althagen – die ja nicht nur fleißig zu malen, sondern auch ausgelassen zu feiern verstanden –, unterhielt er freundschaftliche Kontakte.

An das Ahrenshoop der Jahrhundertwende erinnerte sich Käthe Miethe in ihrem Fischland-Buch:

„Ich kann ohne Übertreibung sagen, daß ich zusammen mit den Kiefern aufgewachsen bin, die nördlich des Kurhauses die beiden Wege nach Neu-Ahrenshoop begleiten. Sie waren ebenfalls klein, als ich klein war. Wir hatten einmal ungefähr die gleiche Größe. Das war im Sommer 1901 . . .

Ahrenshoop war damals noch von der ersten Malergeneration bevölkert, die dieses weltabgelegene Dorf mit seinen wenigen Häusern und Menschen entdeckt hatte . . . Und rundum in den kleinen Fischerhäusern hatten sich Künstler, Schriftsteller, Schauspieler und Sänger eingemietet. Ahrenshoop war damals tatsächlich eine Künstlerkolonie . . .

Von Ahrenshoop aus hatte für das Fischland eine neue Zeit begonnen. Von Ahrenshoop aus breiteten sich die Künstler über das ganze Fischland aus.“

Durch seinen Freund, den Maler Friedrich Grebe, war im Jahre 1902 der Maler Karl Joseph Bartoschek nach Ahrenshoop gekommen, das ihn bezauberte und nicht mehr losließ. Karl Bartoschek (1870–1943) hatte sich nach seiner Lehr- und Studienzeit in Hamburg und Düsseldorf als Genre- und Porträtmaler durchsetzen können: seine Bilder fanden auf der Großen Berliner Kunstausstellung 1897/98 großen Anklang.

1906 kaufte Karl Bartoschek Prof. Adolf Miethe einen Stoppelacker in Althagen ab mit dem Versprechen, dort ein Haus im Landschaftsstil zu bauen. Bartoschek fertigte selbst die Zeichnungen für dieses Haus an, dessen Baubeginn 1907 seine Frau Maria, für die es gedacht war, nicht mehr erlebte.

In Bartoscheks Haus B 87 am Grenzweg versammelte sich jeden Sommer ein größerer Freundeskreis, wie ihn der gebürtige Wiener schon in Berlin um sich geschart hatte. 1905 hatte Bartoschek in Berlin den „Schubertbund" gegründet, der in 25 Jahren ca. 2000 Volkskunstabende durchführte. Als nach der Inflation der „Schubertbund" nicht mehr weitergeführt werden konnte, sah sich auch Bartoschek gezwungen, Zimmer an Badegäste zu vermieten.

Im Jahre 1933 siedelte Karl Bartoschek mit seiner zweiten Frau, die im darauffolgenden Jahr starb, ganz nach Ahrenshoop über. Hier schuf er noch eine Reihe schöner Bilder, vorzugsweise Landschaften.

Im Sommer 1903 kam der neugebakkene Referendar Rudolf Ziel erstmals nach Ahrenshoop und in das Kayselsche Haus in der Dorfstraße 14, das damals noch klein und nur für den Sommer eingerichtet war. In seinen „Erinnerungen" schrieb er über das Ahrenshoop jenes Jahres:

„Ahrenshoop war 1903 von Feriengästen schon stark besucht. In der ‚Pension Lobe', die mir empfohlen war, fand sich kein Platz für mich. Die wohlbeleibte Frau Lobe, die für mehrere Jahre das Paepke-Haus gepachtet hatte, brachte mich bei dem alten Tönnies Niemann unter, der mit seinen beiden damals unverheirateten Töchtern in dem ziemlich primitiven Häuschen der Ostseite wohnte, das später der stattliche Besitz Heinrich Bratherings wurde. Verpflegt wurde ich in der Pension Lobe. Tönnies Niemann war nicht lange zuvor mit seinem natürlich unversicherten Hof in Althagen auf der erhöhten Stelle, wo später die Barcksche ummauerte ‚Burg' gebaut wurde, abgebrannt und hieß deshalb und zur Unterscheidung von den vielen anderen Niemanns, die es in Ahrenshoop und Althagen gab, ‚Niemann up den Barg'.

Es war ein ziemlich kümmerliches Käfterchen nahe der Hofseite, mit roten Ziegelsteinen gepflastert und nur eine eiserne Bettstelle, Stuhl, Waschständer und Kommode enthaltend, das ich für ganze zehn Mark wöchentlich vier Wochen lang bewohnte. Die beiden behaglicher eingerichteten Vorderstuben hatte Selma Fischer inne, das ‚Photographiermodell' des Professors Adolf Miethe, die alsbald in meinem Leben eine bedeutsame Rolle spielen sollte.

In der Pension Lobe wohnten auch Edmund Edel und Albert Einstein, von dessen weltweiter Bedeutung damals wohl niemand eine Ahnung hatte, ich jedenfalls nicht. Ich sehe ihn noch pfeifend und zeichnend auf dem Rande des Dorfbrunnens sitzen, der schräg vor dem Kayselschen Grundstück in der Drift der Dorfstraße war."

Albert Einstein (1879–1955) hatte zu Ahrenshoop eine langwährende Beziehung, auch nachdem er 1905 seine spezielle Relativitätstheorie entwickelt hatte. Ein alter Ahrenshoop-Gast erinnerte sich später: „In den Sommermonaten der Jahre 1919 bis 1921 hielt sich Albert Einstein gern zur Erholung in Ahrenshoop an der Ostsee auf. Man konnte den rüstigen Professor barfuß, die Schuhe an einem Stock über die Schulter tragend, am Strande oder auf der stillen, von wunderschönen alten Bäumen beschatteten Dorfstraße dahinwandeln sehen."

Die Heimatschriftstellerin des Fischlandes und Ahrenshoops Käthe Miethe in jungen Jahren, als sie erfolgreiche Mädchenbücher schrieb . . .

oben links: Professor Dr. Adolf Miethe (1862–1927) (stehend neben seiner Frau Marie)

Der berühmte Physiker Albert Einstein besuchte Ahrenshoop gern und häufig im ersten Drittel unseres Jahrhunderts.

Ottomar Enking (1867–1945):
„1913 landete ich zuerst in Althagen bei Wustrow, und seitdem ist das stille Dorf meine Erholungsstätte. Die eigenartige Natur der ‚heiligen Insel' nimmt mich stets von Neuem ein. Und was hat mir Mecklenburg nicht alles gegeben! Wenigstens die Hälfte meiner Werke atmet seinen Geist, so fest und bestimt das Holsteinertum und das von der Mutter her stammende Skandinaviertum in mir geblieben sind." (Dresden, Januar 1935)
rechts:
Das Haus des Schriftstellers Ottomar Enking, die Büdnerei 70 in der Althäger Hauptstraße 30, die er 1913 erworben hatte.

Die alte Ahrenshooper Dorfstraße – noch ohne Beton, aber mit wunderschönen Bäumen bestanden (Höhe Malschule „St. Lukas“).

Das „Hotel zum Nordpol“ in der Ahrenshooper Dorfstraße 4 wurde 1904 von dem Landwirt Franz Peters aus Hirschberg/Meckl. eingerichtet. Das Hotel wechselte in der Folgezeit mehrmals den Besitzer und den Namen. Am bekanntesten wurde es als „Baltischer Hof“, nach dem zweiten Weltkrieg wurde es das „Kinderkurheim Fischland“.

1921 erhielt Albert Einstein den Nobelpreis. Im Frühjahr 1928 weilte er zum letzten Mal an der Ostsee. 1933 emigrierte der rassisch immer wieder angegriffene Physiker in die USA. 1934 erkannten ihm die Nazis die deutsche Staatsbürgerschaft ab. 1935 erzählte er einer Ribnitzerin, die ihn in Princetown besuchte, daß er oft als Gast in Ahrenshoop und immer wieder entzückt von der herben Schönheit des Fischlandes und des Darß gewesen sei.

Im Jahre 1904 kaufte der Landwirt Franz Peters, der aus Hirschberg in Mecklenburg kam, von Kapitän Peter Voß das Grundstück Dorfstraße 4 und richtete hier das Hotel „Nordpol“ ein.

Der schon erwähnte Kapitän Rubarth, Pächter vom Gasthof „Seezeichen“, kaufte das Grundstück Grenzweg 3, das seine Nichte Elise Bertsch später als „Charlottenhof“ ausbaute.

Badepächter in Ahrenshoop wurde ein Herr R. Witte aus Wustrow. Bei ihm und bei Franz Peters in Ahrenshoop, bei Peter Jörk in Althagen und bei Eichholz in Ribnitz kauften die Ahrenshooper damals hauptsächlich ein. Für Zimmermannsarbeiten bot Carl Papenhagen seine Dienste an.

1904 erwarb der in Berlin ansässige Zeichner und Karikaturist Hermann Abeking (1882–1939) die Althäger Doppelbüdnerei Nr. 14/15. In zahlreichen Illustrationen stellte er das Leben und die Bräuche auf dem Fischland dar – vor allem das Tonnenabschlagen –, und zwar zumeist in humoristischer Weise.

Hermann Abeking hatte an den Akademien in Dresden und Berlin studiert und sich in Berlin vor allem als Karikaturist für den Ullstein-Verlag einen Namen gemacht. Hager und hakennasig war er selten am Strand anzutreffen, da er meistens hartnäckig arbeitete: vielleicht fiel ihm das Zeichnen nicht so leicht, wie es scheinen mochte. Aber Hermann Abeking war kein Kind von Traurigkeit. Auf den Bunten Abenden, die von den Künstlern und Forensen vor dem ersten Weltkrieg im „Bogislaw“ veranstaltet wurden, inszenierte er lustige Szenen aus dem Badeleben, in denen er gern Hauptrollen übernahm.

Auch Abekings Frau Elly (1876–1945) und die Kinder Ortrud und Thomas malten auf dem Fischland zur Sommerszeit. Man lebte getrennt in den beiden Häusern der Doppelbüdnerei. Bei Abekings befand sich der Mittelpunkt der Ahrenshooper Boheme auch noch in späteren Jahren. Man lebte sich ungebunden aus und es war ein stets lustiges Völkchen – zumeist aus Berlin – das sich da zur Ferienzeit versammelte.

Neben den Malern, die sich in Ahrenshoop und Althagen niederließen, kamen auch viele Maler in jener Zeit, die mit Künstlern der ersten Generation der Malerkolonie befreundet waren, ohne sich hier anzusiedeln.

Carl Malchin hatten wir schon als den ersten nachgewiesenen Maler in Ahrenshoop gewürdigt; ebenso Ludwig Dettmann. Weitere Künstler, die in Ahrenshoop weilten und malten waren Elisabeth Andrae (1876–1960), Landschaftsmalerin und Lithographin aus Dresden, die 1906 und 1909 in Ahrenshoop war; Charlotte Anger (geb. 1875), Malerin und Kunstgewerblerin in Leipzig, um 1895/1900 Aufenthalte in Ahrenshoop; Edmund Edel (geb. 1863), Maler, Illustrator und Plakatkünstler, 1903 in Ahrenshoop. Rudolf Eichstaedt (1857–1924), ein Berliner Historienmaler, weilte um 1900 in Ahrenshoop, wo er auch Landschaften malte. Bereits 1890 malte Rudolf Hellwag (1867–1942), der in Karlsruhe und Berlin tätig war, ein eindrucksvolles Bild des Ahrenshooper Friedhofs. Cesar Klein (1876–1954), der 1919 ein Lehramt an der Un-

Titelblatt des Werbeprospektes vom „Charlottenhof", einer der traditionsreichsten Pensionen des Ostseebades Ahrenshoop.
links:
Martin Rubarth (1844–1924), Kapitän und Gastwirt (Seezeichen), von 1916–1922 Gemeindevorsteher von Ahrenshoop, gezeichnet von dem Maler und Illustrator Edmund Edel (1863–1934) aus Berlin, der um die Jahrhundertwende häufiger Gast in Ahrenshoop war.

Die Pension „Charlottenhof" im Grenzweg 3 war ursprünglich ein 1855 erbautes Schifferhaus. 1904 kaufte der Kapitän Rubarth, Pächter vom Gasthof „Seezeichen", das Grundstück, das seine Nichte Elise Bertsch später als „Charlottenhof" ausbaute.

terrichtsanstalt des Kunstmuseums in Berlin erhielt und 1937 seine Professur verlor, malte 1909 einen Zyklus Ahrenshooper Landschaften. Georg Ludwig Meyn (1859–1919) aus Altona gehörte ebenfalls zum Freundeskreis der ersten Generation der Ahrenshooper Maler. Gemeinsam mit seinem Freund Rudolf Eichstaedt weilte er häufig in Ahrenshoop.

Sie alle prägten das Bild und das Fluidum der Ahrenshooper Künstlerkolonie mit.

Im Frühjahr 1904 gab es in Ahrenshoop ein tragisches Ereignis, das die Gemüter tief bewegte: Am 22. April erschoß sich der Maler Hugo Richter-Lefensdorf im oberen Raum seines Hauses. Als Anlaß für seinen Freitod vermutete man die Ablehnung einiger seiner Bilder für die Münchener Kunstausstellung. Professor Adolf Miethe sorgte für einen Grabstein, den er auf einem Acker fand, und entwarf das Grabmal für den Künstler, der auf dem Ahrenshooper Friedhof beigesetzt wurde. Richter-Lefensdorf hatte testamentarisch eine Schenkung von 200,– Mark an die Gemeinde verfügt zur Anlegung eines Friedhofsbrunnens, der dann auch gebaut wurde.

Da Ahrenshoop keinen eigenen Boddenhafen besaß, legten die Dampfer, die mit den Badegästen aus Ribnitz kamen, in Althagen an. Von hier aus ging es dann zu Fuß nach Ahrenshoop, während das Gepäck mit einem Fuhrwerk befördert wurde. Auch die Hausdiener der verschiedenen Ahrenshooper Pensionen und Hotels gaben sich am Hafen mit Handwagen und Schiebekarren ein Stelldichein in Erwartung der werten Gäste, und besonders Durstige überbrückten die Zeit bis zur Ankunft des Dampfers in der „Giftbude“, dem Schankbetrieb des Gastwirtes Jörk vom „Boddenhaus“.

Ahrenshoop selbst aber bot nach der Jahrhundertwende noch immer den alten rückständigen Anblick und seine Visitenkarte war die unbefestigte und unbeleuchtete Dorfstraße, durch deren Dünensand sich Menschen und Gespanne mühsam ihren Weg bahnten. Es gab keine Badeanstalten für Damen und Herren und es mangelte an vielem, was manches andere Ostseebad inzwischen auszuzeichnen begonnen hatte.

Das Grab des Malers Hugo Richter-Lefensdorf (1854–1904) auf dem Ahrenshooper Friedhof. Nach dem Freitod des Künstlers hatte Professor Adolf Miethe den Grabstein auf einem Fischländer Acker gefunden. Auf der Rückseite des Steins ließ die Malergemeinde die Widmung „Unserem treuen Freunde“ einmeißeln.

So konnte sich beispielsweise Ahrenshoop in dieser Beziehung in keiner Weise mit dem nur wenige Kilometer südlich gelegenen Wustrow vergleichen. In Wustrow gab es schon gegen Ende des 19. Jahrhunderts nicht nur mehrere Gasthäuser und Hotels, Privatwohnungen bei Kapitänen, Steuerleuten und Büdnern, sondern auch bequeme Promenaden, einen Strandpavillon mit Restauration, Segel- und Ruderfahrten. „Zwangloser Verkehr; einfache, gesellige Vereinigungen; keine Badekapelle und keine Kurtaxe“, las man in den Prospekten.

Hier in Wustrow gründeten die einflußreichsten Einwohner bereits 1880 den Gemeinnützigen Verein, dessen Aufgabe es sein sollte, den Einheimischen neue Erwerbsquellen nachzuweisen. Die meisten ansässigen Wustrower Bürger traten dem Verein als Mitglieder bei und zahlten jährlich eine Mark Beitrag. Als das Statut vom Großherzoglichen Amt in Ribnitz genehmigt war, nahm der Verein seine Tätigkeit auf und brachte energisch den Badebetrieb in Wustrow in Schwung.

Der Ahrenshooper Strand am Damenbad nach dem Ende der Saison (Ansichtskarte um 1910).

Der Althäger Hafen – Endstation der Boddenfährlinie Ribnitz–Wustrow–Althagen (Ansichtskarte aus der Zeit vor dem ersten Weltkrieg).

Satzungen

des

Ahrenshooper Vereins für gemeinnützige Zwecke.

(Eingetragener Verein.)

§ 1.

Der Verein will den Genuß der Schönheit von Ahrenshoop erleichtern durch Einrichtungen der Ordnung und Behaglichkeit.

§ 2.

Mitglied kann jeder Ahrenshooper und Auswärtige werden, gegen dessen Eintritt der Vorstand nicht begründete Einwendungen erhebt. Die Aufnahme erfolgt durch Erteilung der ersten Beitragsquittung, der Austritt durch formlose Erklärung gegenüber dem Vorstand.

§ 3.

Jährlicher im Voraus zahlbarer Beitrag: Drei Mark; freiwillige Spenden werden gern entgegengenommen. Das Vereinsjahr läuft vom 1. September bis 31. August.

§ 4.

Der Vorstand besteht aus vier Mitgliedern, von denen einer Vorsitzender, einer Schriftführer und Kassenwart, einer künstlerischer Beirat ist. Der Vorstand wird jährlich im August gewählt, Wiederwahl ist zulässig. Durch Allgemeinbeschluß kann die Zahl der Vorstandsmitglieder auf 6 erhöht werden.

§ 5.

Hauptversammlung findet mindestens im Jahr einmal statt über Wahl, Rechnungslegung, Angelegenheiten grundsätzlicher Natur. Wenn mindestens drei Mitglieder eine Vereinssammlung wünschen, muß der Vorstand eine solche ansetzen.

Faksimile der ersten Seite der Satzungen des Ahrenshooper Vereins für gemeinnützige Zwecke e.V. vom September 1904.

Vierundzwanzig Jahre später, im September 1904, wurde der Ahrenshooper Verein für gemeinnützige Zwecke ins Leben gerufen. Aber er wurde nicht – wie der Wustrower Gemeinnützige Verein – von den Einwohnern des Dorfes gegründet, um den Einheimischen neue Erwerbsquellen zu erschließen. Dieser Ahrenshooper Gemeinnützige Verein war eine Schöpfung der Villenbesitzer und Maler, also der Fremden, und demgemäß sah auch seine Zielstellung aus, wie sie im § 1 der Satzungen formuliert war: „Der Verein will den Genuß der Schönheiten von Ahrenshoop erleichtern durch Einrichtungen der Ordnung und Behaglichkeit“. Er wurde darum auch im allgemeinen nur kurz „der Verschönerungsverein“ genannt.

Dem vierköpfigen Vorstand des Vereins gehörten bei seiner Gründung folgende Herren an: Senator Dr. Otto Kaysel, Ludwigslust – als Vorsitzender, Major a.D. Oswald Körte, Berlin – als Schriftführer und Kassenwart, Maler Paul Müller-Kaempff, Hamburg und Professor Dr. Adolf Miethe, Berlin – als Künstlerischer Beirat. Einige Zeit später änderte man das Statut und nahm als fünftes Vorstandsmitglied den Büdner Heinrich Permien als einzigen Alteingesessenen Ahrenshooper auf. Offenbar waren alle Maler der ersten Generation und die meisten Villenbesitzer Mitglieder des Vereins.

Der Verein leistete eine sehr aktive Arbeit, finanzierte einige Vorhaben ganz oder teilweise und unterbreitete der Gemeinde viele Vorschläge zur Verbesserung des Ortsbildes und des Badewesens und zur Verschönerung Ahrenshoops, von denen die meisten zur Ausführung kamen.

Das Jahr 1904 endete mit einem dramatischen Naturereignis, das aber für Ahrenshoop und die Fischländer Boddendörfer glimpflich ablief.

Am 31. Dezember wurde das Ostseeküstengebiet vor allem im Wirkungsbereich Pommern – Schleswig von einer schweren Sturmflut heimgesucht. Die maximalen Pegelhöhen waren zwar deutlich niedriger als bei der Novembersturmflut von 1872, betrugen aber durchweg mehr als 2 m über NN.

Bei der Silvestersturmflut 1904 war wieder im Bereich des alten Stromes Wasser von der See nach innen übergeströmt; aber ein eigentlicher Durchbruch war nicht eingetreten.

Der Binnendeich, der die tiefer gelegenen Ortsteile von Althagen und Fulge schützt und nach 1872 erhöht wurde, bestand seine Bewährungsprobe.

Zu den alten Freunden Ahrenshoops zählte auch der Publizist und Dichter Johannes Trojan (1837–1915), der viele Jahre seines Lebens Mitarbeiter und Chefredakteur des Berliner „Kladderadatsch“ war und sich als humoristischer Erzähler, Lyriker, Kinderliederdichter und Botaniker einen Namen machte. Über einen Ahrenshoop-Aufenthalt schrieb er erstmals im Jahre 1896. In seiner Humoreske „Das neue Ostseebad“ beschrieb er die Entwicklung Ahrenshoops in sehr treffender Weise.

1905 veröffentlichte er sein tiefempfundenes Gedicht „Der alte Schifferfriedhof“, das der Ahrenshooper Begräbnisstätte gewidmet ist und mit den Verszeilen beginnt:

Zum alten Schifferfriedhof gern
Lenk ich den Schritt hin, wenn ich will
Fern sein den Menschen. Unten dort
Am Hang der Düne ist es still.
Da ruhn sie, die zurückgekehrt
Zur Heimat sind von langer Fahrt,
Indes auch mancher auf dem Grund
Der wilden See gebettet ward.

Im Jahre 1905 erschien das Buch von Anton Hirsch, Direktor der Großherzoglichen Kunst- und Gewerbeschule in Luxemburg: „Die bildenden Künstlerinnen der Neuzeit“. Es war das erste Werk, in dem die Frau als ausübende Künstlerin während des 19. Jahrhunderts und des beginnenden 20. Jahrhunderts zum Gegenstand gemacht wurde. Von den deutschen Malerinnen erfuhren zwei Mitglieder der Ahrenshooper Künstlerkolonie in diesem Buch hohe Wertschätzung: Elisabeth von Eicken und Anna Gerresheim.

„Wenn man sich durch das viele Mittelmäßige, welches die internationalen Ausstellungen gewöhnlich auf dem Gebiete der Landschaftsmalerei aufweisen, hindurchgearbeitet hat und zufälligerweise auf ein Bild von Elisabeth von Eicken stößt, so empfindet man das als eine Wohltat, die einen für manches Unerquickliche zu entschädigen vermag.“ Und an anderer Stelle hieß es: „Anna Gerresheim ist eine poetische Waldmalerin, deren Gemälde echten, wahren Waldesodem atmen. Man weiß nicht, was man mehr bewundern soll, die Feinheit der Stimmung oder die technische Vollendung der Darstellung.“

Im Jahre 1905 baute Franz Peters in der Dorfstraße 31 die „Villa Frieda“; das alte Haus war 1872 durch die Sturmflut ausgewaschen worden.

Ebenfalls 1905 bewilligte das Wasserbauamt Stralsund die Errichtung einer Treppenanlage zum Badestrand, die von Papenhagen ausgeführt wurde. Diese Treppe war eine Schenkung des „Gemeinnützigen Vereins“.

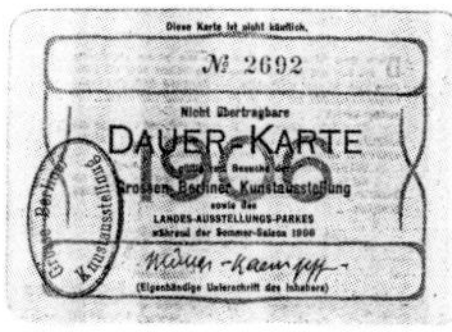

Die Dauerkarte zum Besuch der Großen Berliner Kunstausstellung 1906 weist Paul Müller-Kaempff als einen der ausstellenden Maler aus.

Berlin,
den 11. Dezember 1896
Bendlerstraße 29

Herr Kaysel,
vielen Dank für Ihren liebenswürdigen Brief. Da Sie mir nicht sagen, in welcher Sprache ich schreiben soll, mache ich es wie Sie, ich wähle die bequemste. Ich bedaure, daß Sie mir nur die zweitausend Mark vorschießen können. Sofern es drei wären, würde ich sicher sein, mir die vierte beschaffen zu können, aber zwei, das wird für mich ein bischen schwieriger sein. Da es sonst keine andere Möglichkeit gibt, muß ich sie wohl finden. Ich nehme also die zweitausend an, die Sie mir freundlicherweise die Güte haben zur Verfügung zu stellen.
Die Weihnachtsbäume sind nunmehr aufgetaucht, das ist ein Getöse und Schmutz in den Straßen, es ist unbeschreiblich. Seien Sie glücklich in Ihrem Nest von Ludwigslust.
Der Unfall des Major Schmidt ist bedauerlich, umsomehr, als Sie dies seines Besuches beraubt hat.
Ich wünsche Ihnen ein angenehmes Fest und bitte Sie sowie auch Ihre Dame und Familie meine freundschaftlichen Grüße entgegenzunehmen.

Ihre ergebene
H. Choffel

Hierzu siehe auch Seite 44, wo auf diesen Brief eingegangen wird.

Berlin le 11 Décembre 1896.
Bendlerstr: 29.

Monsieur Kaysel,

Merci de votre aimable lettre. Comme vous ne me dites pas dans quelle langue je dois vous écrire, je fais comme vous, je choisis la plus commode. Je regrette que vous ne puissiez m'avancer que deux mille marcs. Si c'était trois, je serais sûre de me procurer le 4ème mille, mais deux, cela me sera un peu plus difficile. Puisqu'il n'y a pas moyen de faire autrement, il me faudra bien les trouver. J'accepte donc les deux mille que vous avez la bonté de mettre à ma disposition.

Les arbres de Noël ont fait leur apparition, c'est un trouble et une saleté dans les rues indescriptible. Soyez heureux dans votre nid de Ludwigslust. L'accident du major Schmidt est regrettable d'autant plus qu'il vous a privé de sa visite.
Je vous souhaite d'agréables fêtes et vous prie de recevoir ainsi que votre dame et famille mes amicales salutations.

Votre dévouée
H. Choffel

1906 wurde auf Anregung dieses Vereins eine Herren- und Damenbadeanstalt errichtet. So zog Ahrenshoop langsam aber sicher den benachbarten Ostseebädern Prerow und Wustrow nach.

Der Ahrenshooper „Verein für Gemeinnützige Zwecke“ stand weniger unter dem Einfluß der Maler – die im Grunde den Aufstieg Ahrenshoops zum Ostseebad gar nicht gewollt hatten –, als vor allem dem jener Kreise, die die Künstler nach sich gezogen hatten. „Es war das damalige bürgerliche, wohlsituierte Deutschland“ schrieb Käthe Miethe, „mit seinem Sinn für Romantik, der ein durchaus gesetzter Sinn war, fernab von jedem Sturm und Drang. Man liebte das kleine, primitive Ahrenshoop, vor allem seine noch unverbildete Natur. Aber man wollte diese Natur gern stubenrein sehen und manierlich genießen können. Darum führte der Verein eine Aktion gegen die Hinterlassenschaften der Kühe auf dem Fußweg durch. Er sorgte auch für Bänke, denn man nahm die Schönheiten der Natur gern geschützt vor Grasflecken und Ameisen in sich auf. Der Verein setzte sich aber auch mannhaft mit dem Gewicht der guten Namen seiner Mitglieder dafür ein, daß außer den Fahrwegen, die von alters her die Verbindung zwischen dem Fischland und den Dörfern jenseits des Darßes gebildet hatten, auch einige andere Wege im Darß zum Spazierengehen freigegeben wurden. Der Darß war damals so gut wie gesperrt; selbst das Betreten des Strandes unterhalb des Forstes war ‚Unbefugten‘ untersagt, und die neuen Ahrenshooper waren also um schöne Spaziergänge verlegen.“

Es ging vor allem um die Freigabe des Darßer Weststrandes von der Ahrenshooper nördlichen Ortsgrenze bis zum Darßer Ort. Als Prinz Eitel Friedrich von seinem kaiserlichen Vater den Darß – der seit dem Mittelalter Staatsjagdgebiet war – als Jagdrevier erhielt und sich 1906 unter den Buchen bei Esper Ort ein Jagdschloß erbaute, wurden umfangreiche Sperrmaßnahmen eingeführt. Sie betrafen den Weststrand, das Gebiet um die Große Buchhorster Maase und eine große Anzahl Waldwege. Auch die Eingaben des Gemeinnützigen Vereins kamen zu keinem positiven Ergebnis. Sie wurden mit dem Verweis auf die Gefahr für die Wanderer angeschossen zu werden, auf die Brandgefahr am Strand und in den ausgedehnten Forsten und auf die Gefährdung der Dünen und Naturschönheiten abgelehnt.

„Prerow: Prinz Eitel Friedrich von Preußen wird zum ersten Mal Jagdaufenthalt in dem im Sommer erbauten schönen, geschmackvoll eingerichteten Jagdhaus in Esper Ort auf einer Düne im Wald am Weststrand unter hohen alten Buchen nehmen.“ (Ribnitzer Stadt- und Landbote vom 12. September 1907).

links oben:
Alte Ansichtskarte von der ersten Ahrenshooper Badeanstalt.

„In Freundschaft herzlichst zu eigen" widmete der fünfundzwanzigjährige Alfred Richard Meyer einen Zyklus lyrischer Gedichte der „Frau Professor Else Müller-Kaempff" im Jahre 1907.

1906 erschien der Roman „Hilde Vangerow und ihre Schwester" von Heinz Tovote (1864–1946). Tovote war ein Erzähler nach dem Vorbild Maupassants, ohne jedoch dessen Niveau zu erreichen. Während er in seinen Romanen und Novellen, die er nach 1890 schrieb, zumeist erotische Themen aus der dekadenten Berliner Gesellschaft mit sozialer Tendenz behandelte, verlegte er den Schauplatz des Romans „Hilde Vangerow" nach Ahrenshoop. Er bettete die Erlebnisse einer jungen Landschaftsmalerin in das Beziehungsgefüge der Künstler der Malerkolonie ein, die er teilweise so naturalistisch schilderte, daß die Ahrenshooper Maler erbost waren und er sich dort nicht mehr sehen lassen durfte. Mit Recht verweist Hermann Glander in seiner Ahrenshoop-Monographie darauf, daß Heinz Tovote möglicherweise unbewußt auf die Gefahren von künstlerischen Inzuchterscheinungen innerhalb der Ahrenshooper Künstlerkolonie aufmerksam gemacht hat.

Ebenso wie Johannes Trojan gehörte der Lyriker Alfred Richard Meyer (1882–1956) zu den Künstlern, die schon vor der Jahrhundertwende in Ahrenshoop weilten, ohne sich hier jedoch häuslich niederzulassen. Alfred Richard Meyer, ein gebürtiger Schweriner, war nach dem Jurastudium Verlagsbuchhändler, Lektor und Redakteur, zumeist in Berlin, zuletzt in Lübeck. Er war Verleger der frühen expressionistischen Lyriker, übersetzte Ossian und Verlaine und war selbst ein formgewandter und geistreicher Erzähler und Lyriker. Auf Bunten Abenden im „Bogislaw" sang er Lieder zur Laute.

Im Jahre 1907 veröffentlichte er unter dem Titel „Ahrenshooper Abende" in Berlin einen kleinen Privatdruck von „fünf lyrischen Pastellen", den er „Frau Professor Else Müller-Kaempff in Freundschaft herzlichst zu eigen" widmete. Der Zyklus schloß mit folgendem Gedicht:

Im braunen Seegras sirrt ein letzter Wind.
Weich ebbt das müde Meer, und traumverloren
verschäumt die Welle, eh' sie noch geboren,
der Abend seine Nebelschleier spinnt.

Ein leises Wehn im Säuseltanz verwischt
weich eines nackten Fußes spätes Schreiten,
und in den wolkenwilden Dunkelheiten
des Leuchtturms fahles Feuer fast verlischt.

Wie jene Spur verweht im weißen Sand,
so blich dein blasses Bild in meinem Leben,
doch durch der sorgengrauen Tage Schweben
glüht ewig heiß der Augen Flammenbrand.

War Ahrenshoop in seiner Geschichte zwar häufig von Sturmfluten, Orkanen, strengen Eiswintern und anderen Unbilden heimgesucht worden, so war ihm aber offensichtlich eine Feuersbrunst erspart geblieben, wie sie beispielsweise am 4. August 1869 in Wustrow binnen weniger Stunden viele der alten Häuser vernichtete und die Geschlossenheit des alten Dorfbildes zerstörte.

Wahrscheinlich war Ahrenshoop zu dünn besiedelt gewesen, die Häuser hatten keine Dachfühlung miteinander und standen inmitten der Dünen. Nun aber war Ahrenshoop in wenigen Jahrzehnten um zahlreiche Häuser angewachsen. Damit war die Brandgefahr; aber auch das Sicherheitsbedürfnis gestiegen. Denn wenn man in den Boddendörfern mit ihren weichen, stroh- und rohrgedeckten Häusern etwas ebenso fürchtete, wie eine große Sturmflut, dann war es eine Brandkatastrophe.

Obgleich einige der Maler und Forensen ihre Häuser mit Ziegeldächern ausstatteten, trat der Gemeinnützige Verein werbend für das Bauen im traditionellen Ahrenshooper Stil ein, und das hieß auch, die Häuser mit Rohrdächern zu versehen. Darum regte der Verein zugleich auch die Schaffung einer Freiwilligen Feuerwehr in Ahrenshoop an.

Am 10. August 1906 erfolgte die Bildung der Freiwilligen Feuerwehr zu Ahrenshoop. Zum Vorsitzenden wurde Franz Peters und zum Geschäftsführer A. Schönrock gewählt.

Das alte „Haus Strandheim“ in der Ahrenshooper Dorfstraße 29, das mit den Schifferhäusern der „Osterseite“ in einer Reihe steht, wurde vor etwa 200 Jahren erbaut. Vor dem ersten Weltkrieg baute der Bauunternehmer Wilhelm Helms das neue Haus, das er „Haus Strandheim“ nannte.
Nach dem Kriege machte Helms Konkurs und verkaufte das Haus an Falkenberg, der im alten Gehöft (Foto unten) eine Sägerei einrichtete. Helms wurde Betriebsleiter bei Falkenberg und baute sich im Kirchners Gang ein neues Domizil.

Das Haus Grenzweg 1 wurde erst nach 1800 gebaut; es soll dort aber zuvor ein winziger Katen gestanden haben. 1907 wurde das Haus von dem Berliner Kaufmann Johannes Dettmann (1860–1943) erworben.

Im Jahre 1907 erwarb der Berliner Kaufmann Johann Dettmann von Bertha Koehn geb. Kieckbusch das Grundstück Grenzweg 1 und baute es aus.

Von Neubauten hört man indes in dieser Zeit plötzlich weniger. Die Ursachen sind nicht mehr nachvollziehbar; aber am 1. Mai 1908 meldete der „Stadt- und Landbote für Ribnitz", daß in Ahrenshoop die Bautätigkeit seit 3 Jahren stokken würde und deshalb Ansiedlungslustige in Althagen Büdnereien erworben hätten, die sie ausbauten. Nun aber würde seit dem Frühjahr auf dem bisher wüsten Platz nördlich des „Bogislaw" gebaut, und die entstehende Villa sei schon verkauft.

Die kommunalpolitischen Aktivitäten des Gemeinnützigen Vereins waren auch weiterhin vielfältig:

Im August 1907 schlug er der Gemeinde vor, einen Pächter für das Damenbad und den Strand zu gewinnen und einen Nachtwächter einzusetzen, wofür die Stelle ausgeschrieben wurde.

Im September 1908 unterbreitete er den Vorschlag, auf der Südseite der Dorfstraße einen Ziegelsteig zu bauen bis zum Tor des Hauses Bradhering, und bot einen Zuschuß von 400 –500 Mark an. Ferner schlug er vor, für die Dorfstraße 6–7 Laternen aufzustellen und zwei weitere auf der Strecke „Bogislaw" – Haus Wachenhusen.

Im Jahre 1908 kaufte Käthe Wegscheider aus Berlin das Grundstück und das Haus des Malers Martin Körte, das dieser 1897 in der Dorfstraße 26 erbaut hatte. Körtes Frau Käthe war lange Zeit nervenkrank, bevor sie in einer geschlossenen Anstalt starb. Die Kosten für die Behandlung und den Unterhalt Käthe Körtes überstiegen die finanziellen Möglichkeiten des Malers, das Ahrenshooper Haus zu behalten.

Ebenfalls 1908 kam der Architekt Walter Butzek mit einem Freund aus Stuttgart nach Ahrenshoop. Er wollte die Ostseebäder kennenlernen. In Ahrenshoop gefiel es ihm so gut, daß er vom Bauern Erhard Paetow das Grundstück Dorfstraße 50 erwarb und sein Haus dort nach eigenen Entwürfen errichtete. In der Folgezeit hat Walter Butzek noch eine Reihe weiterer Häuser in Ahrenshoop erbaut, so das Haus Theobald Schorns im Strandweg 2 (1908/09), das Haus Claassen Am Strom 7 und das Haus Urbich Dorfstraße 46 (1912), das Haus Wolter Dorfstraße 54 und das Haus Bloch Am Strom 8 (1913), die Bunte Stube und weitere Häuser. Später verschickte Butzek an zahlungskräftige Interessenten, die sich in Ahrenshoop anbauen wollten, einen Prospekt, in dem er das von ihm entworfene Waldhaus „Darßer Blick" anpries, das so geräumig angelegt war, daß der Besitzer neben der eigenen Sommerwohnung zugleich Gäste mitbeherbergen konnte.

Im selben Jahr erwirkte der Major a.D. Dr. Oswald Körte aus Berlin, Besitzer des Ahrenshooper Hauses Dorfstraße 42, beim Königlichen Wasserbauamt in Stralsund eine Anordnung die es verbot, die Stranddistel auszureißen und die Dünen zu betreten. Oswald Körte engagierte sich als Mitbegründer und Schriftführer des Gemeinnützigen Vereins sehr für die Belange des Dorfes und schrieb auch Text und Musik für das humoristische „Lied von Ahrenshoop", das mit der Strophe endete:

Hoch! See und Dorf und Strand!
Kann's was Schön'res geben?
Dir weih ich Herz und Hand!
Ahrenshoop, sollst leben!

Und Ahrenshoop lebte, wuchs, entwickelte sich weiter – und das natürlich nicht problemlos und widerspruchsfrei.

Ein Hauptstreitpunkt wurde das Ahrenshooper Antlitz, das Flair des Dorfes und der unberührten Landschaft zwischen Meer und Bodden, das die Maler und die ersten Forensen so angezogen hatte und das sie nun bedroht fühlten.

Die Hauptgefahr ging von der Bodenspekulation aus. In einer Denkschrift an den Landrat wies der Gemeinnützige Verein darauf hin, daß innerhalb von nur drei Jahren die Preise für Dünenland auf das Dreifache angestiegen waren und für die bevorstehenden drei Jahre mit einem Anwachsen auf das Fünf- bis Sechsfache zu rechnen sei. Der hohe Bodenpreis führte dazu, daß Häuser im städtischen Villenstil und mehrstökkige Pensionen gebaut wurden, um die Grundfläche maximal auszunutzen. Solche Häuser, die in großer Zahl zu entstehen drohten, verschandelten das alte romantische Dorfbild gründlich. Der Gemeinnützige Verein wußte, daß er nichts dagegen tun konnte, daß nun auch in diesem einstmals weltabgeschiedenen Dorf der Boden zum Spekulationsobjekt wurde. Aber der Verein kämpfte um ein Ortsstatut, das festschreiben sollte, daß die Gebäudefläche nur den zehnten Teil des Grundstückes einnehmen dürfe und daß nur einstöckige Häuser zugelassen würden, deren Dächer weder mit Pappe, Zementziegeln, Blech oder Schiefer zu decken seien. Auch Drahtzäune um die Grundstücke sollten verboten werden: wo keine Hecke möglich sei, sollte man Naturstein- oder Lattenzäune errichten.

Aber auch diese Angelegenheit zog sich in die Länge und endete ergebnislos mit dem Ausbruch des Weltkrieges.

Donnerstag, den 30. Juli 1908:

Ahrenshooper Verein.

Zur Einleitung: Frl. Frieda Dettmann

Fantasie aus Troubadour — Singelée
Ständchen — Schubert

Herr Diekermann.

3 Lieder für Alt — Frau Eva Wachenhusen
Schmetterling, Frühling — Grieg
Fantasie-Impromptu — Chopin

Fräulein Martha Lortzing.

Widmung — Schumann
O Schmeuschein — „
Liebchen wo bist Du — Marschner
Der Zeisig — M. v. Wittich

Frau Geheimrat Grantz.

Mein Ofen und ich — V. Holländer.

Fräulein Frieda Dettmann.

Pause.

Seid umschlungen Millionen.

Trau-Schau-Wem-Spiel in 3 Aufzügen von einem Erholungsbedürftigen.

Personen:

Piefke	Herr Abeking
Frau Piefke	Frl. Haukohl
Lieschen Piefke	Frl. Koch
Lord Smoke	Herr Rahtjen
Miss Jenny Smoke	Frl. Smock
Patzer } Maler	Herr Diekermann
Lecker } Maler	„ Dr. Hoffmann
Maier, Detektiv	„ Dr. Koschel
Schnorpel	„ Müller
Klumann	„ Müller-Hammbrook

1. Aufzug: Althagen, Nähe der Landungsbrücke
2. „ Am Strande
3. „ Restaurant Witte.

Zeit: Juli 1908.

Tanz.

Programmzettel einer der vielen Bunten Veranstaltungen, die von den Forensen, Malern, Kurgästen und ihren Angehörigen im Kurhaus Ahrenshoop durchgeführt wurden.

Dr. Oswald Körte, Major a.D., besaß das Haus Dorfstraße 42, das um 1904 erbaut wurde.
Oswald Körte, ein Vetter des Malers Martin Körte, war Mitbegründer und langjähriges Vorstandsmitglied des Ahrenshooper Vereins für gemeinnützige Zwecke e.V. komponierte auch das „Lied über Ahrenshoop". Körtes Tochter Dorle heiratete den Maler Profesor Alfred Partikel; die älteste Tochter, Barbara Partikel, wurde noch im Haus Körte geboren.
oben:
Die Villa des Berliner Majors a.D. Dr. Oswald Körte in der Ahrenshooper Dorfstraße 42.

Karl Budde (1873–1953) und seine Ehefrau Charlotte Budde. Er war ein erfolgreicher Bauunternehmer in Ahrenshoop und bewohnte das Haus Dorfstraße 2.

Am 11. Juli 1909 fand die feierliche Eröffnung des Ahrenshooper Kunstkatens im Strandweg 1 statt. Für die Ahrenshooper Malerkolonie war das ein überaus bedeutsames Ereignis:

Anders, als häufig die Maler in anderen Künstlerkolonien, hatten die Ahrenshooper kein gemeinsames Programm, stellten nicht gemeinsam aus sondern beschickten einzeln die verschiedenen Ausstellungen, und fühlten sich auch nicht der Sicherung der materiellen Belange ihrer Mitglieder verpflichtet.

Nachdem allerdings Ahrenshoop zum Ostseebad aufgestiegen war, entstand sowohl bei den Künstlern als auch bei den Forensen und Badegästen (überwiegend gebildete und zahlungskräftige Leute aus dem Bürgertum der Städte) der Wunsch, in Ahrenshoop eine Stätte der Ausstellungen der Maler und der Begegnungen zwischen Künstlern und Käufern zu errichten. Paul Müller-Kaempff, dem das Grundstück gehörte, und Theobald Schorn, der am Strandweg Nr. 2 wohnte, hatten bereits den Entwurf für einen solchen Kunstkaten geschaffen, da begünstigte ein besonderer Glücksumstand die Verwirklichung des Vorhabens.

Am 20. Oktober 1908 hatten Seine Hoheit Prinz Eitel Friedrich samt Gemahlin dem Maler Professor Müller-Kaempff in Ahrenshoop einen Besuch abgestattet und dort dessen Atelier besichtigt. Viereinhalb Wochen später teilte der Ribnitzer Stadt- und Landbote in einer Lokalmeldung aus Ahrenshoop seinen Lesern mit:

„Seit Prinz Eitel Friedrich sich vor zwei Jahren im Darßer Forstrevier, in nächster Nähe unseres Badeortes, sein Jagdschloß Esper Ort erbaut hat, genießt Ahrenshoop eine sehr willkommene Förderung von hoher Seite. Die Gemahlin des Prinzen, Prinzessin Sophie Charlotte, hat während des letzten Jagdaufenthaltes des Prinzenpaares häufig Ahrenshoop zu Fuß aufgesucht und dort hübsche Motive skizziert. Hierdurch ist das Interesse der hohen Frau für den Ort derart rege geworden, daß auf ihren Wunsch und unter finanzieller Beihilfe des Staatssekretärs Dernburg, der ebenfalls Grundstücksbesitzer in Ahrenshoop ist, ein Ausstellungspavillon für speziell Ahrenshooper und Althäger Bilder gebaut wird. Das Gebäude, das fast vollendet ist, wurde im Stil der Umgebung gehalten und ist mit imprägniertem Strohdach gedeckt. Der Pavillon wird einen weiteren Anziehungspunkt für den von Natur so ausgestatteten Ort bilden und Kunstliebhaber in noch erhöhtem Maße nach unseren Ort ziehen. Die Aufsicht über die künstlerische Ausführung des Baues hat Herr Professor Müller-Kaempff, ein Landsmann der Prinzessin Sophie Charlotte, übernommen."

Mit dem Kunstkaten hatten nun die Maler und ihr Publikum das Ausstellungs- und Verkaufszentrum, das sie sich gewünscht hatten. Man verkehrte ohnehin gesellschaftlich miteinander, die Käufer kannten ihre Maler, waren häufig mit ihnen befreundet, und da die Kunstgalerien bei dieser Form des direkten Bilderhandels draußen blieben, haben gewiß beide Seiten günstige Preise aushandeln können.

Der Gemeinnützige Verein verfolgte mit dem Kunstkaten auch noch einen anderen Zweck: Der im Stile eines Fischlandhauses erbaute Kunstkaten sollte dazu anregen, weitere Häuser in Ahrenshoop in diesem Stile zu errichten und damit der architektonischen Verschandelung des Ortes entgegenzuwirken.

Der von Prinzessin Sophie Charlotte zur finanziellen Beihilfe für den Kunstkatenbau animierte Bernhard Dernburg – er hatte in Ahrenshoop das Deichhaus Grenzweg 9 für seine Tochter erworben – war im Jahre 1908 Staatssekretär des neugeschaffenen Kolonialamtes geworden, zuvor war er Direktor der Kolonialabteilung im Auswärtigen Amt. Dernburg kam aus leitenden Positionen bei der Deutschen Bank und der Bank für Handel und Industrie. Gemeinsam mit dem späteren Minister Walther Rathenau, dem Sohn des Großindustriellen und AEG-Gründers Emil Rathenau, bereiste Dernburg 1908 Südafrika.

Der Ahrenshooper Kunstkaten wurde am 11. Juli 1909 eröffnet.
links:
Das Signet des Kunstkatens seit seiner Gründung.

Die Darßbahn Barth–Prerow nahm 1910 ihren Betrieb auf. Viele Jahre kämpfte man in Ahrenshoop um einen Eisenbahnanschluß, ohne dessen Wirtschaftlichkeit nachweisen zu können.

Im Jahre 1909 starb der Gemeindevorsteher Kapitän Friedrich Krohn, der seit 1895 dieses Amt bekleidet hatte.

Zu seinem Nachfolger wurde Müllermeister Heinrich Niemann, der 1908 bereits für den Büdner Heinrich Permien Mitglied des Vorstandes des Gemeinnützigen Vereins wurde, gewählt.

1909 und 1910 gab es – wie dann auch später wiederholt – im Vorstand des Gemeinnützigen Vereins eine Reihe wesentlicher personeller Veränderungen.

An die Stelle des ausscheidenden Rechtsanwalts Dr. Otto Kaysel wurde der Maler Theobald Schorn Vorsitzender; für den Geheimrat Prof. Adolf Miethe kam der Maler Fritz Grebe in den Vorstand und für Dr. Oswald Körte der Postmeister Johannes Becker aus Tessin, der Schifferberg 6 wohnte.

Auf die im Oktober 1910 geäußerten Vorschläge des Gemeinnützigen Vereins zur Straßenbeleuchtung und zur Wahl eines Badekommissars versprach Gemeindevorsteher Niemann, daß die erstere im August 1911 ausgeführt wurde; der Badekommissar solle im Laufe des Winters gewählt werden.

1910 erlebte Ahrenshoop die Hochzeitsfeier des Rechtsanwalts Dr. Rudolf Ziel und seiner Gattin, Ottilie Kaysel, Tochter des Ludwigsluster Rechtsanwalts Dr. Otto Kaysel, an die sich Rudolf Ziel später erinnerte: „Dann kam 1910 der Tag, an dem aus der Tür der Veranda ein glückliches junges Paar über den mit Waldmeister bestreuten Mittelweg des Vorgartens und durch die Dorfstraße wandelte, um sich dann in den ‚Nordpol' zum festlichen Hochzeitsessen zu begeben; Martin Schauss mit dem bebänderten Stab als Hochzeitsbitter und die ‚Blumenstreukinder' Hans Peter und Suse, gefolgt von den Hochzeitsgästen in großer Toilette und feierlichem Frack. Das Häuschen aber hatte schnell noch einen Anbau – den Zielschen Anbau – bekommen. Der Tanzsaal im Nordpol strahlte im Glanz vieler hundert gelber Sumpfdotterblumen, die Otto Kaysel die Dorfkinder hatte auf den Althäger Wiesen körbeweise pflücken lassen. Mit viel gelbem Seidenband und Dutzender leuchtender Apfelsinen hatte Martin Schauss einen richtigen Festsaal gestaltet."

Am 1. Dezember 1910 wurde die Darßbahn von Barth bis Prerow dem öffentlichen Verkehr übergeben. Fast ein Jahrzehnt lang hatte es um den Bau dieser Bahn ein endloses Gerangel gegeben, Petitionen der Gemeinden vom Darß und Zingst, Zusagen und Ablehnungen durch alle Instanzen von Barth bis Berlin. Doch dann, als man es schon fast nicht mehr glauben wollte, begann im Frühjahr 1909 der Bau der Strecke, der offenbar an mehreren Stellen gleichzeitig erfolgte und rasch voranging.

Am 11. Dezember 1909 fragte die Königliche Eisenbahndirektion Stettin beim Oberpräsidenten in Stettin bezüglich der Herstellung einer Bahnverbindung nach Ahrenshoop, dem äußersten preußischen Ort vor der mecklenburgischen Grenze, an. Schon am 4. Januar 1910 stimmte der Landrat von Franzburg in einem Schreiben an den Regierungspräsidenten in Stralsund der Streckenverlängerung zu. Daß Ahrenshoop trotzdem ohne Anschluß an die Darßbahn blieb, lag daran, daß das Hinterland um die drei Gemeinden Wieck, Born und Ahrenshoop keine Garantie für ein einigermaßen kostendeckendes Fahrgast- und Frachtaufkommen über-

nehmen konnten. So blieb es bei der Entscheidung, die Darßbahn nur bis Prerow zu führen.

Nach der Eröffnung der Darßbahn unternahmen die Gemeinden Wieck, Born und Ahrenshoop nochmals einen Vorstoß zur Weiterführung der Eisenbahn von Prerow nach Ahrenshoop. Am 3. April 1911 antwortete der Oberpräsident der Provinz Pommern in einem Schreiben: „Auf die an den Herrn Minister für öffentliche Arbeiten in Berlin unter dem 13. v.Mts. gerichtete Eingabe um Weiterbau der Eisenbahn Velgast-Prerow über Wieck, Born bis Ahrenshoop eröffne ich dem Bürgerverein (in Barth D.V.), daß bei der großen Zahl dringender Eisenbahnprojekte der Bau einer Bahn von Prerow nach Ahrenshoop nicht in Aussicht genommen werden kann."

Der bedeutende Erzähler Uwe Johnson (1934–1984) schrieb:
„Am liebsten tranken sie in Malchen Saatmanns Konditorei. Im Winter ein Platz für die Einheimischen, war sie im Sommer auch Gartencafé. Malchen war eine propere Frau, fest, stramm; ich weiß nichts für ihr Gesicht und würde sie erkennen. Malchen sprach kein Wort zuviel, nicht einmal zu Kindern, aber sogar Kinder hatten das Gefühl, reell bedient zu werden.
Nirgends roch der Kuchen so gut wie bei Malchen Saatmann. Das Fischland war arm an Gerüchen; da ist der Geruch von Salzwasser, von Fischen, von verfaulendem Tang. Nach dem Krieg habe ich nicht wiedergefunden bei Malchen Saatmann, wie der Laden roch. Die Kinder kauften am liebsten ‚Schnecken'. Wenn sie nach der Verkaufszeit Brot holen sollten, durften sie von der Toreinfahrt im rückwärtigen Teil des Hauses in die Backstube gehen.
Es waren Ferien, mit Ereignissen an jedem Tag."
(Jahreszeiten, Band 2)

Bäckerei und Conditorei Saatmann in Althagen (Ansichtskarte um 1910)

Badelandschaft Ahrenshoop vor dem ersten Weltkrieg

Im Frühjahr 1911 weilten der russische Maler Alexej von Jawlensky (1864–1941) und seine Gefährtin Marianne von Werefkin (1860 –1938) in der Villa Seestern in Prerow auf dem Darß. Beide waren Schüler von Ilja Repin an der Petersburger Akademie und 1909 Gründungsmitglieder der Neuen Künstlervereinigung München. Sie malten in Prerow und auf dem Darß und Marianne von Werefkin kam auch nach Ahrenshoop, wo sie eine Reihe eindrucksvoller Bilder schuf.

Porträt der Malerin Marianne von Werefkin nach einem Gemälde von Gabriele Münter, 1911.

Nachdem Carl Molchin 1908 gestorben war, verkam und verschuldete das Kurhaus immer mehr. Im Jahre 1911 kaufte Fräulein von Walsleben das Haus von der Witwe Carl Molchins. Das Kurhaus war mit einer Hypothek belastet. Sie ließ es durch Baumeister Helms umbauen. Für 3000,– Mark wurde eine Heizung in das Haus gelegt. Durch eine besondere Zuleitung wurde es möglich, im Hause warme Seewasserbäder zu nehmen. Malermeister Gräff arbeitete mit sechs Gesellen und malte das Haus mit sehr viel Grün aus. Fräulein von Walsleben benannte das Kurhaus in „Haus Wenden“ um.

Die neue Besitzerin hatte Gäste aus mecklenburgischen Adels- und Offizierskreisen, hielt eine gute Küche mit noblen Preisen und sorgte für ein geselliges Leben mit abendlichen Gesellschaftsspielen und Kostümfesten. Vom Kurhaus wurde ein langer Steg zum Strand gelegt, der durch ein Birkenwäldchen führte.

1911 kam der Schiffskoch Fritz Knecht, ein gebürtiger Borner, der in Hamburg eine Gastwirtschaft hatte, auf Anraten des Malers Albert Schaefer-Ast in seine Heimat zurück und kaufte das Grundstück Dorfstraße 22 in Ahrenshoop. Er baute das Haus aus und gab der Gaststätte den Namen „Zum Seezeichen“.

Als letzter Maler baute sich vor dem Weltkrieg 1912 Professor Franz Triebsch (1870–1956) auf dem Schifferberg 11 an. Triebsch war Schüler der Berliner Akademie und vor allem Porträtmaler; in Ahrenshoop malte er aber auch Landschaften.

Von 1912 bis 1918 war Franz Triebsch Vorstandsmitglied des Gemeinnützigen Vereins und entwickelte beträchtliche Aktivitäten.

Im Oktober 1912 unterbreitete der Gemeinnützige Verein der Gemeinde folgende Vorschläge:

Anschaffung eines Sprengwagens; Einrichtung eines Sonnenbades bei der Damenbadeanstalt; Aufstellung von Bänken am Strand und Anschaffung eines Krankenkorbes.

Während die ersten drei Vorschläge akzeptiert wurden – vom Verein wurde lediglich für das Sonnenbad ein Zuschuß von 100,– Mark erwartet –, lehnte die Gemeinde den Krankenkorb ab.

Noch in den Jahren vor dem ersten Weltkrieg waren Strandungen und Havarien namentlich von Segelschiffen vor dem Weststrand und bei Darßer Ort keine Seltenheit. Zum Unterschied von Prerow und Wustrow aber besaßen Althagen und Ahrenshoop keine Seenotrettungsstationen.

Die Bergung gestrandeter und havarierter Schiffe im Bereich der Strandvogtei Ahrenshoop – der sich bis 7 km nördlich der mecklenburgischen Grenze erstreckte – war in einem Vertrag zwischen der Bergungsfirma Heinrich Spruth in Greifswald und den Hilfsmannschaften von Ahrenshoop und Althagen geregelt. Dieser legte fest, daß alle Bergungen ohne Ausnahme im Bereich dieser Strandvogtei Ahrenshoop für gemeinschaftliche Rechnung von Heinrich Spruth und der 42 Mann starken Hilfsmannschaften zu Ahrenshoop und Althagen gehen.

Im August 1913 unterbreitete der „Gemeinnützige Verein" den Vorschlag zur Anschaffung von Rettungsgerätschaften, der von der Gemeinde akzeptiert wurde. Offenbar war dieses der erste Schritt auf dem Wege zu einem Rettungswesen für die Badegäste.

1913 kam auch der Schriftsteller Ottomar Enking (1867–1945) nach Althagen und erwarb die Büdnerei B 70. Der in Kiel gebürtige Ottomar Enking war seit 1904 in Dresden ansässig; blieb aber zeitlebens dem Kern seines Schaffens treu: der Liebe zu den Kleinstädten zwischen Wismar und Ribnitz. Wie er selbst schrieb, wurde er „zum Dichter der Kleinstadt"; bekannte aber zugleich: „Auch die Ländlichkeit Mecklenburgs ist mir nicht fremd, denn in Althagen bei Wustrow bin ich als Büdner ansässig, und vom hohen Ufer der Halbinsel blicke ich mit tiefer Genüge auf unsere wundervolle Ostsee hinaus."

Ottomar Enking war einer der eifrigsten und erfolgreichsten Sammler steinzeitlicher Funde auf dem Fischland, wo er auch seine urgeschichtlichen Erzählungen wie „Schnut", „Auf dem Amuletten-Acker" und andere ansiedelte. Auf der Grundlage seiner Archivstudien über das Schicksal von Tilsche Schellwegen, der „Hexe vom Fischland", schrieb Ottomar Enking den gleichnamigen Roman über die Tragödie dieser Frau.

1913 starb in Rostock-Gehlsheim der Maler Theodor Schorn, der seit Mitte der neunziger Jahre der Ahrenshooper Malerkolonie angehörte. 1912 kam er schwererkrankt und zerrüttet in die Nervenheilanstalt nach Gehlsheim. Eines Tages kam er völlig verstört mit einem Briefmarkenentwurf zu dem Rostocker Verleger Peter Erichson. Kurz darauf erschienen zwei Wärter, um ihn zu holen: er war aus der Anstalt geflohen. Kreidebleich folgte er den Wärtern. Nur kurze Zeit später war er tot.

An der Jahreswende 1913 zu 1914 ereignete sich erneut eine jener von den Küstenbewohnern so gefürchteten Naturkatastrophen: die zweite Silvestersturmflut des noch jungen Jahrhunderts – nach der von 1904.

Am 30. Dezember 1913 zerstörte die Sturmflut die Kloerbrücke bei Bresewitz

Am 30./31. 12. 1913 wurden die höchsten Pegelstände erreicht. Wie in der Silvesternacht von 1904 tobte ein heftiger Schneesturm, und beim Drehen des Windes auf Nordost war eine eisige Kälte über die Küste hereingebrochen. Wieder wurden die Niederungen des Boddengebietes überschwemmt. Chausseen und Landstraßen – so die Straße von Ribnitz zum Fischland – waren durch Überflutungen an verschiedenen Stellen unpassierbar geworden. Der Bahndamm der 1910 eröffneten Darßbahn Barth-Prerow wurde an mehreren Abschnitten beschädigt, ebenso die Meiningenbrücke. Die Kloerbrücke wurde zum Einsturz gebracht, nachdem der letzte Zug sie passiert hatte.

Am Darßer Weststrand und auf dem Fischland kam es in jener Silvesternacht zu starken Landverlusten. An der Uferstrecke vor dem Ahrenshooper Strom schuf die Sturmflut ein Dünenkliff, dem aber die Ostsee in der darauffolgenden Zeit eine breite Neudüne vorlagerte.

Die nach der Sturmflut von 1872 errichteten Deichanlagen aber bestanden auch in dieser Silvestersturmflut erneut ihre Probe und schützten boddenseitig zuverlässig das Land.

Der russische Maler Alexej von Jawlensky, für den sein Darß-Aufenthalt zu einem neuen Durchbruch in seiner künstlerischen Entwicklung wurde.

Friedrich Knecht (1866–1936), Schiffskoch und Gastwirt, Besitzer des Gasthauses „Zum Seezeichen" in der Ahrenshooper Dorfstraße 22.
rechts:
Wittes Restaurant Ansichtskarte um die Jahrhundertwende
Witte aus Wustrow kam 1903 als Kaufmann nach Ahrenshoop, pachtete das „Seezeichen" und wurde 1904 Badepächter.

Im Januar 1914 schlug der „Gemeinnützige Verein" erneut die Anschaffung eines bereits 1912 von der Gemeinde abgelehnten „Krankenstuhls" vor und erklärte sich bereit, einen Betrag von 50,– Mark beizusteuern. Über diesen Krankenkorb schrieb Käthe Miethe: „Bis in den letzten Krieg hinein war in der Tiefe des Spritzenhauses, das als unscheinbarer kleiner Steinbau am Anfang von Althagen steht, der Krankenkorb untergebracht. Das heißt, es war kein richtiger Korb mehr, wie in früherer Zeit, es war ein hölzerner Kasten, nur 70 Zentimeter breit, damit er in das Abteil eines Zuges geschoben werden konnte, mit Sprungfedern und einer Matratze ausgestattet, mit einem Schauer zum Schutz gegen Wind und Regen versehen und mit zwei Rundhölzern zum Tragen. Die eine Seite ließ sich herunterklappen.

Dieser Krankenkorb stand bereit, um Menschen, die nur durch Operation gerettet werden konnten, vom Fischland nach Rostock zu bringen. Die Ältesten unter uns wissen noch davon zu erzählen, wie unser Krankenkorb auf einen Bauernwagen gehoben wurde, der ihn in etwa sieben Stunden durch die Rostocker Heide bis zur Stadt fuhr, falls ihn zur Winterszeit nicht zuerst ein Segelschlitten über den Bodden trug."

1915 kaufte Käthe Wegscheider aus Berlin das Grundstück Dorfstraße 24 von den Erben von Frau Harms und baute das Haus um, das dann später zur Keimzelle der „Bunten Stube" werden sollte.

In gut zwanzig Jahren von 1891–1914 hatten in Ahrenshoop so viele Maler und Forensen Grundstücke erworben und Häuser gebaut oder vorhandene Häuser aus- und umgebaut, daß beispielsweise von den 1914 vorhandenen ca. 40 Häusern in der Dorfstraße mehr als die Hälfte Fremden gehörten, die 17 Häuser am Schifferberg, im Koppelweg und im Paetowweg gehörten ausschließlich Forensen, hinzu kamen 7 Häuser im Strandweg, Grenzweg und Am Strom, die im Besitz von Auswärtigen waren.

Nicht anders sah es in Althagen und Niehagen aus, wo viele von den Büdnereien den Besitzer gewechselt hatten und sich in Händen von Forensen befanden. Allerdings galt hier noch das alte Gesetz, wonach der Boden nicht verkauft und als Bauland für neue Häuser genutzt werden konnte. Aber auch hier hatten, wie in Ahrenshoop, zahlreiche Maler, Juristen und andere Stadtbewohner ihre Sommersitze erworben.

In dieser Zeit hatte Erhard Paetow, der Erbe des Paetow-Hofes, viel Land östlich des Weges Am Schifferberg bis zur Kuhweide an Forensen verkauft: die „Neue Kolonie" am Schifferberg entstand auf ehemaligem Paetowschen Grund und Boden. So verringerte sich das Weidegebiet des Paetow-Hofes derartig stark, daß 1915/16 die große Schafherde – die viele Jahre das malerische Dorfbild Ahrenshoops mitgeprägt hatte – aufgegeben werden mußte.

Im letzten Friedensjahr hatte Ahrenshoop 200 Einwohner und rund 1000 Kurgäste. Zwei feste Badeanstalten mit 20 Zellen waren vorhanden. Der Dampfer fuhr dreimal täglich von Ribnitz nach Ahrenshoop und zurück. 4 Hotels, 8 Pensionen, Zimmer und Familienwohnungen in den Häusern des Dorfes standen den Badegästen offen.

Auch Althagen und Niehagen boten sich in Prospekten und Reiseführern als freundliche Dörfchen mit sauberen Fischer- und Bauernhäusern an. Die Gastwirtschaften von Jörk und Niemann sowie die Pension und Gaststätte „Zur Hoffnung" in Niehagen luden die Gäste ein und die Kurtaxe betrug 1,– Mark (in Ahrenshoop dagegen 3,– Mark und in Wustrow 1,50 Mark). Beide Boddendörfer zählten auch schon rund 500 Kurgäste.

Im Sommer 1914 herrschte Hochsaison und es schien, als würde niemand die drohenden Wolken am Horizont der Weltgeschichte bemerken oder bemerken wollen:

Am 1. August erklärte Kaiser Wilhelm II. Rußland den Krieg; am 3. August folgte die Kriegserklärung Deutschlands an Frankreich und am 6. August die Kriegserklärung Österreich-Ungarns an Rußland. Der Krieg, der zum ersten Weltkrieg werden sollte, hatte begonnen.

In ihrem Ahrenshoop-Roman „Die Flut" beschrieb Käthe Miethe, wie das groß- und gutbürgerliche Kurpublikum auf die Kriegserklärung des deutschen Kaisers an Rußland reagierte. Es war die gleiche Euphorie und Kriegsbegeisterung, mit der sie in Berlin und im ganzen Lande begrüßt und bejubelt wurde. Man stürmte regelrecht die Beförderungsmittel, um rasch nach Haus zu kommen und in den Zentren des deutschen Reiches näher an den nun folgenden Ereignissen zu sein, die Mobilmachung und das Ankurbeln der Kriegswirtschaft nicht zu verpassen. Die Saison war beendet – der Krieg zog die Menschen in seinen Bann.

Fräulein von Walsleben schloß das „Haus Wenden", das Kurhaus, und richtete es als Lazarett für verwundete deutsche Soldaten ein. Als Schwester des deutschen Roten Kreuzes weilte sie zur Betreuung deutscher Kriegsgefangener bis zum Februar 1916 in Sibirien und zeichnete sich durch hervorragende Leistungen aus.

links oben:
Ansichtskarte vom Hafen Althagen um 1910.
„Ob die Schippsverkihr för dei Fischlänners dormals ne reine Freud' wir, vör allen in'n Winter, is ok sihr dei Frag'. In Ies un Storm künn dat Schipp oft nich afgahn. Un as sick 'n frömd' Minsch, 'n binnenland-'schen Perfesser, in Ahrenshoop anbug't hadd' un frög', wennihr denn nu dat Schipp wedder ut Oldhagen losführen würd', kregt' hei Wisung, ümmer mal up 'n Schipperbarg in Ahrenshoop tau kladdern un roewertaukiken. Wenn hei denn Rok von dat Schipp upstigen seg', denn süll't bald losgahn. Olthagen hadd'je den Haben för Ahrenshoop mit." (Eva-Sophie Dahl 1989)

Die Gaststätte „Zum Seezeichen" in der Ahrenshooper Dorfstraße 22 entstand aus einem nach 1850 erbauten Haus.

Das „Boddenhaus“ am Althäger Hafen. Ursprünglich befand sich hier die Büdnerei Nr. 21, die 1872 durch die Sturmflut zerstört wurde. Der Neubau erfolgte an der Straße. H. Jörk kaufte das Grundstück und errichtete das „Boddenhaus“, ein beliebter Treffpunkt für alle, die auf die Dampfer von Ribnitz warteten.

Titelseite des Buches von Lely Kempin „Die heilige Insel – Eine Sommergeschichte“, erschienen bei Velhagen Klasing Bielefeld/Leipzig 1917.

In Ahrenshoop und den angrenzenden Fischlanddörfern wurde es still wie in den alten Zeiten, wenn die Männer vom Frühjahr bis zum Herbst über die Meere fuhren. Nun waren viele von ihnen für den Krieg mobilisiert, und die zur See fuhren, dienten auf Kriegsschiffen; aber auch an den Fronten des Landkrieges kämpften Männer vom Fischland. Es gab Tote, Verwundete, Vermißte wie überall.

Auf der Höhe des Hauses von General Max Hoffmann in der Dorfstraße 52 wurde eine feldgraue Küstenwache postiert, um vom Lande aus die Lichter von Kriegsschiffen zu beobachten.

Bereits im zweiten Kriegsjahr 1915 verschlechterten sich in Ahrenshoop die Lebensbedingungen und es herrschten Fettknappheit und Fleischmangel.

1916, mitten im Kriege, wurde der Kapitän und Gastwirt Martin Rubarth Gemeindevorsteher von Ahrenshoop.

Im selben Jahr wurde im „Haus Sonnenfrieden“ die Silberhochzeit des Generals Max Hoffmann, der im Laufe des Krieges auf dem östlichen Kriegsschauplatz eine beispiellose militärische Karriere machte, und seiner Gattin Cornelia gefeiert; während die im Februar aus Sibirien zurückgekehrte Kurhaus-Besitzerin Fräulein von Walsleben den Pfarrer Freiherr von Steinäcker heiratete. Das waren wahrscheinlich die beiden bedeutendsten gesellschaftlichen Ereignisse im Ahrenshooper Kriegsjahr 1916.

Ebenfalls in diesem Jahr verkaufte der Berliner Maler Hugo Jaeckel, nachdem sein Sohn gefallen und seine Frau gemütskrank geworden war, seine Althäger Büdnerei B 54 dem Professor Adolf Miethe, der sie für seine Tochter Käthe erwarb, die zu jener Zeit im Kriegseinsatz war.

Das Jahr 1917 begann mit einem strengen Eiswinter, der zu den Versorgungsproblemen noch zusätzliche Schwierigkeiten heraufbeschwor. Monatelang war die Ostsee mit Eis bedeckt, weit draußen vor der Küste trieben eingefrorene Dampfer im Eis und im Februar mußte auch der Schlittenverkehr zum Fischland eingestellt werden.

Am 9. April 1917 starb in Ahrenshoop an einem Krebsleiden die Malerin Eva von Pannewitz, der das Haus Schifferberg 8 gehörte, und im selben Jahr im Nachbarhaus Schifferberg 7 die Malerin Helene von Choffel ebenfalls an Krebs. Beide waren als Malschülerinnen nach Ahrenshoop gekommen und hatten sich 1895/96 hier angesiedelt und Pensionen geführt.

In diesem dritten Kriegsjahr erschien das Büchlein der Schriftstellerin Lely Kempin (1878–um 1958) „Die heilige Insel – eine Sommergeschichte“, die sie in Ahrenshoop und auf dem Fischland ansiedelte. Sie erzählt, wie eine Malerin das Mädchen ihrer verstorbenen Freundin bei sich aufnimmt. Das Kind erschließt sich den Zauber der Landschaft und die Mühle, das Dornenhaus, Bäume und Blumen erzählen ihm bereitwillig ihre märchenhaften Geschichten. Die Zweisamkeit mit dem Kind verhilft der Malerin zu einer neuen Lebenserfahrung, und sie überwindet eine vom Pessimismus geprägte Schaffenskrise. Bevor die beiden im Herbst in die Großstadt zurückkehren, erfahren sie, daß das lebensfrohe Landschaftsbild der Malerin auf einer Ausstellung den ersten Preis errang.

Lely Kempin weilte häufig in Ahrenshoop und wohnte bei Käthe Wegscheider, mit der sie befreundet war.

Das Ahrenshooper Café „Namenlos“ (ältere Ansichten) wurde 1912 durch die damalige Kurhaus-Besitzerin Fräulein von Walsleben nach Plänen des Rostocker Architekten Walter Butzek errichtet. Als sie 1919, nach dem Verkauf des Kurhauses an Herrn Falkenberg, dieses Haus als Café unter dem alten Namen des Kurhauses „Bogislaw“ führen wollte, erwirkte der neue Kurhausbesitzer ein Namensverbot, da er eine Konkurrenz befürchtete. Als man über einen neuen Namen rätselte, schlug der Berliner Zeichner Hermann Abeking vor, es doch einfach „Café Namenlos“ zu nennen.

1918 starb in Berlin Käthe Wegscheider an Krebs. Die beiden Ahrenshooper Häuser erbte San.-Rat Dr. med. Max Wegscheider, dessen Kinder schon im Kriege häufig aus Berlin hierher kamen.

Seit dem Frühjahr 1918 wurde immer klarer, daß Deutschland den Krieg verliert.

Die Ahrenshooper betrauerten folgende Gefallene des Weltkrieges 1914–1918:

B. Müller	19. 8. 1914	W. Müller	27. 10. 1916
G. Koehn	13. 5. 1915	W. Lange	17. 4. 1917
H. Körte	18. 5. 1915	H. Koehn	11. 4. 1918
F. Körte	24. 6. 1915	H. Knecht	17. 10. 1918

Der Weltkrieg und seine Ergebnisse bildeten zugleich auch für Ahrenshoop den Abschluß der neben der Blütezeit der Segelschiffahrt wohl wichtigsten Etappe seiner Entwicklung, in der es vom unscheinbaren und unbekannten Küstendorf zum Ostseebad aufstieg und zur Heimat der von den Malern der ersten Generation geprägten Ahrenshooper Künstlerkolonie wurde.

Blick vom Schifferberg um 1920
Im Vordergrund das Haus Schifferberg 1, erbaut vom Rostocker Stadtbaudirektor Dehn, links vor der Düne das um 1915 erbaute Haus „Hier ruh Dich aus“, das spätere „Nordlicht“, Dorfstraße 34.

Das Haus Schifferberg 11 erbaute im Jahre 1911 der Berliner Porträtmaler Franz Triebsch als letztes Vorkriegsmalerhaus in Ahrenshoop

Das „Haus Stranddistel" auf dem Ahrenshooper Schifferberg 5 hatte der Pfarrer Heinz von Steinäcker aus Berlin erbaut. Er heiratete im Kriegsjahr 1916 die Kurhaus-Besitzerin Fräulein von Walsleben.

Ebenfalls um die Jahrhundertwende entstanden auf dem Schifferberg die Häuser Nr. 14 (rechts) von Mac Dornau und Nr. 15 (links) von Hugo Aeckerle.

Der nördliche Teil der Ahrenshooper Dorfstraße um 1920
Auf dem Bild von rechts nach links:
Dorfstraße 48 – Minister Dr. W. Budde / Dorfstraße 49 – General d.Art. von Heineccius / Dorfstraße 50 – Architekt Walter Butzek / Dorfstraße 52 – General Max Hoffmann

Haus Wanda – Longard in der Ahrenshooper Dorfstraße 49, im Jahre 1912 von dem General der Artillerie Constantin von Heineccius erbaut. Der Maler Professor Triebsch hatte dem General geraten, nach Ahrenshoop zu kommen und entwarf ihm den Plan für das Haus, das der Bauunternehmer Wilhelm Helms baute. Zu Ehren seiner Frau Wanda Reichsgräfin von Arco nannte es Heineccius „Haus Wanda". Anfangs als Sommersitz gedacht, wurde es von 1918–1926 ständiger Wohnort der Familie. Nach dem späteren Besitzer, Apotheker Longard, der das Haus 1926 erwarb, hieß es „Haus Longard".

VOM ENDE DES ERSTEN WELTKRIEGES UND DER AHRENSHOOPER MALERKOLONIE BIS ZUM UNTERGANG DER WEIMARER REPUBLIK 1933

Das erste Nachkriegsjahr 1919 hatte begonnen. Die Wahlen zur Nationalsversammlung in Deutschland brachten den republikanischen Parteien SPD, Zentrum und Deutsch-Demokraten eine Stimmenmehrheit von 75 %; diese Parteien bildeten die „Weimarer Koalition". Am 6. Februar 1919 wählte die Nationalversammlung in Weimar Friedrich Ebert zum ersten Reichspräsidenten; Philipp Scheidemann (SPD) wurde Reichskanzler. Die Demokratische Republik Deutschland hatte die Monarchie abgelöst; im August 1919 kam es zur Verkündung der deutschen Reichsverfassung.

Für Ahrenshoop wie für alle Ostseebäder hatte der Krieg unmittelbare Folgen. Mitte Juli 1920 schrieb der Ribnitzer Stadt- und Landbote: „Der Badebetrieb läßt in diesem Jahr zu wünschen übrig, da der Mittelstand wegen der hohen Eisenbahn- und Pensionspreise fast fehlt."

Ende 1918 wurde die Ausstellung im Ahrenshooper Kunstkaten aufgelöst, da die meisten Maler weggezogen waren. 1919 erwarben Rudolf und Elly Ackermann, Buchhändler aus Antwerpen, die als Flüchtlinge mit ihrem Mobiliar nach Dierhagen gezogen waren, den Kunstkaten und wohnten dort mit ihren drei Kindern.

Auch das Kurhaus wechselte 1919 erneut seinen Besitzer. Frau von Steinäcker (geb. von Walsleben) verkaufte es an die Herren W. Falkenberg, Stadtrat a.D., und R. Oetker, Seidenweberei Krefeld. Nach ihrer Heirat hatte Frau v. Steinäcker für sich privat neben dem Kurhaus ein Haus errichten lassen, dem sie den Namen „Bogislaw" gab, damit der alte Kurhaus-Name nicht verloren ging. Nun löste diese Namensgebung einen Streit aus, denn Falkenberg lehnte aus Sorge vor Verwechselungen den Namen „Bogislaw" für Frau v. Steinäckers Privathaus und Café ab. So wurde dieses Haus samt Café schließlich „Namenlos" genannt.

Haus Droß, Koppelweg 2, erbaut von Reg.-Rat Dr. jur. Friedrich Wilhelm Droß, Berlin, später Kiel und Güstrow; Verfasser zahlreicher heimatgeschichtlicher Beiträge über das Fischland.

Die Leitung des Kurhauses übernahm die Tochter des Berliner Schlachthofdirektors, Fräulein Martha Bretschneider.

Im August 1919 wurde auch der Gemeinnützige Verein wieder aktiv. Unter dem Vorsitz von Dr. F.W. Droß schlug er vor, ein Freibadeverbot zu erlassen, da das Freibaden mit Verlusten an Badegeld für die Gemeinde verbunden sei; denn jeder Kurgast mußte 3 Mark Kurtaxe und 3 Mark Badegeld bezahlen.

In den zurückliegenden Jahren hatten zwar viele der überlebenden Maler Ahrenshoop und das Fischland verlassen; aber nach dem Kriege kamen auch neue Künstler hierher. Den Anfang machte das Ehepaar Hedwig Woermann (1879 –1960) und Johann Jaenichen (gest. 1945), die 1919 von Dresden nach Wustrow übersiedelten. Johann Jaenichen richtete sich in der früheren Räucherei in Barnstorf sein Bildhaueratelier ein; Hedwig Woermann, die mit dem Ausbruch des Weltkrieges aus Paris nach Deutschland zurück mußte und dort ihr ganzes bildhauerisches Werk vieler Jahre zurückließ, vollzog mit dieser äußeren Trennung auch den inneren Übergang zur Malerei. In Wustrow, wo sie ihre ganze zweite Lebenshälfte verbrachte, wurde Hedwig Woermann zur meisterhaften Porträtistin der fischländer Menschen, unter denen sie lebte.

Mit der Ansiedlung des Ehepaares Jaenichen-Woermann begann offenbar die Herausbildung der zweiten Generation der bildenden Künstler auf dem Fischland und in Ahrenshoop, zu denen natürlich auch diejenigen gehörten, die trotz Krieg und Inflation hier geblieben waren.

Im Februar 1920 meldete der Ribnitzer Stadt- und Landbote aus Ahrenshoop, daß sich die in Aussicht genommene elektrische Lichtversorgung verzögert.

„Seit zehn Jahren lebt Hedwig Woermann in Wustrow, und es war sicherlich nicht eine äußere Wahl, die sie an die Küste Mecklenburgs zog. Sie ist damit in die Landschaft ihrer norddeutschen Heimat zurückgekehrt. Hedwig Woermann stammt aus der alten Hamburger Kaufmannsfamilie der Woermann, mit dem Erbteil der zähen Leidenschaft, Unbeirrbarkeit, Kühnheit und Eigenwilligkeit. In der mecklenburgischen Landschaft kommt ihre Malerei zur Reife, wenn auch die Landschaft als solche, als Motiv in den Bildern keine Rolle spielt. Aber für den Maler ist auch der Mensch eine ‚Landschaft', durch die er wandert, und so hat Hedwig Woermann immer wieder den Menschen dieser Erde gemalt, gern zu Gruppen zusammengefaßt." (F. Nemitz: Hedwig Woermann – Zu ihrem fünfzigsten Geburtstag. 1929)
Foto: Hedwig Woermann porträtiert ihren Ehemann, den Bildhauer Johann Jaenichen.

Im Sommer 1920 wurde der Althäger Tonnenbund wieder ins Leben gerufen, nachdem er in den 80er Jahren des vergangenen Jahrhunderts durch andere Vereine zurückgedrängt wurde und eine Zeitlang ganz ruhte. Dieses Fest des Tonnenreitens war auf dem Fischland ein alter Brauch und wurde von Käthe Miethe unter der Überschrift „So reiten sie in Althagen!" in den Mecklenburgischen Monatsheften einmal so beschrieben: „Am frühen Nachmittag hatte der Kampf um die Königsschaft begonnen. Ihn leitete ebenfalls ein Ritt durch das ganze Dorf ein. Am Hafen machte man länger Halt, weil ein Schiff mit Gästen aus Ribnitz kam. Dort paradierten die Reiter in ihrem schönen Schmuck und standen wie auf einer Kette gereiht, als der Dampfer kam. Aus dem Vorschiff lud man eine bekränzte Tonne aus, dann ging es zum Dorf zurück, vor das Wirtshaus . . . Zwischen die alten Weiden waren Girlanden gespannt mit dem Wilkommensgruß:

Hoch Fischlands Art und Sitte,
und alter Feste Brauch.

Als die bekränzte Tonne sich in die Luft erhob, ging ein Tusch los, die Reihen der Reiter ordneten sich einige hundert Meter entfernt vom Platz, und nun sauste der erste los, hob die Kelle, schlug auf die Tonne ein und sprengte unter ihr weit davon. Die anderen folgten. Wohl waren die Pferde, sonst an den Pflug und die Egge gewohnt, zuerst noch scheu und verwirrt, sie sprangen zur Seite, sie rollten die Augen, sie blieben plötzlich erstarrt dicht vor der Tonne stehen. Doch bald war die Tonnenjagd in vollem Gang.

Die Tonnenbrüder sprengten in kurzer Folge unter dem hängenden, schwankenden Ziel dahin, sie hielten drüben eine kleine Weile Rast, dann kehrten sie um und jagten wiederum unter dem Ziele fort, die Kelle zum Schlage hoch über den Pferdekopf erhoben. Die Tonne schwankte unter ihrem heftigen Schlag, die Tonne flog manchesmal hoch in die Luft. Wieder machten die Tonnenbrüder kehrt, sie kamen in Schwung, ihre Pferde auch, sie jagten ununterbrochen auf und ab. Die Kränze der Tonne waren schon lange herabgefallen, jetzt sperrten die ‚Stäben' sich. Wer die letzte Daube herunterschlug, schied aus aus dem Spiel. Er bekam eine neue Peitsche zum Lohn und wurde der ‚Stäbenkönig' für ein ganzes Jahr. Der Stäbenkönig reitet weiter im Zuge mit, er feuert die anderen mit der neuen Peitsche an, aber er schlägt nicht mehr.

Nun hing nur noch der festgefügte Boden kahl an zwei Tauen herab. Fast drei Stunden hintereinander währte bereits das Spiel. Die Reiter trieften, die Pferde wußten von sich selbst nichts mehr. ‚N'beeten tau', ‚Haut man n' beeten düller op', die alten Schiffer sammelten sich in Scharen zu beiden Seiten der rauchenden Landstraße an. Sie feuerten Reiter und Rosse an, dann fiel der entscheidende Schlag. Der Tonnenkönig war gefunden!"

Tonnenkönig 1920/21 wurde Fritz Junge aus Althagen.

Tonnenreiten in Althagen
„Wenn das Tonnenfest kommt, holt man die hölzerne Kelle von der Scheunenwand und legt einen perlgestickten Gürtel um und breitet die bunte Decke über den Ackergaul. Der Bauer schickt seinen besten Sohn in den Kampf, der Leiermann kommt und das Karussell, und überall hört man Musik. Und aus den Nachbardörfern wandern die alten Kapitäne im blauen Rock, mit dem festen Stock, zum Festplatz hin, und die Dorfjugend hat ihren besten Tag, und die ganze Nacht hindurch geht der Tanz." (Käthe Miethe: So reiten sie in Althagen, 1933)

Das Althäger „Ostsee-Hotel" von Friedrich Oehmcke spielte eine bedeutende Rolle im geselligen Leben des Fischlandes und Ahrenshoops: hier fanden die Tonnenreiten und die Schützenfest-Feiern statt.

Blick auf den Althäger Hafen, das Jörksche „Boddenhaus" und das Fischland vor dem zweiten Weltkrieg.
Oben im Bild das „Haus Windeck" (rechts) und das „Haus Stranddorn" (Mitte), die damals einzigen Häuser auf dem Althäger Hohen Ufer.

Ein ständiger Gegenstand der öffentlichen Kritik waren die schlechten Verkehrsverbindungen nach und von Ahrenshoop. Im August 1920 – angesichts der wiederum schlecht verlaufenen Badesaison – verabschiedete die Hauptversammlung des Gemeinnützigen Vereins eine Eingabe an die Eisenbahn-Direktion Stettin, in der bessere Zug- und Anschlußverbindungen gefordert wurden.

Doch auch die Dampferverbindungen ließen zu wünschen übrig. Im Sommer fuhren zwei Dampfer von und nach Ribnitz; im Winter aber fuhr nur ein Dampfer morgens um 8 Uhr von Wustrow, und kam um 2 Uhr nachmittags aus Ribnitz zurück. Da der Dampfer auch die Post beförderte, entstand für die Ahrenshooper Geschäftsleute eine unhaltbare Situation: Wer nachmittags um 4.15 Uhr einen Brief bekam, konnte seine Antwort 24 Stunden später dem Postboten mitgeben. Am darauffolgenden Tag um 8 Uhr ging sie von Wustrow ab und nachmittags – also weitere 24 Stunden später – ab Ribnitz. Aber alle Beschwerden bei der Post blieben fruchtlos!

Im Jahre 1921 übernahm das Ehepaar Bernhard und Wilhelmine Saatmann die Pension „Sankt Lukas", die einmal das Domizil der Malschülerinnen war. Saatmanns führten die Pension unter ihrem bekannten Namen mit Mittagstisch weiter und behielten daneben anfangs noch ihr Frisörgeschäft.

Die Zimmer im St. Lukas hatten seit jeher exotische Namen wie Stelldichein, Im Winkel, Klause, Zelle, Blaues Wunder, Schauinsland, Kieköwer, Seewarte, Nirwana, Malkasten, Heiligenschein und Im Nest.

Am 1. Dezember 1921 starb in Ahrenshoop an einer Lungenentzündung die Malerin Anna Gerresheim im siebzigsten Lebensjahr. Sie war die bedeutendste Künstlerin der ersten Generation der Ahrenshooper Malerkolonie. Ihre Schwestern, mit denen sie in dem 1892 erbauten Haus Dorfstraße 20 gelebt hatte, waren schon vor ihr gestorben: 1908 Auguste Gerresheim, die älteste der drei, und 1916 Bertha Gerresheim, die zweitälteste der drei.

Am 21. Februar 1922 starb der Gemeindevorsteher Ahrenshoops, der Kapitän und Gastwirt Martin Rubarth, der dieses Amt seit 1916 bekleidet hatte. Zu seinem Nachfolger wurde der Bäkkermeister Hans Friedrichs gewählt.

Im selben Jahr 1922 erhielt Ahrenshoop endlich die immer wieder verzögerte Stromversorgung. Die Zähler für die elektrische Lichtleitung mußten von den Hausbesitzern selbst bezahlt werden.

Im März 1922 fand die Versteigerung der Herrenbadeanstalt statt. Jahrelang war nichts mehr an ihr gemacht worden, und die nun fällige Ausbesserung war der Gemeinde Ahrenshoop zu teuer.

Am 25. 6. 1922 fand unter starker Anteilnahme des Kriegervereins und des Schützenvereins in Ahrenshoop die Einweihung des Kriegerdenkmals für die Gefallenen des Weltkrieges statt.

Beim Bau seines Hauses legte Alfred Partikel selbst tätig mit Hand an (auf dem Foto 2. von links) und hat auch die Haustür selbst geschnitzt.

Ein weiterer Maler kam 1922 nach Ahrenshoop: Alfred Partikel (1888–1945), der gebürtige Ostpreuße, der sich 1912 in Berlin niedergelassen hatte. Nun hielt er sich ab 1922 sommers in Ahrenshoop auf, bis er 1925 in der Dorfstraße 32 sein schönes Fachwerkhaus erbaute. Er legte selbst Hand beim Bau mit an und lebte und arbeitete hier mehrere Jahre. Ahrenshoop habe „in diesem Ostpreußen, der halbjährlich in Ahrenshoop und Berlin schafft, einen schönen künstlerischen Zuwachs erhalten", schrieben die „Mecklenburgischen Monatshefte". 1929 wurde Alfred Partikel als Professor für Landschaftsmalerei an die Akademie nach Königsberg berufen und 1932 mit der Leitung eines Meisterateliers beauftragt.

Aus den Anfangsjahren der „Bunten Stube“:
In diesem alten „Kleinen Haus Wegscheider“ wurde am 8. Juni 1922, dem 40. Geburtstag von Martha Wegscheider, die „Bunte Stube“ eröffnet – bestehend aus einem Verkaufsraum und einer Lesestube, in der man für 20 Pfennige bis zu 2 Stunden Tageszeitungen lesen konnte.
rechts unten:
Hans Brass machte Entwürfe für Ansichtskarten, von denen bis zu 20 000 Stück in Oldenburg gedruckt wurden.
unten:
1924 hatte das Grundstück der „Bunten Stube“ einen Zaun auf einem Zementsockel erhalten und das Haus war freundlich bemalt. Das Sortiment wurde erweitert.

oben:
Bis in die dreißiger Jahre betonte das streng sachliche Namensschild deutlich den Bauhausstil der „Bunten Stube".
links:
Die Inhaber der 1924 gegründeten Firma „Brass und Wegscheider – Bunte Stube Ahrenshoop" bei einer Kaffeepause in den Dünen hinter dem großen Haus Wegscheider.

Wie die Postkarte rechts oben zeigt, entschieden sich Wegscheiders häufiger für eine andere Beschriftung und Namensgebung bezüglich des Anbaus. Aus der „Bunten Reihe" wurde dann auch aus dem Anbau die „Bunte Stube". Die Schrift wurde häufiger der Zeit angepaßt; die an das Bauhaus erinnernde strenge Schrift der dreißiger Jahre wurde zeitgemäßer mit der gefälligeren, schwungvolleren Schreibweise des Namens versehen, wie sie bis heute charakteristisch ist. Unten ein Foto aus dem Jahre 1992.

Am 8. Juni 1922, zu Martha (Molly) Wegscheiders 40. Geburtstag, richtete sie gemeinsam mit dem Grafiker Hans Brass im Haus Dorfstraße 24 einen Verkaufsraum mit Zeitungsleseecke ein: das war die Geburtsstunde der „Bunten Stube". Das Haus erwies sich bald als zu klein und unpraktisch. So erfolgte 1924 die erste Erweiterung der Bunten Stube und 1930 der Ausbau zur „Bunten Reihe". Die Familie Wegscheider gehörte mit zu den ersten Berlinern, die in Ahrenshoop ein Haus erworben hatten, ihren Besitz allmählich erweiterten und sich schließlich in Ahrenshoop fest niederließen.

Hans Brass (1885–1959) besuchte Kunstgewerbeschulen, arbeitete als Anstreicher und Werbegrafiker, hatte aber niemals das Geld für ein richtiges Malstudium. 1914 wurde er Soldat: „Die erregenden Kriegserlebnisse brachten meiner Entwicklung die entscheidende Wendung. Ich gab das bis dahin gehegte Ideal einer ‚schönen' Naturwiedergabe auf. Noch während des Krieges trat ich dem damals bekannten Sturmkreis nahe, deren gleichnamige Zeitschrift Zeichnungen von mir veröffentlichte und der zuerst eine Ausstellung meiner Bilder veranstaltete. Später schloß ich mich der Novembergruppe an."

Der lobenden Kritik mißtrauend, ging Hans Brass, dessen Schaffen dem Expressionismus verbunden war, in die Abgeschiedenheit Ahrenshoops.

Martha Wegscheider, die Begründerin der „Bunten Stube Ahrenshoop", wurde vom Regierungspräsidenten in Stralsund, Dr. Hausmann, als „die charmanteste Frau seines Regierungsbezirkes" bezeichnet.

Aufmarsch des Schützenvereins mit Musik vor dem „Ostsee-Hotel“ in Althagen, an der Spitze Arthur Paschke, Erhard Paetow, Walter Langner, Walter Niemann und Heinrich Bradhering.

Das Jahr 1922 war auch das Gründungsjahr eines anderen kulturellen Phänomens: der „Fischländer Späldäl“.

Vor dem ersten Weltkrieg waren alle kulturellen Veranstaltungen in Ahrenshoop Sache der Fremden: sie initiierten oder organisierten Bunte Abende und Theateraufführungen, Liederabende, Konzerte und Lesungen, bei denen die Fischländer und Ahrenshooper in der Regel Zaungäste waren, wenn sie nicht gerade zu den Honoratioren des Ortes gehörten.

Nun entstand aber mit der „Fischländer Späldäl“ etwas, was ganz und gar von den Einheimischen selbst getragen wurde. Wie dieses plattdeutsche Theater in Ahrenshoop – und besonders in Alt- und Niehagen – in Gang kam, beschrieb der langjährige Leiter, Regisseur und Akteur der Späldäl, der Bäckermeister Hermann Saatmann aus Althagen folgendermaßen: „Wi schreben dat Johr 1922. Dei ierste Weltkrieg wier noch lang nich vergäten, as sick uns Dörpjugend uprappen deht, üm ehr Läben werrer ein'n Inhalt tau gäben. Wi weiten ja all, dat dei Winter hier up Fischland för dei jungen Lüd bäten langweilig wir. Somit kemen sei up den'n Gedanken, plattdütsches Theater tau spälen, wiel hier nunmaliger Tied blos plattdütsch spraken wür.“

Die Mitwirkenden waren Laiendarsteller, die tagsüber arbeiteten, ebenso wie Beleuchter, Requisiteure, Bühnenarbeiter:

„Uns plattdütsche Arbeit kann ümmer irst insetten, wenn jeder sin Daagswerk achter sick hett, un dat is för keinen von uns licht“, schrieb Hermann Saatmann. Alle waren mit Leib und Seele bei der Sache und die Aufführungen hatten stets großen Erfolg. Der zweite Weltkrieg unterbrach die Arbeit; aber ab 1951 kam die Fischländer Späldäl wieder in Gang und zählte rund 30 Mitspielende. Anfang der siebziger Jahre waren es noch elf aktive Mitglieder, unter ihnen Otto Holtz und Else Neitner, die unter der Leitung von Hermann Saatmann (er starb 1989 im 80. Lebensjahr) plattdeutsche Stücke aufführten und Vortragsabende veranstalteten. Über ihre Triebfeder schrieb Hermann Saatmann: „Dei Minschen, dormit sünd ok uns Hochdütschen meint, hemm'n soväl Freud' un Spaß an un's Upfürungen, dat sei uns ümmer nahraupen – ‚Kamt bald werrer‘. Denn, wenn wi un's Taukiekers ehr Lachmuskeln twei Stun'n in Bewägung holl'n, sünd wi taufräden un glücklich.“

1923 wurde der Schulneubau in Ahrenshoop vollendet, der schon 1912 beschlossen worden war; aber zuerst infolge des Krieges und danach wegen der Finanzierungsschwierigkeiten der als leistungsschwach bekannten Ahrenshooper Gemeinde nicht zum Tragen kam. Als dann 1922 die Regierung ihren Baukostenanteil erhöhte, die Gemeinde sich aber immer noch zierte, wurde ihr schließlich mit der Zwangsetatisierung gedroht. 1922/23 wurde dann der An- und Ausbau durch den Ahrenshooper Bauunternehmer Budde ausgeführt, und nun hatte das Schulhaus vier heizbare Zimmer. 1926 kam noch elektrisches Licht hinzu.

Wegen des schlechten Zustandes der Lehrerwohnung wechselten vor und nach der Jahrhundertwende die Ahrenshooper Lehrer häufig. Von 1909 bis 1923 war – bis auf seinen Kriegsdienst und englische Gefangenschaft – der Lehrer R. Fritsch in Ahrenshoop angestellt, der sich sehr um den Ausbau der Schule bemühte und 1910 mit der Führung der Ahrenshooper Schulchronik begann. Am 1. Januar 1924 trat der Lehrer Konrad Deutschmann aus Hessenburg seinen Dienst in Ahrenshoop an, den er bis 1945 ausübte. Für die Schule wurden nun laufend weitere Verbesserungen durchgesetzt, und in der Schulchronik betonte Lehrer Deutschmann, daß der Gemeindevorsteher Hans Brass in seiner Amtszeit von 1927 bis 1931 mehr für die Schule getan habe, als seine Vorgänger in zwanzig Jahren.

Im Jahre 1923 hatte die Inflation in der Weimarer Republik ihren Höhepunkt erreicht. In den Jahren der Weimarer Republik hatte das deutsche Finanzkapital versucht, mit Hilfe des Staatsapparates den breiten Volksmassen die Lasten der Kriegsfolgen und der Weltwirtschaftskrise aufzubürden.

Diese Inflation hatte spürbare Auswirkungen auch auf die Ostseebäder. Geldentwertung, Arbeitslosigkeit – nicht zuletzt unter der seefahrenden Bevölkerung – trafen die Einheimischen schwer, und auch der Badeverkehr entwickelte sich nur zögernd, da breite Bevölkerungsschichten – auch des Mittelstandes – kein Geld für Reisen hatte. 1923 waren die Badeorte noch weit von den Gästezahlen des letzten Vorkriegsjahres entfernt.

Hinzu kam noch, daß die Fischländer und Ahrenshooper Fischer nur geringe Fänge und demzufolge auch schlechte Einnahmen hatten, da der Winter 1923/24 sehr streng war und den Fischbestand stark verminderte.

Im Juli 1924 stiftete Kurt Langner 75 Mark für den Fahnenfonds des Ahrenshooper Kriegervereins, der sich unter dem Vorsitz von Franz Peters gegründet hatte.

Im Jahre 1925 baute Frau Elise Bertsch ihr Haus im Grenzweg 3, das sie 1922 geerbt hatte, zur Pension „Charlottenhof“ aus.

Am 2. Mai 1925 verstarb in seiner Vaterstadt Schwerin einer der Begründer der Ahrenshooper Malerkolonie, Professor Friedrich Wachenhusen. Nach seiner Einäscherung in Lübeck wurde die Urne auf dem Ahrenhooper Friedhof beigesetzt. Sein Haus auf dem Schifferberg 10 hatte der als Kunstförderer bekannte Rostocker Verleger Peter Erichson gekauft.

Am 25. Juli 1925 brach mittags um 1 Uhr offenbar durch Selbstentzündung auf dem Grundstück des Hamburger Lackfabrikanten Aeckerle ein Feuer aus. Das Haus Aeckerle brannte samt Schuppen völlig nieder und ergriff durch den starken Wind auch das Nachbarhaus von Mac Dornan (Schifferberg 14), das er ebenfalls vernichtete. Die Feuerwehren aus Wustrow, Althagen und Ahrenshoop hatten sich vergeblich bemüht, dieses Anwesen zu retten. An den Löscharbeiten beteiligten sich auch zahlreiche Einwohner, Forensen und Badegäste, die eine Eimerkette über die Düne zum Meer bildeten, um das Dorf vor einer Feuersbrunst zu bewahren. Fritz Koch-Gotha, die Abekings, Partikel und Triebsch und viele andere beteiligten sich an diesem Rettungswerk, das auch tatsächlich von Erfolg gekrönt war: Es gelang, das von den Flammen bedrohte Haus Garthe (Schifferberg 12a) zu sichern. Wäre dieses Haus in Flammen aufgegangen, wäre möglicherweise bei dem sturmartigen Wind das ganze Dorf erfaßt und ein Opfer des Brandes geworden.

Wilhelmine und Bernhard Saatmann – seit 1921 freundliche und beliebte Gastgeber in der Pension „Sankt Lukas“.

Peter Erichson (1881–1963), der „ungekrönte König der Fischländer", wie F. Meyer-Scharffenberg ihn nannte, war bis 1959 Leiter des Rostokker Hinstorff-Verlages, dessen norddeutsches Profil er über viele Jahrzehnte ausprägte. 1925 kaufte er das Haus des Malers Friedrich Wachenhusen auf dem Ahrenshooper Schifferberg.
Der Schriftsteller Curt Goetz schrieb in einem Brief an Peter Erichson, daß er noch nicht sterben könne, da einige seiner Wunschträume noch offen stünden: „Zu diesen gehört jener, noch einmal mit Dir zu saufen. In einer verräucherten Schifferkneipe. Dir gegenüber zu sitzen und Dir zuzuhören. Beileibe nicht alles zu glauben. Nur zuzuhören. Dich zu beobachten. Mich an Deiner strotzenden Vitalität zu freuen. Und immer noch eins zu trinken ..."

Nach dem Ausscheiden des Bäckermeisters Hans Friedrichs im August 1925 wurde der Müllermeister Walter Niemann neuer Gemeindevorsteher in Ahrenshoop.

Um 1924/25 hatte für Ahrenshoop ein neuer Entwicklungsabschnitt begonnen, für den die Bevorzugung des Ortes durch Schauspieler, Musiker und Film- und Rundfunkleute charakteristisch war. „Die wirtschaftlichen Kämpfe der Arbeiterklasse hatten den gewerkschaftlichen Zusammenschluß auch dieser Künstler stark gefördert", schrieben H. Glander und E. Venzmer in ihrer Ahrenshoop-Monografie (1963). „In Tarifverträgen war der Anspruch auf Urlaub enthalten. Die Gagen und Gehälter konnten nicht mehr so willkürlich wie vor dem ersten Weltkrieg festgesetzt werden. Da zumeist Jahresverträge abgeschlossen wurden, hatten Musiker, Schauspieler und Sänger eine größere wirtschaftliche Sicherheit und konnten oft auch Urlaubspläne verwirklichen.

Die Wanderbewegung hatte wiederum den Sinn für die Schönheit der Landschaft geweckt. Der Film war zu einer neuen selbständigen Kunstgattung erstarkt, und in der Filmproduktion waren Tausende beschäftigt. Mit dem Beginn von Rundfunksendungen boten sich für Musiker, Schauspieler und Sprecher neue Arbeitsmöglichkeiten. Aus allen diesen Berufsgruppen kamen viele der neuen Badegäste. Daß sie sich in Ahrenshoop wohlfühlten, bezeugen die Eintragungen in den Gästebüchern. Einige Künstler wählten nach dem ersten Weltkriege Ahrenshoop und die Dörfer auf dem Fischland als ständigen Wohnsitz."

Im Zusammenhang mit den Bestrebungen, den Badeverkehr stärker zu beleben, und diese wichtige Einnahmequelle für die einheimische Bevölkerung wieder stärker sprudeln zu lassen, fehlte es nicht an Vorstößen, zu einer durchgehenden Eisenbahnstrecke längs der Küste zu kommen und die Verkehrsverbindungen der Badeorte zu verbessern.

So wurde 1925 mit dem Baubeginn der Strekke Rövershagen – Graal-Müritz für eine Verlängerung der Strecke über Wustrow nach Ahrenshoop, Born und Wieck mit Anschluß an die Darßbahn in Prerow durch die Mecklenburgische Bäderbahn-Aktiengesellschaft plädiert. In einem Artikel im „Stettiner Generalanzeiger" vom 8. Juli 1925 unter der Überschrift „Fundamentlose Projekte" traten vor allem die Naturschützer energisch dagegen auf.

Der Vorsitzende des Komitees zur Verlängerung der Mecklenburgischen Bäderbahn schrieb nochmals nach Stralsund und nach Schwerin. Am 5. November 1925 lehnte jedoch die Reichsbahndirektion Stettin das Projekt mit der Begründung ab, das bisher keine wesentlichen Änderungen in den Wirtschafts- und Verkehrsverhältnissen im Raum Prerow aufgetreten sind. Mit anderen Worten: die Gemeinden konnten keine Garantie für die Rentabilität einer solchen Bahn übernehmen. Da auch Ribnitz inzwischen keinen Bahnanschluß über das Fischland und den Darß nach Prerow wünschte – denn die Stadt wollte zwischen Dierhagen und Ribnitz ein Ostseebad Ribnitz erbauen –, war die Sache endgültig erledigt.

Im Jahre 1925 erwarb Dr. Max Wegscheider das Eckgrundstück Dorfstraße/Strandweg von Frau Fiekert. Um das Grundstück herum wurde ein Zaun mit Zementsockel gesetzt, der Maler Hans Brass malte die Außenwände. Im ganzen Ort wurde mit einer Unterschriftensammlung gegen den Neubau der Bunten Stube protestiert. Am 1. September 1925 sprach der ohnehin streitsüchtige Rostocker Stadtbaudirektor Dehn, dem das Haus Schifferberg 1 gehörte, von einer wahrhaften „Verschandelung des Ortes durch den Zementzaun und den papageifarben gestrichenen Zick-Zack-Neubau der Bunten Stube", der als eine Unmöglichkeit und vom Standpunkt des Heimatschutzes aus geradezu als Verbrechen bezeichnet werden müßte.

Der Schützenverein Ahrenshoop im Jahre 1929 mit seiner von Paul Müller-Kaempff entworfenen Fahne. Die Mitglieder von links nach rechts:
Wilhelm Bendix (Althagen), Fritz Knecht (Ahrenshoop), Paul Hinzmann (Althagen), Albert Burow (Fulge), Wilhelm Henk (Ahrenshoop), Erhard Paetow (Ahrenshoop), Lotte Saatmann (Althagen), Albert Bruhn (Ahrenshoop), Elli Wullenbecker (Althagen), Ludwig Fretwurst (Althagen), Willi Meyer (Ahrenshoop), Albert Mahnke (Althagen), Arthur Paschke (Ahrenshoop), Kaufmann Ehlert (Boddenhaus), Heinrich Bradhering (Ahrenshoop), Daniel Both (Althagen), Gustav Niemann (Prerow), Otto Krull (Niehagen), Bauer Dietrichs (Althagen), Emil Gräff (Ahrenshoop), Hans Dietrichs (Althagen), Hans Fretwurst (Althagen), Paul Schmidt (Niehagen), Albert Ahrens (Althagen), Hans Dillwitz (Althagen), Peter Niejahr (Ahrenshoop), Walter Niemann (Ahrenshoop), ein Gast, Lehrer Fretwurst (Althagen), ein Gast, August Waterstradt (Ahrenshoop), Karli Budde (Ahrenshoop), Arbeiter Lexow (Seezeichen), Hans Gryglik (Althagen), Drechsler Tredop (Ribnitz), Karl Budde (Ahrenshoop)

Pflasterung des Bürgersteiges der Ahrenshooper Dorfstraße 1928 durch den Steinmetz Voß aus Wustrow.
Von links: Steinmetz Voß, Bürgermeister Hans Brass, Otto Selig, Müllermeister Walter Niemann (auf dem Wagen), Bauer Erhard Paetow und Fischer Heinrich Meyer.

Schulkinder am Strand mit dem Lehrer Konrad Deutschmann
Vorn am Wasser knieend: v.li.n.re.: Thomas Ruttmann, Olaf Boroffka
Stehend v.li.n.re.:
Eike Schonitzer, Alexander Boroffka, Edith Paetow, Franz Grimm, Fritz Paetow, Eva Niemann, Erika Spangenberg, Gerda Saatmann, Elli Maaß, Anneliese Maaß, ?, Adrian Partikel, Konrad Deutschmann, Annemarie? Gerda? Bruß, Barbara Partikel, Walter Meier, Elisabeth Lappe, Herbert Kliem, Lotte Maaß, Hans Kliem, Ernst Niemann, Erna Dillwitz, Herbert Saatmann
Foto aus dem Jahre 1930/31

Im Jahre 1926 hatte Ahrenshoop 216 Einwohner und rund 1000 Badegäste; das entsprach im wesentlichen wieder dem Vorkriegsstand.

Durch einen mächtigen Sturm im Jahre 1926 wurden zwei Flügel der Ahrenshooper Windmühle zerstört. 1930 wurde die Mühle stillgelegt, und im Jahre 1934 verlor sie durch einen Sturm die letzten beiden Flügel. 1936 kaufte Bernhard Dernburg die Mühle und wollte sie zu einem Wohnhaus ausbauen. Der Landrat Wolf in Barth lehnte jedoch die Genehmigung des Umbaus ab.

Der sechs Jahre zuvor wiederbelebte Althäger Tonnenverein wurde im Jahre 1926 in das Vereinsregister eingetragen. Außer den Tonnenreitern waren viele Einheimische und Kurgäste dem Verein als passive Mitglieder beigetreten. Die Königswürde war bei den alljährlichen Tonnenfesten an folgende Tonnenbrüder gegangen:

1921/22 H. Dillwitz – Althagen
1922/23 Friedrich Krull – Niehagen
1923/24 Fritz Krull – Niehagen
1924/25 Albert Falk – Niehagen
1925/26 Friedrich Niemann – Althagen
1926/27 Franz Tietz – Niehagen

Am 15. November 1926 meldete der Ribnitzer Stadt- und Landbote, daß nunmehr nach zehnjährigem Kampf das Projekt des Chausseebaus Ribnitz-Fischland greifbare Formen annimmt. Da insgesamt etwa 800 000 Mark benötigt werden, wurde folgende Kostenverteilung vorgeschlagen: Stadt Ribnitz 150 000 Mark, Hof Körkwitz 6000, Dändorf 15 000, Dierhagen 30 000, Wustrow 75 000, Althagen 30 000 und Ahrenshoop 20 000 Mark.

Einen Tag später teilte die Zeitung mit, daß die Stadt Ribnitz und die Gemeindeverwaltung Dierhagen ihre Kostenanteile bewilligt haben.

Damit konnte der Bau der Fischlandchaussee, die eine jahrzehntealte Forderung war, begonnen werden.

Historische Postkarte vom Strandleben in Ahrenshoop

Nach der Saison 1926 wurde – wie bereits 1921 – erneut in leerstehenden Villen eingebrochen und vor allem Wäsche gestohlen. Mit dieser Angelegenheit befaßte sich am 9. Dezember 1926 der Ahrenshooper Gemeinnützige Verein unter der Leitung von Dr. Otto Garthe und Dr. Friedrich Wilhelm Droß. Es wurde bemängelt, daß der Nachtwächter Bruhns bei täglicher Bezahlung von 4 Mark die Diebstähle in den Villen nicht unterbindet und es wurde die Einstellung eines jüngeren Nachtwächters gefordert. Dabei kam zur Sprache, daß die Einheimischen mit den Villenbesitzern auf gespanntem Fuße stehen und folgende Argumente vorbringen: „Die Herrschaften reisen ab – wir können ihre Häuser bewachen“, „Die Dörfler brauchen keinen jungen Nachtwächter“, „Wir wollen uns für die Fremden nicht totschießen lassen“.

Was in dieser Versammlung zutage getreten war, das war der alte Gegensatz zwischen den Einheimischen und den Forensen, die Anfang des Jahrhunderts ihre dominierende Rolle in Ahrenshoop ausgebaut hatten: natürlich oft genug auch zum Nutzen der Entwicklung des Dorfes zum Seebad und gegen den zähen Konservatismus der Küstenmenschen, der aber zu ihrer Mentalität gehörte. Und manchmal war das Auftreten der Fremden auch mit dem Vorwurf verknüpft, die Einheimischen hätten offenbar weniger Interesse am Schicksal des Dorfes, als die Forensen; ein Vorwurf, der manchen Ahrenshooper schwer traf.

Fritz Koch-Gotha (1877–1956)
„Fritz Koch-Gotha gehört nicht nur nach Gotha oder gar ausschließlich nach Berlin, sondern im gleichen Maße auf unser Fischland, das er in seinen duftigen Zeichnungen gegenwartsnah zauberhaft schaut und darüber hinaus noch mit seiner Phantasie zugleich auch vorgeschichtlich zu beleben weiß. Auch in zarten Radierungen hat er unsere Landschaft und ihre Menschen festgehalten." (Mecklenburgische Monatshefte 1935)
rechts:
Fritz Koch-Gotha liest der Enkeltocher aus seinem bekannten Bilderbuch „Die Häschenschule" vor, das er einst für seine Tochter Barbara geschrieben hatte.

Die Weihnachtsgratifikation für den Prerower Oberlandjäger, die der Gemeinnützige Verein beschlossen hatte, war gewiß eine Anerkennung dafür, daß er auf der Seite der Forensen stand. Hatte doch einer seiner Vorgänger nach dem Kriege erklärt, die Versorgungsschwierigkeiten in Ahrenshoop rührten vor allem daher, daß die wohlhabenden Fremden den Einheimischen alles wegkaufen würden. Dafür betrieb man erfolgreich seine Ablösung.

Das Jahrzehnt bis zum Beginn des 20. Jahrhunderts, als die Einheimischen, die Maler und die ersten Fremden „eine große Familie" bildeten, wie sich mancher später mit leiser Nostalgie erinnerte, gehörten unwiderruflich der Vergangenheit an.

Im Juli 1927 schied der Gemeindevorsteher Walter Niemann aus seinem Amt. Zum neuen Gemeindevorsteher wurde am 15. Juli der Maler und Grafiker Hans Brass gewählt.

Hans Brass war der erste Gemeindevorsteher in Ahrenshoop, der nicht aus den Reihen der Einheimischen kam; aber er war mit Ahrenshoop und seinen Menschen tief und einfühlsam verbunden. Davon legte sein Beitrag „Das Ahrenshooper Gesicht", den die Mecklenburgischen Monatshefte im Juni 1927 veröffentlichten, Zeugnis ab.

Die Gemeindeverwaltung wurde (bis 1929) im Hause Wegscheider untergebracht, in dem Hans Brass wohnte.

Ahrenshoop bildete damals mit Prerow, Born und Wieck einen gemeinsamen Amtsbereich. Amtsvorsteher war Herr Haberer in Prerow.

1927 brannte in Althagen die Büdnerei B 71 ab, ein über hundert Jahre altes Haus, in dem zuletzt Familie Awe wohnte. Nach dem Brand verließ Awe seine Frau und das Fischland. Da Frau Awe das Haus nicht allein wieder aufbauen konnte, übernahm Dora Koch-Stetter die Bürgschaft für die Hypotheken. Das Malerehepaar Fritz Koch-Gotha und Dora Koch-Stetter mietete das Obergeschoß, Frau Awe bewohnte die unteren Räume. Als Frau Awe wieder heiratete und nach Düsseldorf zog, konnte Koch-Gotha das Haus auf seinen Namen umschreiben lassen.

Fritz Koch-Gotha (1877–1956) war nach seinem Studium an den Akademien in Leipzig und Karlsruhe seit 1902 in Berlin als Zeichner und Illustrator sehr erfolgreich tätig. Dora Koch-Stetter (1881-1968) war nach ihrem Malstudium bei C. Fehr, Hans Heide und vor allem Lovis Corinth als Bildnis- und Landschaftsmalerin sowie als Grafikerin in Berlin erfolgreich. In Ahrenshoop war sie zum ersten Mal im Jahre 1911. 1917 heiratete sie Fritz Koch-Gotha, der aber die weitere Ausübung ihrer Kunst nicht sonderlich förderte, so daß diese hochbegabte Malerin sehr zu Unrecht im Schatten ihres Mannes stand.

Bereits 1922 waren sie durch Prof. Franz Triebsch, mit dem sie in Berlin im selben Haus wohnten, nach Ahrenshoop gekommen, wo es sie jedes Jahr wieder hinzog, bis sie 1927 festen Fuß fassen konnten. Zu ihrem Freundeskreis in der ersten Ahrenshooper Zeit gehörten neben Franz Triebsch und Dr. F.W. Droß vor allem Alfred Partikel, Peter Erichson und der Landgerichtsrat Reinhold Stricker aus Stralsund, dem die Althäger Büdnerei B 2 gehörte.

Dora Koch-Stetter (1881–1968)
„1911 ist sie zum ersten Mal in Ahrenshoop. Von 1922 an verlebt sie einen großen Teil des Jahres mit ihrem Kinde in Ahrenshoop. Das Licht zwischen Meer und Bodden regt sie immer wieder zum Malen an. Die meisten Maler bevorzugen gerade auf dem Fischland das milde Licht der Septembertage. Dora Koch-Stetter gelingt es, Menschen und Landschaft im grellen Sonnenlicht überzeugend zu gestalten." (Barbara Klünder 1964)

Das alte Koch-Gotha-Haus – links im Bild – vor dem Brand 1927 hinter dem Deich in der Fulge.

Der Winter 1927 auf 1928 war besonders streng: die Temperaturen sanken zeitweilig bis auf minus 28 Grad. Vom 14. Dezember 1927 bis zum Februar 1928 war die Dampferverbindung gesperrt. Häufig tobten orkanartige Stürme, die bis zu 48 Stunden anhielten. Es wurde viel Bernstein angetrieben, darunter so manches Stück bis zu 200 Gramm.

19 Dampfer und Segelschiffe saßen im Ostsee-Eis auf der Höhe von Ahrenshoop fest. Zwei russische Eisbrecher – einer davon der legendäre „Jermak" – befreiten die Schiffe. Das Trajektschiff „Schwerin" geriet auf der Rückfahrt von Dänemark ins Packeis und trieb von Müritz an Ahrenshoop vorbei bis Darßer Ort.

Flugzeuge warfen Lebensmittel ab, und eines dieser Flugzeuge wäre im dichten Nebel fast am Hause Kröner am Hohen Ufer zerschellt.

1928 wurde der Bürgersteig der Dorfstraße durch den Steinmetz Voß aus Wustrow gepflastert. Die Straße wurde mit Schlacke aufgeschüttet, eine Notmaßnahme, die sich nicht bewährte.

Am neuen Haus für die Gemeindeverwaltung wurde gebaut und der Architekt Walter Butzek erweiterte die Bunte Stube zur „Bunten Reihe", deutlich am Bauhausstil orientiert.

Der Badebetrieb hatte auch in Ahrenshoop einen weiteren Aufschwung erfahren. Am 6. November 1928 meldete der Ribnitzer Stadt- und Landbote aus Ahrenshoop, daß diesjährig 2153 Kurgäste (gegenüber d. 1400 im Vorjahr und rd. 1000 im Jahre 1926) zu verzeichnen waren. Leider – so vermerkte das Blatt – trugen Staat und Wirtschaft dieser Steigerung nicht Rechnung. Die Zeitung schrieb:

Die Fertigstellung der Fischlandchaussee muß gefordert werden; die Postverbindung ist nach wie vor unzureichend. Notwendig sei die Errichtung erstklassiger, leistungsfähiger Hotelpensionen; denn Ahrenshoop ist das Bad des gut situierten Mittelstandes – und das soll es bleiben!

Müllermeister Walter Niemann (geboren 1881), Sohn von Heinrich und Clara Niemann.

rechts:
Ferdinand Waterstradt (geb. 1858) war viele Jahre lang Kuhhirt in Ahrenshoop und lebte im Deichhaus, Grenzweg 9 bei Lise Priebe. Ferdinand blies auf seinem Horn jede Melodie, die man hören wollte. Tatsächlich bracht er aber nur zwei Melodien heraus und die auch noch ganz falsch. Er zog schon immer sehr früh mit seinen Tieren auf die Kuhweide und brachte sie erst spät gegen Abend nach Haus.

Der Seemann Emil Zeplien (geb. 1865) und seine Ehefrau Luise aus Wieck (1871–1932) vor ihrem Haus in der Dorfstraße 23. Emil Zeplien starb erst in den 50er Jahren.

Die von Heinrich Niemann im Jahre 1880 erbaute Ahrenshooper Windmühle

Auguste Waterstradt geb. Ohlerich (1871–1945), wohnhaft Feldweg 2, in den zwanziger Jahren bei der Feldarbeit. Auguste war die Ehefrau des Fischers Albert Waterstradt (1864–1945).

Zu denen, die noch in den 50er Jahren mit ihren Zeesbooten fischten, gehörten Fritz und Ernst Hebert (links) und Heinrich Dade (rechts).

In früheren Zeiten versorgten die Althäger Bauernwirtschaften das Fischland selbst mit Milch und Molkereiprodukten. Auf dem Foto: Frau Seitz und Frau Paetow in Fischländer Tracht.

Die romantischen alten Häuser der Fulge zwischen Althagen und Niehagen, die am 12. Juni 1930 in Flammen aufgingen.
rechts:
Die Fischerei ist auf dem Fischland und in Ahrenshoop das älteste maritime Gewerbe. Aus ihr ging die tüchtige seemännische Bevölkerung des Gebietes hervor, und zu ihr kehrten viele Matrosen in den Pausen zwischen den Fahrenszeiten der Segelschiffe oder nach ihrem Abschied von der Seefahrt wieder zurück.

1928/29 nahm die vorpommersche Presse immer wieder zur Lage der Fischer und der Fischerei Stellung, die sich offenbar sehr ungünstig entwickelte.

Über die Situation im Saaler Bodden hieß es, daß der Hering völlig verschwunden sei und daß auch der Zander so gut wie nicht mehr vorhanden ist. Immer wieder wurde das mit der Forderung nach Öffnung des Prerowstromes, der 1873 nach der großen Sturmflut vom November 1872 geschlossen wurde, verbunden. Man nahm an, daß bei Öffnung des Stromes infolge des zuströmenden Salzwassers der Bodden nicht so leicht bis auf den Grund gefrieren würde, worin die Ursache für das Massensterben von Jungfischen gesehen wurde. Auch hoffte man, daß die Fische, welche an der Küste entlangwanderten, leichter in die Bodden einwandern und den Fischbestand heben würden.

Den örtlichen Verwaltungen wurde vorgeworfen, nur Wert auf die Erzielung hoher Pachtsummen zu legen, während die Fischer die Fischerei erhalten und konkurrenzfähig vor allem gegenüber Schweden und Dänemark bleiben wollten.

Der preußische Staat wurde aufgefordert, für die Fischer ein größeres Opfer zu bringen, da dieses doch den Vorteil hätte, Arbeit zu schaffen.

Im Jahre 1928 gab es in Ahrenshoop vier Fischer. Ihre sozialen Verhältnisse sind uns überliefert:

Name	Alter	Familienstand	Erwerbsquellen	Landbesitz ha ar qm	Fremdenzimmer	vermietete Betten	Baul. Zustand des Hauses
Waterstradt, Albert	64	verh.	Büdnerei, Fischerei, Gelegenheitsarbeit, Zimmervermietung	4 95 20	2	4	gut
Meyer, Willi	43	verh.	Büdnerei, Fischerei, Gelegenheitsarbeit, Zimmervermietung	1 48 08	2	4	gut
Meyer, Heinrich	38	verh.	Büdnerei, Fischerei, Gelegenheitsarbeit, Zimmervermietung	0 0 0	2	4	gut
Konow, Heinrich	72	ledig	Fischerei	0 93 13	3	6	gut

Im Oktober 1928 starb Dr. med. Max Wegscheider und Frau Martha Wegscheider wurde Besitzerin der Grundstücke. Sie übersiedelte im November 1928 ganz nach Ahrenshoop.

Bereits seit 1920 bewohnten in den Sommermonaten nicht nur die Familienmitglieder, Freunde und Verwandte die Häuser in der Dorfstraße, sondern man vermietete auch an Kurgäste. So wohnte bei Wegscheiders der Apotheker Franz Grimm aus Hannover, der später das Haus Grenzweg 10 kaufte. Bedeutende Ärzte, Schauspieler, Schriftsteller und Geschäftsleute haben ihre Urlaubstage im Haus Wegscheider verbracht, darunter Frau Prof. Dr. med. Karen Horney, Dr. Hans Liebermann, Hans Albers und andere.

Im Juli 1929 wurde der Abschnitt von Dierhagen bis zum Deichanfang der Fischlandchaussee für den Straßenverkehr freigegeben. Die Arbeiten an der Betonchaussee wurden sowohl von Wustrow wie von den Stadtwiesen aus vorangetrieben.

Am 9. Oktober 1929 war es dann soweit: Die Fischlandchaussee zwischen Ribnitz und Wustrow wurde feierlich eingeweiht. Zwischen Wustrow und Ahrenshoop jedoch blieben die Straßenverhältnisse unverändert.

Im Mai 1930, nach dem Bau des neuen Gemeindehauses, wurde die Einrichtung dafür angeschafft, und Frl. Martha Bahnson wurde als Schreibhilfe für 50 Mark und freie Wohnung eingestellt. Gemeindevorsteher Hans Brass kaufte für die Bepflanzung der Dorfstraße 50 Allee-Bäume.

Die Häuser in der Fulge vor dem verheerenden Brand im Sommer 1930. links oben: Heimweg der Herde von der Kuhweide durch die Ahrenshooper Dorfstraße.

Am 12. Juni 1930 kam es zu einer Brandkatastrophe in dem zu Niehagen gehörenden Ortsteil Fulge. In der Schlächterei von Tietz brach aus unbekannten Gründen – wahrscheinlich handelte es sich um einen Kurzschluß – ein Feuer aus, das sich wegen der herrschenden Trockenheit rasch ausbreitete und den gesamten umliegenden Komplex von 6 Wohnhäusern in Schutt und Asche legte. Das Anrücken der Wehren von Alt- und Niehagen, Ahrenshoop und Wustrow sowie der Motorspritze aus Ribnitz wurde teilweise durch den Chausseebau behindert. Erst nach Stunden konnte der Brand lokalisiert werden. Die obdachlos gewordenen Bewohner der abgebrannten Häuser wurden bei Verwandten und im Schulhaus Niehagen untergebracht. „Ein Stück Romantik ist mit diesen niedlichen alten Häuschen verschwunden", bedauerte der Ribnitzer Stadt- und Landbote.

Eine Gemeindevertretersitzung in Ahrenshoop am 16. Juni 1930 beschloß die Kanalisierung des Straßengrabens am Südeingang des Dorfes, wodurch die Straße verbreitert und der Radfahrweg weitergeführt werden kann.

Zur Sprache kam auf dieser Sitzung auch die unerträgliche Staubplage im Ort. Durch den Bau der Fischlandchaussee nach Wustrow hat der Autoverkehr in Ahrenshoop in nie gekannter Weise zugenommen. Da das Sprengen der Dorfstraße mit Wasser keinerlei Abhilfe mehr schafft, muß endlich die Pflasterung her, lautete die Forderung.

Krönung des Schützenfestes in Ahrenshoop: Am 23. Juni 1930 überfliegt das Luftschiff „Graf Zeppelin“ das Ostseebad (Links im Bild das Baugeschäft von Wilhelm Helms, rechts die Ahrenshooper Schule)

Bengt Berg (1885–1967), schwedischer Naturforscher:
„Noch sind, dem Himmel sei Dank, nicht alle Wälder in Stangenholz-Soldaten verwandelt. Noch gibt es einen Wald auf der Nordspitze Deutschlands, auf der Halbinsel Darß. Er umfaßt 26 000 Morgen, und gewaltige Sümpfe haben der vernichtend vordringenden Zivilisation einen Riegel vorgeschoben.“ (1931)

Im Jahre 1930 erwarb der Bildhauer Gerhard Marcks (1889–1981) die Niehäger Büdnerei Nr. 14, die er als Ferienhaus für seine siebenköpfige Familie umbaute und einrichtete.

Am 23. Juni 1930 überflog das deutsche Luftschiff „Graf Zeppelin“ Ahrenshoop. An diesem Tag war gerade Schützenfest im Dorf. Die Kapelle im Baltischen Hof stellte sich draußen auf, als sich das Luftschiff Ahrenshoop näherte und intonierte das Deutschlandlied. Als Dank für diese Begrüßung hißte der Zeppelin die Flagge.

Im Juli 1930 weilte der deutsche Dichter und Dramatiker Gerhart Hauptmann für einige Wochen in Ahrenshoop, da das von ihm auf Hiddensee erworbene „Haus Seedorn“ noch nicht bezugsfertig war. Gerhart Hauptmann wohnte mit seiner Frau im Hause des verstorbenen Generals Max Hoffmann in der Dorfstraße 52. Die Anwesenheit des prominenten Dichters löste unter den Badegästen beträchtliches Aufsehen aus. Hier im „Haus Sonnenfrieden“ schrieb Gerhart Hauptmann seine Erzählung „Die Spitzhacke“. Anlaß war die Nachricht vom beabsichtigten Abriß seines Salzbrunner Vaterhauses. Von Ahrenshoop schied er mit Groll auf die intrigante Badegesellschaft.

Im gleichen Sommer kam der schwedische Ornithologe und Schriftsteller Bengt Berg (1885–1967) auf Einladung des preußischen Regierungspräsidenten in Stralsund nach Ahrenshoop, um auf dem Darß die Adler und andere Naturschönheiten zu filmen.

Sein erster Darßaufenthalt begeisterte Bengt Berg so, daß er sich in der Zeitschrift „Die Grüne Post“ vom 1. Februar 1931 mit dem Aufruf an die deutsche Öffentlichkeit wandte: „Schafft einen deutschen Urwild-Park!“ Dieser Aufruf fand einen starken Widerhall und machte den Darß weithin bekannt.

Am 26. September 1930 schrieb der bekannte Maler und Grafiker George Grosz (1893–1959) aus Ahrenshoop einen Brief an den Kunsthistoriker Eduard Plietzsch, in dem es u.a. hieß:

„Es wird langsam Herbst, recht melancholisch, so fast die einzigen noch am Strande zu sein. Keine Fahnen und gar keine Strandkörbe mehr, trist und leer weit und breit. An sich ist es hier sehr schön, eine echte mecklenburgische Landschaft, gelegen zwischen Bodden und Ostsee. Möchte gern hier ein kleines Haus haben . . .

Diesen Sommer waren eine Menge Künstler hier, sozusagen bildet sich hier eine Dependence zu Deinem geliebten Hiddensee heraus. Viele, die dort keinen Platz bekamen, fuhren nach hier. Die paar Tage Gerhart Hauptmannschen Besuchs haben viele nachgezogen, und oft fragten Neuankömmlinge, ob G.H. noch hier wäre, worauf immer natürlich geantwortet wurde: ‚Nein, augenblicklich nicht, aber er kommt noch mal wieder.‘ Inzwischen hat er sich ja so nebenbei in Hiddensee angesiedelt. Geklatscht im nüchternen Sinne des Wortes wird hier doll. Jeder weiß was über jeden. Die merkwürdigsten Schauergeschichten florieren.

Ein paar wirkliche Künstler sind da, und die anderen gruppieren sich jeweilig und nach Anhimmlungs- respektive Klatsch- und Tratschbedürfnis. Da gibt es alle möglichen Tanzdamen, eigenartige Jünglinge mit seltsamen Neigungen, so ein gewisser intellektueller Schmuse- und Schmockbetrieb mit allen bekannten Nuancen . . . Ich habe mich da ziemlich isoliert gehalten. Aber gerade dies machte man mir zum Vorwurf, ich sei prominent und hochmütig und so, sagte man hinter meinem Rücken (der ist, Gott sei Dank, breit genug). Aber schließlich wollte ich meine verdiente Ruhe haben und nicht hier ödes, meist doch seichtes intellektuelles Gesabber mitanhören . . .

Einige ganz nette Typen waren aber doch hier. So der sagenumwobene Maler Nulpe van Hauth, der Mann von der damals sehr gefeierten Tänzerin und Filmdiva Grit Hegesa, die, da sie jetzt nicht mehr Ausübende, sondern nur noch Kunstfördernde ist, 25 Pfund zugenommen hat, sonst aber recht nett erzählen kann.

Nette gemütliche Leute sind dann noch die Familie Abeking. Der Zeichner natürlich. Eine wahre Bohemefamilie. Ganz ohne Vorurteile . . ."

George Grosz wohnte im früheren Kunstkaten beim „alten Ackermann", wie er schrieb, und trug sich mit dem Gedanken, in Ahrenshoop ein Häuschen zu erwerben. 1931 weilte er zum letzten Mal an der Ostsee, in Prerow, wo er konstatierte, wie sich die Nazis offen am Strand und im Ort breitmachten. 1933 übersiedelte Grosz in die USA.

In der Saison 1930 hatte Ahrenshoop wiederum mehr als 2000 Badegäste. Trotz der Wirtschaftsdepression war es eine befriedigende Saison. Die durchschnittliche Aufenthaltsdauer der Gäste hatte sogar eine bemerkenswerte Steigerung auf durchschnittlich etwas mehr als 17 Tage erfahren.

Der Maler und Grafiker George Grosz in seinem Atelier, 1929.
links:
Die Sensation der Badesaison 1930:
Der Dichter Gerhart Hauptmann (1862–1946) weilt im Juli vor seiner Übersiedlung nach Hiddensee einige Wochen in Ahrenshoop.

Ahrenshoop war also optimistisch hinsichtlich der weiteren Entwicklung des Badewesens und verband seine Hoffnungen vor allem mit dem Weiterbau der Fischlandchaussee von Wustrow bis Ahrenshoop. In diesem Zusammenhang setzte sich im Oktober 1930 Bürgermeister Hans Brass mit einigen gehässigen Angriffen gegen die Mecklenburger auseinander, sie würden „nicht für Preußen bauen". Brass erklärte, Mecklenburg habe ja den Lichtanschluß für Ahrenshoop bewerkstelligt und würde auch die Chaussee bis Ahrenshoop weiterbauen, wenn Ahrenshoop 20 000 Mark dazugibt. Aber – so fragte der Bürgermeister – woher das Geld nehmen? In Mecklenburg fehle das Geld ebenso, wie in Preußen.

Der Bildhauer Gerhard Marcks erwarb 1930 in Niehagen eine Büdnerei am Bodden als Feriendomizil

Pastor Ernst Löber, porträtiert von Gerhard Marcks.
Pastor Löber kaufte im Jahre 1916 die Althäger Büdnerei Nr. 22, die 1948 seine Tochter Lotte Sadoni – 1897/98 Malschülerin bei Friedrich Wachenhusen – erbte. Später kaufte Pastor Löber für seinen Sohn Wilhelm Löber die Althäger Büdnerei Nr. 65.
rechts:
Frieda Löber (1910–1989) die begabte Malerin und Grafikerin kam 1932 mit dem Bildhauer Wilhelm Löber nach Althagen, wo sie acht Kindern das Leben schenkte – unter Hintenanstellung ihrer eigenen künstlerischen Entwicklung. Nach einem Schlaganfall mit rechtsseitiger Lähmung sagte sie: „Wenn Kunst aus dem Herzen kommt, kann sie unmöglich an den Gebrauch der rechten Hand gebunden sein“ – und begann als Mittsechzigerin linkshändig zu malen und zu formen.

Unter dem Einfluß der Malerkolonie und auch des Gemeinnützigen Vereins hatte Ahrenshoop sein Aussehen sehr zu seinem Vorteil verändert: die Ahrenshooper putzten ihre Häuser, tünchten sie blau oder rot, pflegten ihre Vorgärten und entwickelten Interesse an kulturellen Ereignissen. Sie verstanden, daß das Aussehen des Dorfes von Bedeutung für seinen Ruf als Ostseebad war – und Ostseebad zu sein war zu einer unverzichtbaren und wichtigen Erwerbsquelle der Küstenbewohner geworden.

Am 5. Februar 1931 gab Hans Brass nach einem schweren Unfall sein Amt als Bürgermeister von Ahrenshoop, das er seit 1927 bekleidet hatte, auf. Sein Nachfolger wurde ein Herr Marsmann aus Barth, der aber nur ein Dreivierteljahr amtierte und von Curt Kluge aus Melsungen abgelöst wurde.

Von den Malern, die in den zwanziger und Anfang der dreißiger Jahre nach Ahrenshoop kamen, ließen sich nur wenige hier nieder; für die meisten war Ahrenshoop weniger Schaffensort, als mehr ein Ort der Sommererholung. Zu denen, die häufig hier weilten und einen beträchtlichen Teil ihres Schaffens der Darstellung Ahrenshoops und des Fischlandes widmeten, gehörte der Maler Hans E. Oberländer (1885–1944), der auf eine sehr persönliche Weise die Eigenart des Fischlandes und seiner Menschen in den hier entstandenen Bildern zum Ausdruck brachte.

1932 kamen der Bildhauer Wilhelm Löber (1903–1981) und seine Ehefrau Frieda Löber geb. Lüttich (1910–1989) nach Althagen in die Büdnerei B 65, die Pastor Ernst Löber für seinen Sohn gekauft hatte. 1930 hatten die Löbers geheiratet und nach 1933 schenkte Frieda Löber acht Kindern das Leben. Die häuslichen Aufgaben machten dem künstlerischen Schaffen dieser begabten Grafikerin und Malerin nahezu ein Ende. Bedauerlicherweise, wie ihre Bilder aus den späten 20er und frühen 30er Jahren zeigen.

Im Jahre 1932 kaufte der Gastwirt Heinrich Neumann aus Westpreußen das Kurhaus, nachdem es im zurückliegenden Jahrzehnt mehrfach den Pächter gewechselt hatte. Heinrich Neumann führte das Kurhaus bis zu seinem Tode 1944; danach übernahm seine Frau Emma Neumann den Betrieb.

Ein Ahrenshooper Werbeprospekt aus diesem Jahre weist aus, daß 56 Hotels, Pensionen und Hausbesitzer den Kurgästen Unterkünfte anboten, unter ihnen das Hotel „Baltischer Hof“ (Besitzer W. Füsting), das Kurhaus Ahrenshoop (Inhaber H. Neumann), die Pension „Charlottenhof“ (Inh. Frau E. Bertsch), die Pension St. Lukas (Bes. Bernhard Saatmann), die Pension „Haus Kluge“ an der Düne, die „Pension Elisabeth“ (Bes. E. von Paepke), das „Haus am Meer“ (G. Kaysel), die Pension Haus Lappe, das Haus Koehn, die Pension „Strandheim“ (Inh. F. Peters), die Gaststätte „Zum Seezeichen“ (Fr. Knecht) und die Strand-Pension Haus Bünte, verbunden mit dem Café-Restaurant „Namenlos“.

Das Kurhaus war besonders um die Jahrhundertwende der gesellschaftliche Mittelpunkt Ahrenshoops, in dem die Maler und die Forensen mit ihren Freunden und Gästen rauschende Feste feierten.

Haus Lappe in Ahrenshoop wurde 1912 vom Schlachter Wilhelm Gieseler (1916 gestorben) erbaut; 1920 heiratete seine Witwe den Schlachter Otto Lappe aus Franzburg, der das Haus 1927 weiter ausbaute.

Friseursalon Saatmann in der Pension „Sankt Lukas“.

Der Maler und Grafiker Hans Brass, von 1927–1931 Bürgermeister von Ahrenshoop, schuf diesen originellen Werbeprospekt, mit dem das Ostseebad Anfang der dreißiger Jahre auf seine Vorzüge aufmerksam machte.

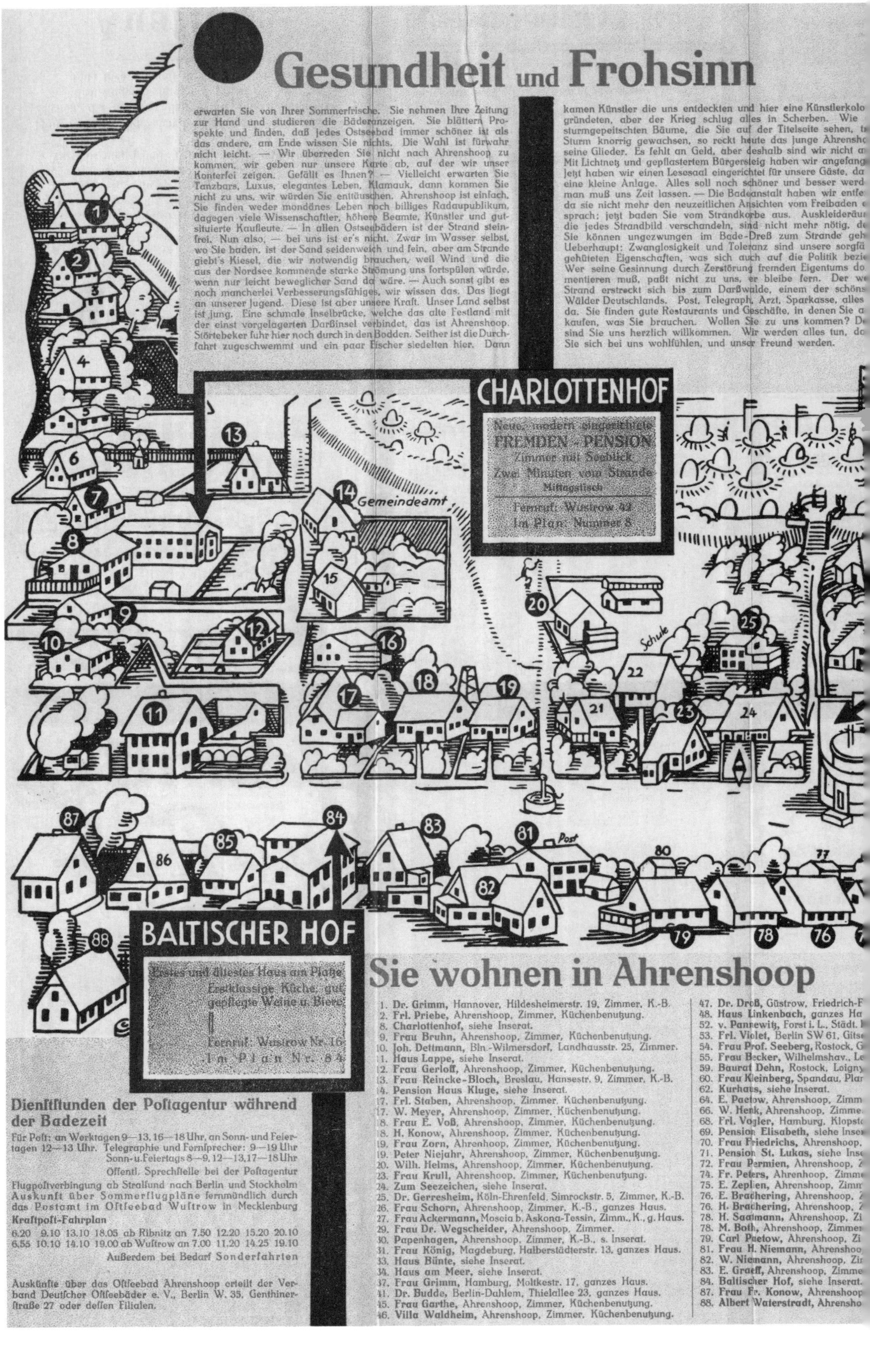

Gesundheit und Frohsinn

erwarten Sie von Ihrer Sommerfrische. Sie nehmen Ihre Zeitung zur Hand und studieren die Bäderanzeigen. Sie blättern Prospekte und finden, daß jedes Ostseebad immer schöner ist als das andere, am Ende wissen Sie nichts. Die Wahl ist fürwahr nicht leicht. — Wir überreden Sie nicht nach Ahrenshoop zu kommen, wir geben nur unsere Karte ab, auf der wir unser Konterfei zeigen. Gefällt es Ihnen? — Vielleicht erwarten Sie Tanzbars, Luxus, elegantes Leben, Klamauk, dann kommen Sie nicht zu uns, wir würden Sie enttäuschen. Ahrenshoop ist einfach, Sie finden weder mondänes Leben noch billiges Radaupublikum, dagegen viele Wissenschaftler, höhere Beamte, Künstler und gutsituierte Kaufleute. — In allen Ostseebädern ist der Strand steinfrei. Nun also, — bei uns ist er's nicht. Zwar im Wasser selbst, wo Sie baden, ist der Sand seidenweich und fein, aber am Strande giebt's Kiesel, die wir notwendig brauchen, weil Wind und die aus der Nordsee kommende starke Strömung uns fortspülen würde, wenn nur leicht beweglicher Sand da wäre. — Auch sonst gibt es noch mancherlei Verbesserungsfähiges, wir wissen das. Das liegt an unserer Jugend. Diese ist aber unsere Kraft. Unser Land selbst ist jung. Eine schmale Inselbrücke, welche das alte Festland mit der einst vorgelagerten Darßinsel verbindet, das ist Ahrenshoop. Störtebeker fuhr hier noch durch in den Bodden. Seither ist die Durchfahrt zugeschwemmt und ein paar Fischer siedelten hier. Dann kamen Künstler die uns entdeckten und hier eine Künstlerkolo[nie] gründeten, aber der Krieg schlug alles in Scherben. Wie [die] sturmgepeitschten Bäume, die Sie auf der Titelseite sehen, [im] Sturm knorrig gewachsen, so reckt heute das junge Ahrensho[op] seine Glieder. Es fehlt an Geld, aber deshalb sind wir nicht a[...] Mit Lichtnetz und gepflastertem Bürgersteig haben wir angefang[en] jetzt haben wir einen Lesesaal eingerichtet für unsere Gäste, da[zu] eine kleine Anlage. Alles soll noch schöner und besser werd[en] man muß uns Zeit lassen. — Die Badeanstalt haben wir entfe[rnt] da sie nicht mehr den neuzeitlichen Ansichten vom Freibaden e[nt]sprach; jetzt baden Sie vom Strandkorbe aus. Auskleideräu[me] die jedes Strandbild verschandeln, sind nicht mehr nötig, d[enn] Sie können ungezwungen im Bade-Dreß zum Strande geh[en]. Ueberhaupt: Zwanglosigkeit und Toleranz sind unsere sorgfä[ltig] gehüteten Eigenschaften, was sich auch auf die Politik bezie[ht]. Wer seine Gesinnung durch Zerstörung fremden Eigentums do[ku]mentieren muß, paßt nicht zu uns, er bleibe fern. Der w[eite] Strand erstreckt sich bis zum Darßwalde, einem der schöns[ten] Wälder Deutschlands. Post, Telegraph, Arzt, Sparkasse, alles [ist] da. Sie finden gute Restaurants und Geschäfte, in denen Sie a[lles] kaufen, was Sie brauchen. Wollen Sie zu uns kommen? D[ann] sind Sie uns herzlich willkommen. Wir werden alles tun, da[ß] Sie sich bei uns wohlfühlen, und unser Freund werden.

CHARLOTTENHOF

Neu: modern eingerichtete
FREMDEN - PENSION
Zimmer mit Seeblick
Zwei Minuten vom Strande
Mittagstisch
Fernruf: Wustrow 42
Im Plan: Nummer 8

BALTISCHER HOF

Erstes und ältestes Haus am Platze
Erstklassige Küche, gut gepflegte Weine u. Biere
Fernruf: Wustrow Nr. 16
Im Plan Nr. 84

Dienftftunden der Poftagentur während der Badezeit

Für Poft: an Werktagen 9—13, 16—18 Uhr, an Sonn- und Feiertagen 12—13 Uhr. Telegraphie und Fernfprecher: 9—19 Uhr
Sonn- u. Feiertags 8—9, 12—13, 17—18 Uhr
Öffentl. Sprechftelle bei der Poftagentur

Flugpoftverbingung ab Stralfund nach Berlin und Stockholm Auskunft über Sommerflugpläne fernmündlich durch das Postamt im Oftfeebad Wuftrow in Mecklenburg

Kraftpoft-Fahrplan

6.20 9.10 13.10 18.05 ab Ribnitz an 7.50 12.20 15.20 20.10
6.55 10.10 14.10 19.00 ab Wuftrow an 7.00 11.20 14.25 19.10
Außerdem bei Bedarf Sonderfahrten

Auskünfte über das Oftfeebad Ahrenshoop erteilt der Verband Deutfcher Oftfeebäder e. V., Berlin W. 35, Genthinerftraße 27 oder deffen Filialen.

Sie wohnen in Ahrenshoop

1. **Dr. Grimm,** Hannover, Hildesheimerstr. 19, Zimmer, K.-B.
2. **Frl. Priebe,** Ahrenshoop, Zimmer, Küchenbenutzung.
8. **Charlottenhof,** siehe Inserat.
9. **Frau Bruhn,** Ahrenshoop, Zimmer, Küchenbenutzung.
10. **Joh. Dettmann,** Bln.-Wilmersdorf, Landhausstr. 25, Zimmer.
11. **Haus Lappe,** siehe Inserat.
12. **Frau Gerloff,** Ahrenshoop, Zimmer, Küchenbenutzung.
13. **Frau Reincke-Bloch,** Breslau, Hansestr. 9, Zimmer, K.-B.
14. **Pension Haus Kluge,** siehe Inserat.
17. **Frl. Staben,** Ahrenshoop, Zimmer, Küchenbenutzung.
17. **W. Meyer,** Ahrenshoop, Zimmer, Küchenbenutzung.
18. **Frau E. Voß,** Ahrenshoop, Zimmer, Küchenbenutzung.
18. **H. Konow,** Ahrenshoop, Zimmer, Küchenbenutzung.
19. **Frau Zorn,** Ahrenhoop, Zimmer, Küchenbenutzung.
19. **Peter Niejahr,** Ahrenshoop, Zimmer, Küchenbenutzung.
20. **Wilh. Helms,** Ahrenshoop, Zimmer, Küchenbenutzung.
23. **Frau Krull,** Ahrenshoop, Zimmer, Küchenbenutzung.
24. **Zum Seezeichen,** siehe Inserat.
25. **Dr. Gerresheim,** Köln-Ehrenfeld, Simrockstr. 5, Zimmer, K.-B.
26. **Frau Schorn,** Ahrenshoop, Zimmer, K.-B., ganzes Haus.
27. **Frau Ackermann,** Moscia b. Askona-Tessin, Zimm., K., g. Haus.
29. **Frau Dr. Wegscheider,** Ahrenshoop, Zimmer.
30. **Papenhagen,** Ahrenshoop, Zimmer, K.-B., s. Inserat.
31. **Frau König,** Magdeburg, Halberstädterstr. 13, ganzes Haus.
33. **Haus Bünte,** siehe Inserat.
34. **Haus am Meer,** siehe Inserat.
37. **Frau Grimm,** Hamburg, Moltkestr. 17, ganzes Haus.
41. **Dr. Budde,** Berlin-Dahlem, Thielallee 23, ganzes Haus.
45. **Frau Garthe,** Ahrenshoop, Zimmer, Küchenbenutzung.
46. **Villa Waldheim,** Ahrenshoop, Zimmer, Küchenbenutzung.
47. **Dr. Droß,** Güstrow, Friedrich-F[...]
48. **Haus Linkenbach,** ganzes Ha[us]
52. **v. Pannewitz,** Forst i. L., Städt. [...]
53. **Frl. Violet,** Berlin SW 61, Gits[...]
54. **Frau Prof. Seeberg,** Rostock, G[...]
55. **Frau Becker,** Wilhelmshav., Le[...]
59. **Baurat Dehn,** Rostock, Loigny[...]
60. **Frau Kleinberg,** Spandau, Plan[...]
62. **Kurhaus,** siehe Inserat.
64. **E. Paetow,** Ahrenshoop, Zimm[er]
66. **W. Henk,** Ahrenshoop, Zimme[r]
68. **Frl. Vogler,** Hamburg, Klopst[...]
69. **Pension Elisabeth,** siehe Inse[rat]
70. **Frau Friedrichs,** Ahrenshoop, [...]
71. **Pension St. Lukas,** siehe Inse[rat]
72. **Frau Permien,** Ahrenshoop, Z[...]
74. **Fr. Peters,** Ahrenhoop, Zimme[r]
75. **E. Zeplien,** Ahrenshoop, Zimm[er]
76. **E. Brachering,** Ahrenshoop, Z[...]
76. **H. Brachering,** Ahrenshoop, Z[...]
78. **H. Saatmann,** Ahrenshoop, Zi[...]
78. **M. Both,** Ahrenshoop, Zimmer[...]
79. **Carl Paetow,** Ahrenshoop, Zi[...]
81. **Frau H. Niemann,** Ahrenshoo[p]
82. **W. Niemann,** Ahrenshoop, Zi[...]
83. **E. Graeff,** Ahrenshoop, Zimme[r]
84. **Baltischer Hof,** siehe Inserat.
87. **Frau Fr. Konow,** Ahrenshoop[...]
88. **Albert Waterstradt,** Ahrensho[op]

Sie reisen nach Ahrenshoop

bequem über Rostock oder Stralsund nach **Ribnitz**, wo alle D-Züge halten. Die von Hamburg kommenden Gäste fahren direkt bis Ribnitz durch, ohne erst in Rostock umsteigen zu müssen. — Die bequemste, schnellste und billigste Verbindung von Ribnitz nach Ahrenshoop ist das Auto; bisher war der Reisende fast allein auf die Dampfer angewiesen. Sie finden auf dem Bahnhofe stets Autos vor, deren Fahrpreise nicht höher sind, als die bisher üblichen der Dampfer, wenn Sie sich mit einigen anderen Reisenden zusammentun. Auch das Mitteleuropäische Reisebüro (MER) unterhält durch seine hiesige Annahmestelle regelmäßige Autoverbindung zu allen Zügen (s. Inserat). — Frachtgut geben Sie auf bis Ahrenshoop, wo es Ihnen vom bahnamtlichen Spediteur vor die Wohnung gerollt wird. — Fahrkarten lösen Sie **nur** bis Ribnitz.

KURDIREKTION

Fernruf: Ostseebad Wustrow 44
Sprechstunde: 12 bis 13 Uhr
Im Plan Nr. 73

GEMEINDEAMT

Sprechstunde: 10 bis 12 Uhr
Im Plan Nr. 14 / Besuchen Sie den Lesesaal / Wohnungsnachweis

...nung, Text und Zeichnung dieses Prospektes ist von Hans Braß, Berlin
Druck: G. Demmlers Buchdruckerei, Ribnitz i. M.

Die Badeverwaltung Fernruf Wustrow 44 kann sich mit dem Nachweis von Wohnungen nicht befassen und bittet Sie, sich mit den Besitzern Ihnen passend erscheinender Wohnungen unmittelbar in Verbindung zu setzen. Im übrigen stehen wir zu jeder Auskunft gern zur Verfügung.

Sie bezahlen in Ahrenshoop

in der Vor- und Nachsaison für ein Zimmer mit voller Pension 4,— bis 6,— RM, in der Hauptsaison 4,50 bis 8,50 RM. Zimmer allein in der Vor- und Nachsaison 1,— bis 2,— RM, in der Hauptsaison 1,50 bis 3,— RM pro Nacht und Bett.

Die behördlich genehmigte **Kurtaxe** beträgt

für Familien von:	für 1 Woche	für 2 Wochen	für 3 Wochen	über 3 Wochen
1 Person	5,— RM	8,— RM	10,— RM	12,— RM
2 Personen	8,— RM	14,— RM	18,— RM	20,— RM
3 Personen	10,— RM	16,— RM	20,— RM	22,— RM
4 Personen	12,— RM	18,— RM	23,— RM	27,— RM
darüber	15,— RM	20,— RM	25,— RM	30,— RM

Im Hinblick auf den allgemeinen Preisabbau werden in diesem Jahre von den obigen Sätzen **20%** erlassen; außerdem wird der Besuch im Frühjahr bis zum 15. Juni und im Herbst vom 15. September ab taxefrei sein. Bis zum 30. Juni und ab 1. September werden nur 50% erhoben. Sind 2 und mehr Kinder unter 6 Jahren in einer Familie, so ist für je 2 Kinder halbe Taxe zu zahlen. Die Kurtaxe ist innerhalb 3 Tagen **unaufgefordert** im Gemeindeamt zu entrichten gegen Erhalt einer Kurkarte, welche zum freien Betreten des gepachteten Strandes und des Lesesaales berechtigt. Weitere Unkosten entstehen nicht. Befreit von der Kurtaxe sind prakt. Aerzte und deren Ehefrauen und die zum Haushalt gehörenden Kinder. Krankenschwestern sind ebenfalls frei. Dienstboten brauchen eine Kurtaxe nicht zu bezahlen, es rechnen aber hierzu nicht etwa Gesellschafterinnen, Erzieherinnen und Hauslehrer. Für Hunde ist ein Zuschlag von 3 Reichsmark zu zahlen, unabhängig von der Dauer des Aufenthaltes. Lassen Sie sich von den Pensionen genaue Preis-Offerten machen und vergessen Sie nicht, die Trinkgeldfrage vorher genau zu regeln. Meistens wird hierfür ein Aufschlag von 10 Prozent erhoben.

Der Bildhauer und Grafiker Wilhelm Löber kam 1932 nach Althagen

Luftbild von Ahrenshoop.
Die Aufnahme entstand an einem sonnigen August-Nachmittag des Jahres 1933. Sie zeigt, wie die Düne zwischen den Übergängen „Am Strom“ und „Seezeichen“ zuvor bis zum Kamm abgespült wurde und läßt die neue Bepflanzung der ausgebesserten Böschung mit Dünengras erkennen. Vom Übergang „Am Strom“ bis zum noch vorhandenen Badesteg wurden erstmals Zementbuhnen (Betonblöcke auf Faschinenunterlagen ohne seitlichen Halt durch eingerammte Pfähle) errichtet.

Luftbild von Ahrenshoop.
Das Foto entstand ebenfalls an einem sonnigen August-Nachmittag, aber ein Jahr später – 1934. Die Getreidehokken auf den Feldern lassen erkennen, daß Erntezeit ist. Das Bild zeigt den Grenzweg; die Privatflagge vom „Charlottenhof" gibt Auskunft über die Windrichtung Nordost.

oben:
Dieses Luftbild entstand offenbar auf demselben Rundflug, wie das vorige. Es zeigt das Ahrenshoop nördlich vom Grenzweg.

Kinderfest im Jahre 1932
rechts oben:
Kindergeburtstag bei Professor Partikel im Jahre 1932.
Von links nach rechts:
Hans Kliem, Eike Schweitzer, Siegfried Saatmann, Christoph Schweitzer, Barbara Partikel, Rolf Saatmann, Cornelia Partikel, Adrian Partikel, Olaf Boroffka.
Sitzend:
Fritz Paetow, Paul-Heini Kropp, Alexander Boroffka.

In diesem Prospekt formulierte Hans Brass die traditionelle Philosophie Ahrenshoops, die in den folgenden Jahren auf den Prüfstand einer härteren Realität geriet: „Zwanglosigkeit und Toleranz sind unsere sorgfältig gehüteten Eigenschaften, was sich auch auf die Politik bezieht."

Die Bunte Stube Ahrenshoop hatte sich in jener Zeit bereits zu einem originellen Unternehmen und gesellschaftlich-kulturellen Mittelpunkt des Dorfes entwickelt und füllte zugleich auch die Lücke aus, die mit der Schließung des Kunstkatens entstanden war.

Am 3. Juli 1932 feierten die Ahrenshooper Kinder mit ihren Eltern das traditionelle Kinderfest, an dem auch die Sprößlinge der Badegäste teilnahmen. Auf dem Festplatz an der Dorfwiese errangen Rolf Saatmann und Barbara Partikel die neuen Königswürden.

Im selben Monat veranstaltete der Tonnenbund Alt- und Niehagen das ebenfalls traditionelle alljährliche Tonnenfest. Tonnenkönig 1932/33 wurde Hans Voß aus Althagen.

Seine Vorgänger in der Königswürde waren in den vorausgegangenen Jahren Karl Röwer – Althagen (1927/28), Heinrich Rowoldt – Niehagen (1928/29), Ernst Niemann – Althagen (1929/30), Heinrich Rowoldt – Niehagen (1930/31) und Johannes Tack – Althagen (1931/32).

In der Saison 1932 hatte Ahrenshoop wiederum rund 2000 Badegäste und Niehagen ca. 500.

Noch Ende August konzertierte im Ahrenshooper Café „Namenlos" täglich ab 16 Uhr die Künstlerkapelle Sikorra Papp aus Leipzig, und am letzten Augustsonntag fand ein Walzerabend mit Fackelpolonaise statt.

Alles war wie immer.

Doch am Himmel der großen Politik machten sich über Deutschland immer stärker die dunklen Wolken des aufsteigenden Faschismus bemerkbar.

Die beiden Reichstagswahlen des Jahres 1932 hatten in Ahrenshoop und Althagen folgende Ergebnisse:

Ort/Wahltag	SPD	NSDAP	KPD	Zentrum	Dt.-nat. Volksp.	Wirtsch. partei	Volks-partei
Ahrenshoop:							
31. Juli	73	175	24	36	142	11	–
6. Nov.	10	27	3	3	58	–	2
Althagen:							
31. Juli	49	235	19	4	61	15	–
6. Nov.	17	107	13	–	26	–	5

AHRENSHOOP IN DER ZEIT DES DRITTEN REICHES 1933 BIS 1945

Am 3. März 1933 erließ der Preußische Minister des Innern und Kommissar des Reiches, Hermann Göring, eine „Badepolizeiliche Verordnung" für das Land Preußen, in der das „öffentliche Nacktbaden" untersagt und für das öffentliche Baden von Frauen und Männern strenge Badebekleidungsvorschriften bestimmt wurden.

Ahrenshoop besaß zu jener Zeit noch keinen offiziellen Nacktbadestrand; aber für die FKK-Anhänger unter den Forensen und Badegästen war der Darßer Rehbergestrand nördlich von Ahrenshoop ein gern besuchtes Refugium abseits vom gutbürgerlichen Badebetrieb.

Die Wahlen zum Deutschen Reichstag und zum preußischen Landtag am 5. März 1933 hatten in Ahrenshoop und Althagen folgende Ergebnisse:

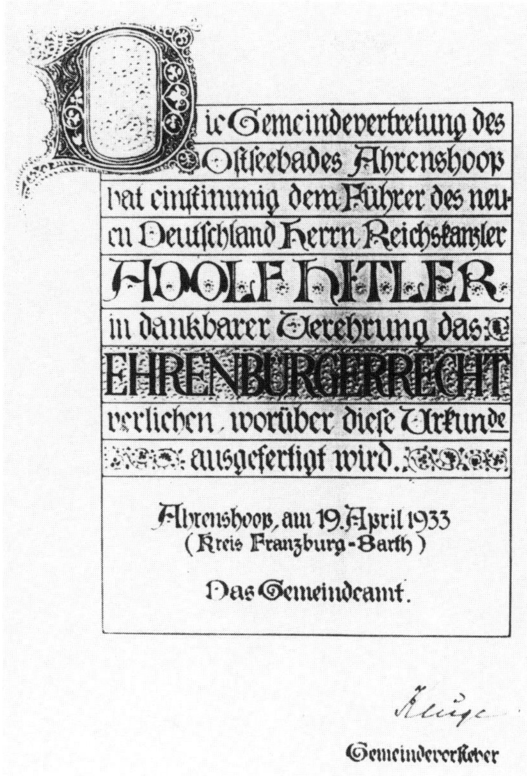
Die Gemeindevertretung des
Ostseebades Ahrenshoop
hat einstimmig dem Führer des neu-
en Deutschland Herrn Reichskanzler
ADOLF HITLER
in dankbarer Verehrung das
EHRENBÜRGERRECHT
verliehen, worüber diese Urkunde
ausgefertigt wird.

Ahrenshoop, am 19. April 1933
(Kreis Franzburg-Barth)

Das Gemeindeamt.

Gemeindevorsteher

Einem Zug der Zeit folgend, verlieh auch das Gemeindeamt Ahrenshoop bereits im April 1933 dem „Führer und Reichskanzler" das Ehrenbürgerrecht des Ostseebades.

Ort:	NSDAP	SPD	KPD	Zentrum	Schwarz/ Weiß/Rot	Dt.Volks- partei	Staats- partei
Ahrenshoop:	62	2	7	2	45	4	–
Althagen:	168	24	10	2	37	6	1

Die meisten mit Ahrenshoop und dem Fischland verbundenen Künstler standen der nationalsozialistischen Kulturbarbarei prinzipiell ablehnend gegenüber; flüchteten aber häufig in die Unverbindlichkeit oder auch vereinzelt in die Kompromißbereitschaft gegenüber den braunen Machthabern.

Eine Reihe der Ahrenshooper Künstler und Forensen waren nach der nationalsozialistischen Machtergreifung aus politischen oder rassischen Gründen Repressalien ausgesetzt.

„Am 8. März 1933", berichtet Marianne Clemens über ihren Vater Dr. Rudolf Ziel, „wurde mein Vater, der Landgerichtspräsident in Chemnitz war, in seinem Dienstzimmer von SA-Leuten ‚seines Dienstes enthoben'. Das war natürlich Wildwestmanier, aber sie wurde von einem rückwirkenden Gesetz – ‚wegen politischer Unzuverlässigkeit' (er war liberaler Demokrat) – legalisiert. Die Dienstwohnung mußte geräumt werden. Meine Eltern waren wohnungslos. Da stellte ihnen mein Ludwigsluster Großvater das Ahrenshooper Haus zur Verfügung, und dann haben meine Eltern bis 1946 darin gewohnt."

Im Mai 1933 war ein anderer aus dem Amt Gejagter aus Halle und Berlin in seinen Katen nach Niehagen geflüchtet: der Bildhauer Gerhard Marcks.

Als der Herbst über das Fischland kam, fand die Familie Marcks im Ahrenshooper Haus von Alfred Partikel Unterkunft.

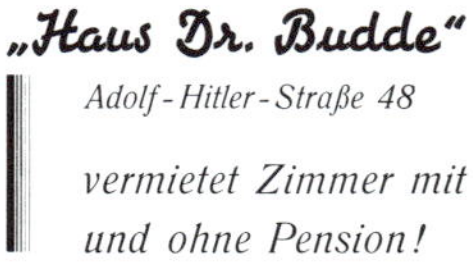

Annoncenseite im Augustheft 1935 der „Mecklenburgischen Monatshefte".

Gerhard Marcks schrieb aus Ahrenshoop an den Bildhauer Wilhelm Rietschel: „Ja, ich bin selig kein Halsband mehr zu haben, arbeite auch wieder leidlich fleißig und hoffe es wird so weitergehen. Das Gefühl, abends im Nebel auf dem Fischland zu sitzen und die Bürokraten weit zu wissen, ist unbeschreiblich."

Am 9. Juli 1933 veranstaltete der Tonnenbund Alt- und Niehagen e.V. sein traditionelles Tonnenfest, das mit einer Fahnenweihe verbunden wurde, die der Pastor Müller-Anklam vornahm.

Im August 1933 legte Dr. Rudolf Ziel sein Ehrenamt als Vorsitzender des Ahrenshooper Gemeinnützigen Vereins nieder. Unter den neuen Machtverhältnissen wollte er es nicht weiter wahrnehmen, und er wollte auch nicht unnötige Aufmerksamkeit auf sich und seine Familie lenken.

Im Dezember 1933 wurde Bürgermeister Curt Kluge aus einem Amt entlassen. Im Januar 1934 wurde sein Nachfolger Reinhold Droege aus Sellin als kommissarischer Gemeindevorsteher eingeführt.

Nach der nationalsozialistischen Machtergreifung hatte auch der Darß einen neuen Jagdherren bekommen. Hermann Göring, Reichsluftfahrtminister und preußischer Ministerpräsident, war 1934 Reichsforst- und zugleich Reichsjägermeister geworden.

Göring hatte am Darß als Jagdrevier Gefallen gefunden und ließ sich am Weststrand ein Jagdhaus bauen, das Anfang Juni 1935 gerichtet wurde.

Bisweilen, wenn er zur Jagd auf dem Darß weilte, kam Göring auch nach Ahrenshoop, und gelegentlich kauften er und seine Frau dann auch in der Bunten Stube ein. Görings zweite Frau, Emmy Sonnenmann, war in Berlin Patientin von Dr. Max Wegscheider gewesen, woraus sich eine gewisse Beziehung zur Bunten Stube ergab.

Am 19. August 1934, eine Woche nach dem Tode des Reichspräsidenten Paul von Hindenburg, führten die Nationalsozialisten in Deutschland eine Volksabstimmung über die Nachfolge Adolf Hitlers als „Führer-Staatsoberhaupt" durch, die nach NS-Wahlmethoden eine Zustimmung von 89,9 % ergab.

In Ahrenshoop und Althagen hatte die Volksabstimmung folgende Ergebnisse:

Ort:	Ja-Stimmen:	Nein-Stimmen:	Ungültige Stimmen:
Ahrenshoop	519	68	11
Althagen	627	53	15

Der Paetow-Hof wurde im Jahre 1934 entsprechend dem Erbhofrecht vom September 1933 zum Erbhof erklärt und als solcher eingetragen, da er die gesetzlich vorgeschriebene Mindestgröße besaß. Der Weg, der von der Dorfstraße zum einzigen Ahrenshooper Bauernhof führte, hieß nunmehr Erbhofweg.

Im nationalsozialistischen Selbstverständnis hatte das Reichserbhofgesetz zwei große Ziele: den Bauernstand als ersten Stand der Nation wieder zum rassischen Untergrund des Volkes zu machen und die Ernährung des Deutschen Reiches aus eigener Scholle weitgehend zu sichern (Prinzip von Blut und Boden).

Am 21. Februar 1935 wurden die berufenen Gemeindevertreter vereidigt, wodurch der nationalsozialistische Einfluß verstärkt wurde.

Vereidigt wurden als Gemeindevorsteher Reinhold Droege, als Schöffen Erbhofbauer Erhard Paetow und Kapitän i.R. Heinrich Voß, als Gemeindeälteste Lehrer Konrad Deutschmann, Schneider Baase, Arbeiter Paschke, Fischer W. Meyer, Bauunternehmer Heinrich Bradhering und Malermeister Gräff.

Am 4. März 1935 wurde vom Bürgermeister R. Droege eine neue „Ordnung zur Erhebung einer Kurtaxe in der Gemeinde Ahrenshoop" in Kraft gesetzt. Sie diente nicht nur der Neuregelung der Gemeindeeinnahmen aus dem Badeverkehr, sondern zugleich einer besseren Übersicht und Überwachung der Personen, die sich in Ahrenshoop aufhielten.

Im selben Jahr wurde an Stelle von Reinhold Droege der Maler Unmark aus Franzburg Bürgermeister von Ahrenshoop.

Auf dem Reichsparteitag der NSDAP im September 1935 erfolgte die Verkündung der antisemitischen „Nürnberger Gesetze" zum „Schutz deutschen Blutes".

Am 15. September wurde im Rahmen der verhängnisvollen „Nürnberger Gesetze" vom Deutschen Reichstag das „Gesetz zum Schutze des deutschen Blutes und der deutschen Ehre" erlassen.

Das Jagdhaus des Reichsjägermeisters Hermann Göring (1893–1946) am Darßer Weststrand. Zu Bengt Bergs Vorschlag, auf dem Darß einen nordischen Urwildpark zu schaffen, sagte Göring: „Das ist gut. Das mache ich!"

Im Juli 1938 veröffentlichte die Presse folgende Meldung: „Als Ergänzung zu den Richtlinien über die Regelung des Besuches auswärtiger jüdischer Kurgäste in Bädern und Kurorten wird mitgeteilt, daß diese Regelung grundsätzlich vom Träger der Kureinrichtung zu treffen ist. Zu den Einrichtungen, von denen Juden ausgeschlossen werden können, gehören auch Strandbäder am Meer."

In vorauseilendem Gehorsam hatten schon viele Ostseebäder auf Schildern mitgeteilt, daß „Juden unerwünscht" sind; nun folgten auch noch die restlichen.

Inzwischen hatte die nationalsozialistische Gemeinschaftsorganisation „Kraft durch Freude" – kurz KdF genannt –, ein Ableger der „Deutschen Arbeitsfront", seit 1934 ihre Urlauber zu vielen Tausenden auch in die deutschen Ostseebäder geschickt und einige von ihnen zu „KdF-Bädern" ernannt. Ahrenshoop blieb – zum Unterschied von Wustrow – davon verschont.

Hermann Göring im Jahre 1935 auf hohem Roß in Ahrenshoop. Hinten das Haus von Dr. Otto Wolter, Dorfstraße 54.

Das Haus in der Ahrenshooper Dorfstraße 52, das sich vor dem ersten Weltkrieg der General Max Hoffmann (bekannt geworden als deutscher Verhandlungsführer in Brest-Litowsk) erbauen ließ, bewohnte in der NS-Zeit dessen jüdische Witwe Cornelia Hoffmann. Sie hatte Hermann Göring 1935 in Ahrenshoop daran erinnert, daß er einmal als junger Leutnant unter ihrem Gatten gedient hatte und blieb daraufhin offenbar von den rassistischen Repressalien verschont.

So berichtete der Berliner Galerist Walter Schüler, wie er, der nach den Nürnberger Gesetzen nicht ganz „rasserein" war, im Jahre 1936 ein KdF-freies Ostseebad für sich suchte, und auf einer amtlichen Karte der Organisation dabei nur auf Ahrenshoop stieß.

Hier fand Walter Schüler tatsächlich, was er suchte. Das Dorf hatte sich noch viel von seiner ursprünglichen Atmosphäre bewahren können, auch wenn nicht wenige Einwohner und Gäste in dieser Zeit Anhänger und sogar Amtsträger des NS-Regimes waren.

Schüler berichtete, daß zu jener Zeit – also 1936–1939 – im Sommer die Maler, die hier Urlaub machten, auf dem Althäger Niemann-Hof in der großen Scheune ihre Bilder ausstellten, der alten Kunstkaten-Tradition folgend. Die Bilder wurden von den Malern und Gästen heiß diskutiert.

Der Urlauberverkehr hatte sich in Ahrenshoop auf rund 2000 Badegäste jährlich eingespielt, was durchaus den örtlichen Kapazitäten entsprach.

Doch auch neue Ferienträger machten sich in Ahrenshoop breit.

Am Sonntag, den 26. Juli 1936 kamen Tausende Besucher nach Ahrenshoop, um an der Einweihung des am Ostrande des Dorfes entstandenen Urlauberheimes Treuewerk Luftfahrt (D.A.F.) teilzunehmen. Viele Ehrengäste waren erschienen, darunter tausend Mitarbeiter der Dornierwerke aus Friedrichshafen. In drei rohrgedeckten Häusern waren Unterkünfte für 60 Urlauber geschaffen worden.

Für den Bildhauer und Grafiker Gerhard Marcks war sein Haus in Niehagen immer häufiger Zufluchtsort, vor allem, nachdem er sich ab 1936 in die innere Emigration zurückgezogen hatte. 1937 kam Marcks auf die Liste der „entarteten Künstler" und seine Werke wurden aus den Museen entfernt.

Marcks spielte mit dem Gedanken an Emigration, schrieb aber an den Architekten Erich Consemüller am 4. August 1937: „Was wir machen werden, wissen wir noch nicht. . . . Sollte doch nichts übrig bleiben als Emigration, so will die bei den 5 Kindern ja vorsichtig angefaßt sein."

Im Jahre 1937 löste der Malermeister Emil Gräff den Landwirt Günther Siegert aus Ahrenshoop als Bürgermeister ab, der dieses Amt erst am 2. April 1936 übernommen hatte. Emil Gräff wurde 1884 in Born/Darß geboren, wohnte schon lange in Ahrenshoop und hatte als Malermeister einen guten Ruf.

1937 starb Dr. Otto Kaysel, der Nestor der „Forensen"; das Haus in der Dorfstraße 14 erbte seine Tochter Otty Ziel. Dr. Otto Kaysel, ein Freund der Musen und der Künstler, der Begründer des Ahrenshooper Gemeinnützigen Vereins, hatte viel für den Aufstieg Ahrenshoops zum Ostseebad getan.

Im Sommer 1938 erlebten Ahrenshoop und das Fischland ein künstlerisches und ein nationalsozialistisches Spectaculum. Im Juli begannen in Althagen die Dreharbeiten für den neuen Heinz-Rühmann-Film „Nanu, sie kennen Korff noch nicht?", denen weitere Aufnahmen in Wustrow und Dierhagen folgten.

Im selben Monat besuchte der Reichserziehungsminister Rust das Reichslager der Nationalpolitischen Erziehungsanstalten in Ahrenshoop. Nach einer Geländeübung in Mecklenburg weilten hier nun in einem Zeltlager 3000 Napola-Schüler aus allen Teilen Deutschlands, sie waren der Elite-Nachwuchs des Dritten Reiches.

Das Niehäger Haus Gerhard Marcks' wurde in der Zeit des Nationalsozialismus wiederholt zum Zufluchts- und Schaffensort des verfehmten Künstlers.

In dieser Zeit hatte es Ahrenshoop schwer, sich selbst und seinem Ruf als ein Ort der Toleranz treu zu bleiben. Es gab auch in Ahrenshoop eingefleischte Nazis – wie den Professor Reinmöller oder das Ehepaar Siegert –, vor denen sich die oppositionellen Einheimischen und Forensen mit ihren Äußerungen in acht nehmen mußten. Aber es gab auch andere, die trotz ihrer nationalsozialistischen Überzeugung niemanden denunzierten, sondern wie der Lehrer Konrad Deutschmann, der zum NSDAP-Ortsgruppenführer ernannt worden war, von manchem angeschwärzten Ahrenshooper vor dem Kriege und auch in den Kriegsjahren Unheil abzuwenden verstanden. So war die politische Atmosphäre in Ahrenshoop trotz der Dominanz des nationalsozialistischen Einflusses in der Gemeindevertretung und den maßgeblichen Ämtern im Dorf nicht ausgesprochen vergiftet. Andersdenkende und politisch oder rassisch Verfolgte hatten in Ahrenshoop bessere Chancen, unangefochten zu leben, als in vielen Orten anderswo.

Der beliebte Schauspieler Heinz Rühmann weilte 1938 zu Dreharbeiten auf dem Fischland.

Badeprospekt aus dem Jahre 1938, Außenansicht und Werbezettel für den Fremdenverkehr.

So berichtete Frau Annemarie Thron, die Frau des bekannten und beliebten Ribnitzer Arztes SR Dr. Ludwig Thron (1889–1964), daß sie mit ihrem Mann trotz des am Dorfeingang befindlichen Schildes, das den Juden den Zugang zum Dorf verwehrte, ungehindert ständig nach Ahrenshoop in das 1937 erworbene Haus am Schifferberg 3 kam. Hier in Ahrenshoop fühlte sie sich sogar sicherer als in Ribnitz, wo bei jeder faschistischen Demonstration vor ihrem Haus „Juda verrecke!" geschrien wurde. Frau Thron war die Tochter des letzten Vorstehers der Ribnitzer Jüdischen Gemeinde, Sanitätsrat Dr. Bruno Joseph (1861–1934), ein angesehener Arzt und langjähriger Stadtverordneter.

Marianne Clemens beschrieb die Ahrenshooper Zeit ihrer Eltern Rudolf und Otty Ziel mit den Worten:

„Die dreizehn Jahre unter der Naziherrschaft für meine Eltern und auch die vier Kriegsjahre für mich waren natürlich auch in Ahrenshoop keine leichten Jahre. Mein Vater, mit 53 Jahren ‚arbeitslos', ohne irgendeine Möglichkeit, Sinnvolles zu seinem eigentlichen Beruf zu tun, eingeschränkt durch eine ‚strafverkürzte' sehr niedrige Pension, in ewiger Angst vor Spitzeln und Denunzianten, vor Gestapo und Konzentrationslager. Meine Mutter, nun durch die ‚Nürnberger Gesetze' als ‚Halbjüdin' diffamiert (die Ludwigsluster Großmutter kam aus einer jüdischen Familie), mit dem mühsamen Haushalt im eigentlich nicht für den Winter eingerichteten Haus. Aber sie waren hier bestimmt erträglicher als anderswo.

Es hat auch unter dem nationalsozialistischen Terror immer eine genügende Anzahl gegeben, mit denen man offene Worte sprechen konnte – im Dorfe wie bei den sogenannten Forensen, den aus den Städten Zugezogenen, und auch bei den ‚Gästen', unter denen mancher war, der sich verstecken mußte, der sich nicht anmelden konnte und also keine Lebensmittelmarken bezog, den wir und andere ‚mit durchfüttern' mußten. Auch die Bunte Stube war einer der Orte, wo man frei atmen konnte und vertrauen . . .

Ernsthaftes ist uns in diesen schlimmen Jahren in Ahrenshoop nicht passiert. Das war auch den guten Nachbarn zu danken. Daß der treue Peter Niejahr und die klugen Zorns, Mutter wie Tochter Betty, das waren, war gewiß. Aber auch der Lehrer Deutschmann, der doch offiziell ‚Ortsgruppenleiter der NSDAP' war und in brauner Uniform herumlief, hat treulich gesorgt, rechtzeitig gewarnt, die anbefohlenen ‚Verdunkelungen' und anderes überprüft, ehe irgendwer ‚anzeigen' konnte."

Tragisch dagegen endete das Schicksal der Berliner Malerin Edda Rosenthal, der die Althäger Büdnerei B 12 gehörte, in der sie gemeinsam mit einer ungarischen Malerin wohnte. Als die Deportationen der Juden begannen, ging Fräulein Koolmann nach Ungarn zurück, während sich Edda Rosenthal das Leben nahm. Die Ziel-Töchter Marianne Clemens und Lore Schmidt hatten die Malerin ins Herz geschlossen: „Ja, das war eine ganz besonders nette Frau mit großen schwarzen Augen und einem Märchen-Blumengarten am Bodden. In unserer Erinnerung ist sie selbst auch etwas märchenhaft – leise, sanft, so ein bißchen ‚verweht' . . ."

Im Jahre 1939 zog die Schriftstellerin Käthe Miethe (1893–1961) endgültig von Berlin weg in ihre Althäger Büdnerei B 54, die ihr Vater, der Professor Adolf Miethe, bereits 1916 von dem Maler Hugo Jaeckel für sie erworben hatte.

Viele Jahre hatte sie das Haus nur als Sommeraufenthalt genutzt. Später setzte sie ihm mit ihrer „Geschichte meines kleinen Hauses" ein anrührendes literarisches Denkmal.

Sechsundvierzig Jahre war Käthe Miethe alt, als sie aus Berlin in ihren Katen umzog, in dem ihr noch weitere zweiundzwanzig Lebensjahre beschieden waren. Es wurden ihre produktivsten Jahre als Schriftstellerin; denn zwischen 1948 und 1960 erschienen ihre acht Fischlandbücher, die sie als eine Heimatschriftstellerin von beträchtlichem Rang auswiesen. Vor allem mit ihren beiden Sachbüchern „Das Fischland" und „Auf großer Fahrt" und den Romanen „Die Flut", „Bark Magdalene" und „Rauchfahnen am Horizont" hat sie den Fischländern und Ahrenshoopern liebevoll und einfühlsam das geschichtliche Bild ihrer Heimat aufgezeichnet, hier, wo zwischen Meer und Bodden Mecklenburg und Vorpommern ineinander übergehen, wie kaum anderswo.

1939 starb in Berlin der Grafiker und Plakatkünstler Hermann Abeking, der seit 1904 die Althäger Büdnerei B 14 besaß und noch in den „Gründerjahren" Ahrenshoops, wie auch in den Jahrzehnten danach, im gesellschaftlichen Leben des Dorfes eine bedeutende Rolle gespielt hatte.

Badeverwaltung und Gemeindeamt:
Kirchners Gang 2 — Fernruf: Ahrenshoop 121

Arzt: Dr. Meyer, Adolf-Hitler-Straße 6
Postamt: Adolf-Hitler-Straße 9

Als die Dorfstraße Adolf-Hitler-Straße, die Straße am Schifferberg Hermann-Göring-Straße und der Paetowweg Erbhofweg hießen. Badeprospekt 1938, Innenansicht.

In den ganzen dreißiger Jahren war die Ostseeküste vom Fischland und Darß von Sturmfluten verschont geblieben. Aber die See verrichtete auch in diesem Dezennium ihr zerstörerisches Werk. Eine Skizze des Ahrenshooper Dünenmeisters Bernhard Seitz zeigt, daß das Jahrzehnt von 1931 bis 1940, in dem es keine große Sturmflut, dafür aber zahlreiche Hochwasserstände um 6,00 m gab, einen Rückgang der Uferlinie beim Darßer Rehbergestrand nördlich von Ahrenshoop von 29 m aufwies.

Sowohl Mecklenburg als auch Preußen hatten sich in dieser Zeit verstärkt dem Küstenschutz zugewandt und dabei der Abbruchküste vor dem Fischland und dem Darß besondere Aufmerksamkeit geschenkt. Aber die wichtigsten Projekte kamen gar nicht mehr zur Ausführung und in den darauffolgenden Kriegsjahren wurden nur die dringendsten Schutzarbeiten durchgeführt.

Ahrenshoop-Urlaub zur Kriegszeit:
Ohne Lebensmittelkarten gab es keine Verpflegung.

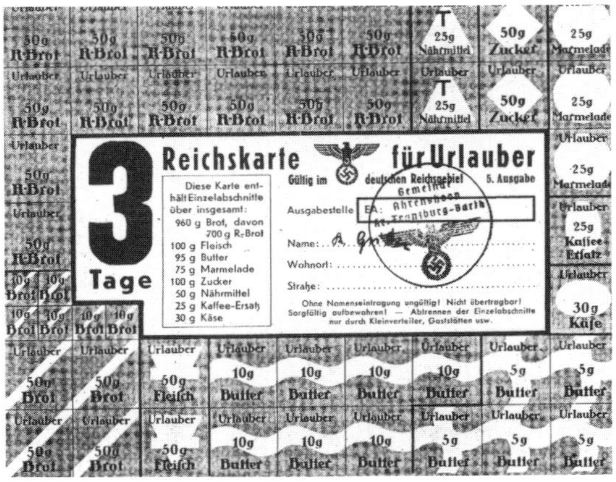

Der Kriegsausbruch am 1. September 1939 überraschte in Ahrenshoop wie auch in allen anderen Ostseebädern noch zahlreiche Badegäste, die sich in der Mehrzahl überstürzt in ihre Heimatorte begaben. Eine eigentliche Panik indes bemächtigte sich der Menschen nicht: hatte man doch inzwischen Erfahrungen gesammelt, wie Hitler die territorialen Ansprüche des Deutschen Reiches auf dem Wege nach Großdeutschland durchzusetzen pflegte. So rechnete man auch gegenüber Polen mit einem kurzen und siegreichen Feldzug.

In den ersten Kriegsjahren ging der sommerliche Badebetrieb wie in Friedenszeiten weiter, während an den Fronten die deutschen Truppen siegreich kämpften und ein Land nach dem anderen überfielen und besetzten. Selbst im Jahre 1941 vermochte sich noch kaum jemand vorzustellen, daß man sich inzwischen mitten in einem fünfjährigen blutigen und verlustreichen Weltkrieg befand, und daß eines Tages anstatt fröhlicher Badegäste Bomben- und Landkriegsflüchtlinge, Verwundete, Witwen und Waisenkinder und Umsiedler auch Ahrenshoop bevölkern würden.

Bereits 1936/37 war auf dem Althäger Hohen Ufer eine Batterie Küstenartillerie installiert worden, die mit Kriegsbeginn in die 4. Küstenartillerie-Lehrabteilung umgewandelt wurde. Zu dieser Abteilung gehörten drei 17-cm-Turmgeschütze, vier 10,5-cm-Geschütze, ein 3,7-cm-Flakgeschütz und ein Kasemattengeschütz, das 1944 abgebaut wurde. Dem Kliff am nächsten befand sich der Leitstand. Es gab eine Stammbedienung, die überwiegend aus älteren Leuten bestand. Die Unterkünfte und anderen Einrichtungen der Abteilung befanden sich in Althagen auf dem Gelände der heutigen Kfz-Werkstatt.

Es wurden im ständigen Wechsel Lehrgänge für Offiziere und Unteroffiziere durchgeführt. Geschossen wurde im indirekten Richten auf eine schwimmende Scheibe, die mehrere Kilometer vor der Küste von einem Schiff gezogen wurde. Kampfaufgaben waren der Abteilung nicht gestellt; für den Ernstfall waren aber fixe Landziele zum Sperrschießen festgelegt, so der Bahnhof Ribnitz, die Meiningenbrücke und der erreichbare Abschnitt der Chaussee Ribnitz–Stralsund.

Am 5. Dezember 1941 starb in Müritz der Begründer der Ahrenshooper Malerkolonie, Professor Paul Müller-Kaempff, dessen Frau Else kurz nach dem ersten Weltkrieg gestorben war. Als Paul Müller-Kaempff in Ahrenshoop keine Existenzmöglichkeit mehr hatte, ging er zu seinem Freund Rath, der in Müritz das Hotel „Erbgroßherzog" gekauft hatte, nachdem er zuvor Pächter des Ahrenshooper Kurhauses war.

Im Jahre 1942 wurde eine „Polizeiverordnung zur Regelung des Badewesens" erlassen, die das Nacktbaden an gesonderten Strandabschnitten gestattete, die ausgeschildert werden mußten. Ahrenshoop, Prerow und Hiddensee schritten sofort zur Tat. Bekanntlich hatte Hermann Göring in seiner „Badepolizeiverordnung" vom 3. März 1933 „das öffentliche Nacktbaden untersagt".

Jetzt war die Lage offenbar eine andere geworden: Die nun erlaubte Freikörperbewegung war „rasserein“ geworden und auch von linken und liberalen Kräften weitgehend „gesäubert“.

Im August 1942 begannen die Verhaftungen der Mitglieder der antifaschistischen Schulze-Boysen/Harnack-Gruppe. Eine Reihe von Mitgliedern dieser Widerstandsgruppe trafen sich seit 1938 zu Pfingsten bei Ahrenshoop am Weststrand. Man genoß die Stunden unter freiem Himmel an der See und man diskutierte und stritt. Nach dem Überfall auf die Sowjetunion zog sich das Netz der Gestapo immer enger um die Gruppe zusammen. Das Pfingsttreffen 1942 war das letzte.

Der „Volksgerichtshof“ verurteilte Harro und Libertas Schulze-Boysen (parteilos), Walter Küchenmeister (KPD), Kurt und Elisabeth Schumacher (parteilos) zum Tode; Elfriede Paul und Günther Weisenborn erhielten hohe Zuchthausstrafen.

Mit seinem Drama „Die Illegalen“ (1946) setzte Günther Weisenborn der Gruppe ein literarisches Denkmal: „Schönster und lebendiger Nachruhm für die, die sich die Illegalen nannten, die Helden ohne ‚Heroik‘“, wie Friedrich Luft schrieb.

Prof. Dr. med. Elfriede Paul ließ sich später in Althagen nieder, wo sie 1981 starb.

Der Krieg, der von Deutschland ausgegangen war, begann immer erbarmungsloser auf Deutschland zurückzuschlagen.

Die Detonationen der Bomben, die auf Rostock, Hamburg und andere Ziele von den angloamerikanischen Verbänden abgeworfen wurden, mischten sich mit den Explosionen der Flakgranaten, und oftmals drangen das dröhnende Echo und der Widerschein des Infernos bis nach Ahrenshoop. Die Dörfer zwischen Meer und Bodden lagen nicht im Visier der Bombenflugzeuge, die über das Fischland hinwegflogen.

Feierlicher Appell der 4. Küstenartillerie-Lehrabteilung in Althagen auf dem Fischland. An dem mit der Reichskriegsflagge drapierten Rednerpult, von Gewehrpyramiden, Kartuschen, Granaten und Blumentöpfen eindrucksvoll flankiert, spricht der Kommandeur der Abteilung. Die Geschütze befanden sich westlich in den Bunkern auf dem Hohen Ufer.

In Ahrenshoop wurden unter Leitung des übereifrigen Ortsluftschutzwartes Prof. Reinmöller Luftschutzbelehrungen und -übungen organisiert, Schutzstände angelegt und eine Sirene installiert. Ende Juli 1943 wurden einige Brandbomben abgeworfen, die offenbar der Batterie galten. Ein starker Wind trieb sie aber in den Bodden. Wären sie auf Althagen niedergegangen, hätte dem Dorf eine Katastrophe gedroht.

Am 31. Juli trafen Flüchtlinge aus Hamburg in Ahrenshoop ein, Menschen, die im Bombenhagel alles verloren hatten und die tief verbittert waren.

Am 7. Dezember weckte eine Detonation Ahrenshoop: der Schlepper, der vor der Küste die Zielscheibe für das Übungsschießen der Batterie vom Hohen Ufer zog, war auf eine Mine gelaufen und gesunken, wobei der größte Teil der Besatzung ertrank.

Am 23. Dezember fand in der Bunten Stube die Weihnachtsbescherung für die Kinder statt. Durch die vielen Flüchtlinge und Evakuierten waren 175 Kinder zu betreuen: sonst gab es in Ahrenshoop normalerweise nur 20 Kinder.

Immer mehr Schreckensnachrichten kamen in das stille Dorf: Evakuierte erfuhren, daß ihre Häuser ausgebombt oder daß ihre Männer und Söhne verwundet, vermißt oder gefallen waren.

Haus Seeberg, Schifferberg 3, wurde erbaut von dem Theologen Geheimrat Reinhold Seeberg (1859–1935). Das Nebenhaus Schifferberg 4 erbaute sein Bruder, der Theologie-Professor Alfred Seeberg (1863–1915); 1953 erbte es die Bildhauerin Doris Oberländer-Seeberg. Das „Haus Basso", Koppelweg 1, kaufte ein Vetter Alfred Seebergs, der Professor für Kirchengeschichte Erich Seeberg (1888–1945).

Auch der Bildhauer Gerhard Marcks suchte erneut Zuflucht in seiner Niehäger Büdnerei. Sein Sohn Herbert war gefallen, wertvolle Werke wurden vernichtet, als in Berlin zwei Gießereien durch Bomben zerstört wurden, und fast alle seine Arbeiten gingen verloren, als im November sein Haus und das Atelier in Berlin-Nikolassee durch Volltreffer zugrunde gingen.

Am 31. Dezember 1943 starb der Maler Karl Bartoschek und wurde auf dem Ahrenshooper Friedhof neben seiner Frau Klara beigesetzt.

Ahnungsvoll notierte Hans Brass in seinen Aufzeichnungen: „31. Dezember. Heute nimmt dieses schwere Jahr ein Ende und ein viel schwereres und grauenvolleres beginnt . . ."

Bis 1943 hatte die von Lehrer Deutschmann geleitete einklassige Schule in Ahrenshoop 20 Schüler. Nun war die Zahl durch die Kinder der Flüchtlinge und Evakuierten auf 120 angewachsen. Auch in Althagen machte sich durch die hohe Zahl der neuen Schüler an der von Wilhelm Fretwurst seit 1924 geleiteten Schule die Wiedererrichtung einer zweiten Klasse (die 1923 abgeschafft worden war) notwendig. Ab 1944 erteilten hier Otto Eckert und Anna Langhoff den Unterricht (bis 1946).

Im Februar 1944 kamen aus Berlin Fritz Koch-Gotha und Dora Koch-Stetter für immer in ihre Althäger Büdnerei, nachdem in einer Bombennacht ihre Wohnung und fast sämtliche Arbeiten in Flammen aufgegangen waren.

Am 26. Mai wurde Ahrenshoop für den Sommer für die Deutsche Arbeitsfront beschlagnahmt; alle vorher geschlossenen Mietverträge und Abmachungen wurden annulliert. Es hieß, daß die Vermieter ihre Gäste von Amts wegen zugeteilt erhalten und die einheitlich geregelte Bezahlung über die Gemeindeverwaltung erfolgt.

Am 10. August erhielten 75 Frauen und Mädchen Order, sich zum Abtransport zu Schanzarbeiten bereit zu halten. Es waren kaum Einheimische auf der Liste, sondern fast nur evakuierte Frauen, die in Ahrenshoop Zuflucht gefunden hatten und deren Kinder im „Strandheim" untergebracht werden sollten. Am 15. August fuhren sie in gedrückter Stimmung um 5 Uhr früh auf drei Leiterwagen nach Prerow. Von hier aus kamen sie nach endlosem Transport nach Schneidemühl, wo sie auf Strohschütten in einer Schule kampieren mußten.

Nach dem Attentat auf Hitler vom 20. Juli 1944 setzte in ganz Deutschland eine Verhaftungswelle ein. In Althagen wurde der frühere sozialdemokratische Abgeordnete Zelck aus Rostock verhaftet, der dort als Evakuierter lebte. Dem früheren Abgeordneten Jesse gelang die Flucht aus seinem Ahrenshooper Haus Dorfstraße 51. Zelck wurde nach kurzer Haft wieder entlassen.

Im September 1944 wurden alle Pensionen und leerstehenden Häuser und schließlich auch die überzähligen Wohnräume beschlagnahmt, da die Zahl der Evakuierten aus den Städten und der Flüchtlinge aus Ostpreußen immer weiter anstieg. So kamen am 10. Oktober evakuierte Mütter mit Kindern aus Stralsund nach Ahrenshoop, die teilweise in Häusern untergebracht wurden, die für den bevorstehenden Winter nicht das Notwendigste besaßen.

Am 18. Oktober 1944 rief Hitler alle Männer zwischen 16 und 60, die nicht schon Soldat waren, auf, Volkssturm-Einheiten unter Führung der NSDAP zu bilden.

Das Ahrenshooper Volkssturmaufgebot wurde in Prerow vereidigt und führte in der Folgezeit Kriegsspiele auf der Kuhweide und in den Dünen durch, die von den Realitäten weit entfernt waren. Die Alt- und Niehäger, unter ihnen der fünfundfünfzigjährige Gerhard Marcks, kamen in eine Ausbildungsbaracke auf dem Flugplatz Pütnitz; danach schoben sie Wachdienst gegen „verdächtige Personen".

Der Tod hielt weiterhin reiche Ernte. Ein Sohn Alfred Partikels fiel an der Front, Bengt Seeberg versank als Marinepfarrer mit der „Tirpitz"; Schweinicke ging mit seinem Schiff unter. Der Maler Hans Oberländer, der 1944 Doris Seeberg geheiratet hatte, wurde mit 59 Jahren eingezogen und starb in einem schlesischen Lazarett. Auch Braunwarth ging mit seinem Schiff unter, nachdem er wegen Krankheit aus englischer Gefangenschaft entlassen worden war. Die Todesnachrichten erreichten Einheimische ebenso wie Forensen, Evakuierte wie Flüchtlinge.

Am 23. Dezember war die Ausgabe der Weihnachtsgeschenke und die Sonderverkäufe an die Einwohner. Es war schwer, eine gerechte Verteilung herbeizuführen: hatte Ahrenshoop 1943 250 Einwohner, so waren es diesmal 700.

Es begann das Jahr 1945, das letzte Kriegsjahr.

Am 24. Januar wurde in Deutschland der Briefverkehr über 75 km Entfernung eingestellt. So blieb für viele Menschen das Schicksal ihrer Angehörigen völlig im Dunkel.

Ende Januar trafen in Rostock über 20 000 Flüchtlinge aus dem Osten ein, die nun über das Land verteilt wurden. In Wustrow, Alt- und Niehagen wurden die Schulen und Säle voll belegt, und Anfang Februar kamen 125 neue Flüchtlinge nach Ahrenshoop. Sie besaßen fast nichts und erzählten schreckliche Dinge über ihre Flucht.

Am 9. Februar starb nach längerer Krankheit der Besitzer des Kurhauses Heinrich Neumann. Er wurde am 13. Februar auf dem Ahrenshooper Friedhof beigesetzt; die Traueransprache hielt Pastor Loeber.

Immer wieder wurden die Lebensmittelrationen herabgesetzt, so daß der Hunger unter der Zivilbevölkerung zunahm und die nicht rationierten Waren immer knapper wurden.

Im März kam der Maler Prof. Alfred Partikel aus Königsberg mit dem Fahrrad nach abenteuerlicher Fahrt in Ahrenshoop an.

Mitte März erhielten Wustrow, Alt- und Niehagen erneut Flüchtlinge zugewiesen und auch nach Ahrenshoop kamen weitere 150. Die Stromabschaltungen wurden häufiger und länger, so daß es oftmals schwierig war, die warmen Mahlzeiten zuzubereiten oder die neuesten Nachrichten zu hören.

Am 13. Februar 1945 kam in Dresden bei dem großen Luftangriff auf die Stadt der Schriftsteller Ottomar Enking ums Leben.

Am 26. Februar starb der Kirchenhistoriker Prof. Erich Seeberg im Alter von 57 Jahren. Fritz Koch-Gotha zeichnete das Porträt des Toten, der ebenfalls auf dem Ahrenshooper Friedhof seine letzte Ruhestätte fand.

Bei einem Besuch bei Hans Brass Anfang April sagte der Batteriekommandeur Kapitänleutnant Dr. Krappmann, daß er alles menschenmögliche tun würde, um bei Einmarsch der Russen oder der Engländer – beides hielt er für möglich – Kampfhandlungen zu vermeiden.

Am 21. April ließ Dr. Krappmann seine Familie mit einem Lastkraftwagen der Firma Bachmann abtransportieren, während er selbst dienstlich nach Dänemark fuhr. Ein paar Tage später erlitt er auf der Heimreise bei einem Tieffliegerangriff einen Autounfall und kam in ein Lazarett.

Immer wieder überflogen Bomberverbände das Fischland und den Darß, da die zermürbenden Luftangriffe auf deutsche Städte und andere militärische und zivile Ziele anhielten; aber die Küsten- und Boddendörfer blieben von Bombardements verschont.

Doris Oberländer (1903 –1989)
„Zu denen, die schon länger in Ahrenshoop leben, gehört die Bildhauerin Doris Oberländer, Witwe des Malers Hans Emil Oberländer. Da ihr die innere Ausgestaltung der 1951 erbauten Ahrenshooper Kapelle übertragen wurde, hat jeder Besucher die Möglichkeit, ihr künstlerisches Schaffen kennenzulernen. Die aus einer Pappel, die an der Baustelle gestanden hatte, herausgeschlagene Predigtkanzel mit den Symbolen der vier Evangelisten und Worten aus dem betreffenden Evangelium sowie die Altarwand zeugen von dem ausgeprägten Gefühl für die Behandlung des Holzes und seiner Gegebenheiten. Auch der Taufständer und mancher Grabstein auf dem Ahrenshooper Friedhof sind von der Künstlerin geschaffen worden." (Hermann Glander/ Erich Venzmer 1963)

Am 25. April erhielt der NSDAP-Ortsgruppenleiter Lehrer Deutschmann – der als politischer Leiter zugleich Befehlshaber der Batterie auf dem Hohen Ufer war – den Geheimbefehl: „Beim Erscheinen der Russen ist zu schießen bis zur letzten Granate!" Deutschmann hielt das für Wahnsinn und war nicht gewillt, diesen Befehl auszuführen. Eine Rücksprache mit dem Kommandanten der Batterie, Kapitänleutnant Wegner, ergab, daß dieser nicht bereit war, Deutschmanns Haltung zu teilen, während Leutnant Schadow und alle Feldwebel auf Deutschmanns Seite waren. Auf seine Frage an Wegner, woher denn die Gefahr käme, antwortete der Kapitänleutnant: „Von Ribnitz." Deutschmann sagte ihm darauf: „Dann sind Sie ein sehr schlechter Stratege; denn sie Sowjets werden uns vom Saaler Ufer aus in Klumpen schießen!" (So wäre es auch gekommen; denn eine Woche später standen sowjetische Artilleristen mit ihren 22-cm-Geschützen am Saaler Bodden bereit, das Feuer vom Hohen Ufer zu erwidern, wenn von dort auch nur ein Schuß gefallen wäre.)

Am 1. Mai passierten immer wieder Fahrzeuge der SS Ahrenshoop und das Fischland in Richtung Ribnitz. Auch Soldaten zu Fuß und auf Fahrrädern zogen mit Gepäck beladen vorbei. Nachmittags fuhren immer noch hochbepackte Lastwagen, die offenbar zur Flak in Zingst gehörten, durch die Dörfer. Ihnen folgte am Abend ein Zug von Häftlingen des Außenlagers des KZ Barth in Born unter SS-Bewachung.

Am 2. Mai um ½ 10 Uhr ertönten vom Darß her zwei starke Detonationen. Viele Ahrenshooper eilten auf die Dünen und zum Strand und sahen, wie Görings Jagdhaus am Darßer Weststrand nach der Sprengung in Flammen aufging.

Am 2. Mai ließ Deutschmann durch seinen Verbindungsmann, einen Feldwebel, an den Batterie-Kommandanten Wegner den Befehl überbringen: „Es wird nicht geschossen, alle Kriegsgeräte (Geschütze und Munition) sind vor Mitternacht zu sprengen."

Noch zwei Stunden lang beriet Wegner mit einigen Vertrauten über etwaige „Verteidigungsmaßnahmen". Schließlich aber siegten die Vernünftigen und der Verbindungsmann teilte Deutschmann um 19 Uhr mit, daß sein Befehl befolgt und zwischen 23 und 24 Uhr alles gesprengt würde. So geschah es dann auch.

Zuvor waren noch viele Einwohner von Ahrenshoop und Althagen in die Batterie geeilt, um Lebensmittel und Gebrauchsgegenstände zu holen. Ein Teil der Soldaten hatte sich ebenfalls mit Lebensmittel versehen und die Flucht ergriffen.

Inzwischen kamen viele der SS-Autos wieder zurück: sie waren nur bis Ribnitz gekommen, da die Rote Armee bereits im Anmarsch war. Kapitänleutnant Wegner und einige andere Angehörige der Einheit blieben bei der kampfunfähig gemachten Batterie.

Am 3. Mai, morgens um 4 Uhr, kam nach Althagen eine sowjetische Vierlingsflak und inspizierte die Lage auf dem Hohen Ufer. Als die Bedienung sah, daß alles Kriegsgerät zerstört war, fuhr sie militärisch höflich grüßend wieder nach Wustrow zurück. Ahrenshoop, Alt- und Niehagen waren nicht nur Luftbombardements, sondern auch ein vernichtender Artilleriebeschuß erspart geblieben.

Vier Stunden später – als die Vierlingsflak-Bedienung in Wustrow gemeldet hatte, daß es keinen militärischen Widerstand auf dem Fischland gibt – erschienen die ersten sowjetischen Liniensoldaten in Ahrenshoop, singend und ein wenig angeheitert und offensichtlich froh, daß alles unblutig und friedlich ablief. Von Feindseligkeit war nichts zu spüren. Den noch im Kurhaus untergebrachten deutschen Soldaten der 5. Kompanie empfahlen sie, sich aus dem Staub zu machen.

Der sowjetische Offizier, der die Truppe kommandierte, hatte von einer ukrainischen Arbeiterin erfahren, daß keiner der russischen und anderen Zwangsarbeiter mißhandelt wurde. Darum wurde auch keiner der deutschen „Dienstherren" verhaftet. Und auch solche nationalsozialistischen Amtsträger wie Lehrer Deutschmann und Malermeister Gräff, für die sich Dr. Ziel, Hans Brass und andere einsetzten, blieben unbehelligt.

Das Ehepaar Siegert, das zu den fanatischen Nazis gehörte, hatte sich am 3. Mai auf seinem Feld erschossen; der Scharfmacher Prof. Reinmöller hatte die Flucht ergriffen.

In der Nacht zum 4. Mai wie auch in den darauffolgenden Tagen kam es immer wieder zu Diebstählen, regelrechten Plünderungen und Übergriffen, vor allem dort, wo keine Offizierskontrollen stattfanden.

Am Nachmittag des 5. Mai richtete im Gemeindeamt ein Feldwebel als Ortskommandant für Ahrenshoop sein Büro ein. Er verfügte als erstes, daß die Einwohner ab 10 Uhr abends nicht mehr ihre Häuser verlassen durften und daß alle Waffen bei ihm abzuliefern sind.

Der Kommandant kümmerte sich um die Versorgung der Bevölkerung und der zahlreichen Flüchtlinge im Dorf.

Marie Seeberg, die in Petersburg groß geworden war und daher Russisch konnte, war – fünfundsechzig Jahre alt – als Dolmetscherin tätig und hat gemeinsam mit ihrer Tochter Doris Oberländer eine für Ahrenshoop sehr hilfreiche Arbeit geleistet.

Auf Anordnung des Kommandanten und mit Unterstützung eines Feldwebels bemühte sie sich um die Lebensmittelbeschaffung und vermittelte klug zwischen der Bevölkerung und der Kommandantur.

Während nur einige Offiziere in Privatquartieren wohnten, waren die Soldaten in den Armeebaracken und den drei Häusern auf der Kuhweide untergebracht worden.

Den Ahrenshoopern war es untersagt, den Strand zu betreten, an dem Militärpatrouillen ihren Dienst versahen. Auf dem Hohen Ufer standen zwei Geschütze, die auf jedes Wasserfahrzeug schossen, das sich zeigte. Das hing wahrscheinlich mit den Versuchen der SS-Banden zusammen, vom Darß aus über das Wasser zu fliehen. Heinrich Dade erzählte, daß die SS-Leute alle Fischerboote am Strande gestohlen hatten. Da sie aber nicht wußten, daß jedes Boot ein Loch hatte, daß man verschließen mußte, bevor man es zur See ließ, liefen alle Boote voll und die SS-Männer ertranken wahrscheinlich. Mit Fischer Meyers Boot, das nicht gestohlen war, holten sich die anderen Fischer ihre Boote wieder.

Am 9. Mai um 0.01 Uhr deutscher Sommerzeit trat die bedingungslose Kapitulation der deutschen Wehrmacht in Kraft.

Am 11. Mai rückten die sowjetischen Soldaten aus Ahrenshoop ab, während in Althagen und Wustrow noch alle blieben. Auf der Grenze zwischen Ahrenshoop und Althagen war ein Schlagbaum errichtet worden.

In Ahrenshoop herrschten Ungewißheit, Flüchtlingselend, Wohnungsnot, Angst vor Übergriffen und Diebstählen, Lebensmittelmangel und viel Hoffnungslosigkeit. Aber der Krieg war aus. Es war endlich Frieden.

Der Schriftsteller Ottomar Enking im hohen Alter.

Zu den gewerbetreibenden Ahrenshoopern, die sich nach der Jahrhundertwende eigene Häuser bauten, gehörte auch der Malermeister Emil Graeff (von 1937–1945 Bürgermeister von Ahrenshoop), dem dieses Haus Dorfstraße 5 gehörte.

AHRENSHOOP VON 1945 BIS 1961 – ZEIT DER HOFFNUNGEN UND ZEIT DER ENTTÄUSCHUNGEN

Das Wichtigste im Mai 1945 war, so rasch und wirksam wie möglich das Leben der Menschen im Dorf zu sichern und schrittweise von chaotischen zu geordneten Zuständen überzugehen.

Der sowjetische Kommandant in Wustrow ordnete an, daß Emil Gräff die Geschäfte des Bürgermeisters von Ahrenshoop weiterzuführen habe, was dieser am 12. Mai durch einen offiziellen Aushang bekannt gab. In Althagen wurde Dillwitz als Bürgermeister eingesetzt. Hans Brass und Dr. Rudolf Ziel unterstützten Gräff bei seiner Amtsführung, da er allein den komplizierten Aufgaben gar nicht gewachsen sein konnte. Sie setzten drei vordringliche Maßnahmen auf die Tagesordnung:

Erstens mußten die Lebensmittel, die in den Geschäften noch vorhanden waren, so sichergestellt werden, daß sie an die Allgemeinheit ausgegeben werden konnten und nicht nur an einzelne gute Freunde.

Zweitens mußten neue Lebensmittel zugeführt werden, vor allem Fleisch und Mehl.

Drittens mußte der Paetow-Hof, nachdem Erhard Paetow kurz zuvor gestorben war, sachgemäß bewirtschaftet werden, wozu sich Herr Brandt bereit erklärte. Ferner mußten die sowjetischen Soldaten veranlaßt werden, ihre Pferde nicht auf die Althäger Äcker zu treiben, wo sie den jungen Roggen abweideten.

Am 14. Mai und in den darauffolgenden Tagen verließen auf Befehl des Kommandanten nahezu alle Flüchtlinge Althagen und Ahrenshoop. Alle Männer zwischen 17 und 50 Jahren mußten sich melden. Die Gerüchte überschlugen sich wieder wie in den letzten Aprilwochen.

Bürgermeister Gräff verteilte Lebensmittel-Bezugsscheine an die Leute, und es gab bei Leplow tatsächlich Fleisch, auch wenn viele lange danach anstehen mußten.

Wie der Lehrer Konrad Deutschmann berichtete, sagte der Kommandant ihm: „Sie bleiben hier, und sobald sich eine Möglichkeit findet, wird die Schule wieder eröffnet.“ Diese Möglichkeit wurde rasch geschaffen und vom 18. Mai bis zum 30. September unterrichtete Lehrer Deutschmann unbezahlt die Ahrenshooper Kinder.

Die Leitung der Gemeinde setzte sich dafür ein, unter Beteiligung aller damals im Ort lebenden Lehrkräfte für die größeren Kinder eine „Aufbauschule“ einzurichten. Ein gut durchgearbeiteter Plan wurde dem Schulrat vorgelegt und am 16. Juli 1945 konnte im Haus von Frau Miethe – der Althäger Büdnerei B 10 – diese Ahrenshooper Aufbauschule eröffnet werden. So erhielten 32 Kinder regelmäßigen Unterricht und das Schulgeld von 10,– M monatlich wurde zur Bezahlung der Lehrkräfte verwendet. Dr. Ziel unterrichtete Mathematik, Latein und Deutsch, Lehrer Zelck – so lange er noch im Dorf war – gab Geschichte, Otty Ziel Zeichenunterricht, ebenso unterwies Prof. Alfred Partikel die Kinder im Malen.

Eines Tages im Spätsommer kam Alfred Partikel nicht wie gewohnt zum Unterricht. Man erkundigte sich nach dem Grund seines Ausbleibens, aber in seinem Haus war er auch nicht. Man hatte ihn zuletzt gesehen, als er in Richtung Ahrenshooper Holz ging und wußte, wie gern er durch den Wald streifte. Man suchte das Holz und die Umgebung ab, fand den Maler aber nicht. Auch ein russischer Suchtrupp blieb ergebnislos. Alfred Partikel gilt seither als verschollen. Am wahrscheinlichsten ist die Variante, daß ihn Wilderer versehentlich oder absichtlich erschossen haben und aus Angst vor der Strafe seine Leiche im Wald verscharrten.

Der Maler Alfred Partikel (1888–1945), porträtiert von Gerhard Marcks.

Gerhard Marcks in Briefen an Weise:
„Die letzte Zeit hat uns große Trauer gebracht: Partikel ist verschwunden – wahrscheinlich liegt er nun irgendwo in einer Lache im Dars, oder im Schilf, und wird nun ein Natur Dämon des Fischlandes (wie schön paßt das zu ihm!) Aber die arme Frau, die keine Gewißheit kriegen kann . . . Wahrscheinlich ist er von jagenden Russen versehentlich erschossen und beseitigt worden.“
(Rostock, 7. 11. 1945)
„Wenn ich hier durch die schöne Landschaft gehe, so denke ich, daß die nun auch seit Partikels Tode von keinem Auge mehr schöpferisch erfaßt wird – in Mecklenburg giebt's keine Künstler – aber wo giebt es überhaupt noch Landschafter? Die Zeit, da der Mensch sein Gemüt in die Natur projizierte, scheint vorbei.“
(Niehagen, 18. 6. 1946)

Martha Wegscheider, die Gründerin und langjährige Prinzipalin der „Bunten Stube Ahrenshoop“ und ihr Sohn Fritz Wegscheider, der das Unternehmen bis 1984 führte.
Rechts die „Bunte Stube“ in einer Fotografie Anfang der fünfziger Jahre.

Inzwischen war die „Aufbauschule“ wieder aufgelöst worden, da sie als „Privatschule“ nicht zugelassen wurde.

Nachfolger von Konrad Deutschmann, der als Lehrer nach Dudendorf ging, wurde der Lehrer Fischer, ein Umsiedler aus Ostpreußen, der aber im Herbst 1946 als Rektor an die Wustrower Schule versetzt wurde.

Für Ahrenshoop – dessen Bürgermeister inzwischen Hans Brass geworden war – erhob sich die Frage, ob an eine Wiedergeburt als Ostseebad bereits im Jahre 1946 gedacht werden könnte?

Im Mai 1946 veröffentlichte Hans Brass folgende

Mitteilung!

Am 1. Juni ist Saison-Anfang. Ahrenshoop wird wieder Kurort; als Kurgäste kommen nur Künstler infrage, welche durch den Kulturbund bildender Künstler in Schwerin nach Ahrenshoop kommen dürfen. Andere Gäste werden nicht aufgenommen. Wenn Familienmitglieder nach Ahrenshoop kommen wollen, müssen sie erst um Erlaubnis fragen. Im Ort ist bereits ein Kurdirektor, Herr Michelsen aus Ribnitz mit einer Sekretärin. Der Herr wohnt im Kurhaus und organisiert sowohl die Ernährung als auch alles, was dazu gehört. Das Kurhaus hat mit ungeheurem Fleiß die Zimmer wieder hergerichtet und wird die Ernährung übernehmen. Sämtliche Zutaten werden ihnen geliefert. Das Kurhaus, Charlottenhof und Holzerland und viele Betten im Ort werden ab 1. Juni besetzt, und jeder bekommt für jedes Bett 1,45 RM je Nacht. Bettwäsche müssen sich die Kurgäste selbst mitbringen. Es wird auch das Geld bezahlt, wenn das Bett nicht besetzt ist. Die Bunte Stube hat sich entschlossen, wieder neu anzufangen, was nur möglich ist durch die Rückkehr von Fritz Wegscheider. Am 1. Juni hoffen wir, nun auch eine zeitgemäße Bunte Stube zu eröffnen.

Die Bunte Stube nannte nun in ihren Briefköpfen als Inhaber Frau M. Wegscheider & Sohn. Der Sohn war Fritz Wegscheider (1908–1987), der gediegene Kenntnisse und Erfahrungen eines ausgezeichneten Fotografen und Bildreporters besaß. So wurde er – als Aerolandvermesser an der Bagdadbahn – Schöpfer der ersten persischen Luftpostkarten. Seine Fotokunst war von einer grafischen Sicht und großen Experimentierfreudigkeit geprägt. In den Vorkriegsjahren hatte er sich in Ahrenshoop notgedrungen um den Autodienst der Bunten Stube gekümmert. Nun, aus dem Kriege zurückgekehrt, engagierte er sich tatkräftig beim Neuanfang der Bunten Stube.

Nach Kriegsende hatten antifaschistische Intellektuelle in der sowjetischen Besatzungszone den Kulturbund zur demokratischen Erneuerung Deutschlands gegründet, dessen Initiator und erster Präsident der aus der Emigration heimgekehrte Dichter und Schriftsteller Johannes R. Becher (1891–1958) wurde.

In Ahrenshoop gehörten vor allem die Künstler zu den Gründern der Kulturbund-Gruppen, deren Vorsitzender Fritz Wegscheider wurde.

Einflußreiche Persönlichkeiten des Kulturbundes in Schwerin, Rostock und Berlin traten dafür ein, daß Ahrenshoop – seinem traditionellen Charakter entsprechend – zu einem Ostseebad der Kulturschaffenden mit ausgeprägtem künstlerischen und geistigen Anspruch wurde, das einen Beitrag zur demokratischen Erneuerung der deutschen Kultur leisten sollte.

Unter der Überschrift „Kulturbund übernimmt Ahrenshoop – Erholung für Kulturschaffende aller Zonen" schrieb der Berliner „Nacht-Expreß" vom 28. Mai 1946:

„Werden wir in diesem Jahr verreisen können, wo werden wir uns im Urlaub erholen können? Diese Frage ist im Sommer dieses Jahres von besonderer Bedeutung. Es ist nur natürlich, daß die meisten Pläne und Wünsche in dieser Frage den Schwierigkeiten der Zeit zum Opfer fallen werden. Es ist daher von besonderem Interesse, daß es dem Kulturbund zur demokratischen Erneuerung Deutschlands gelungen ist, von der Sowjetischen Militärbehörde die Verwaltung des Badeortes Ahrenshoop zu erwirken. Ahrenshoop, das westlich der Halbinsel Darß liegt, besitzt bekanntlich eine alte traditionelle Künstlerkolonie, die schon seit vielen Jahren für Maler und Bildhauer und für Musiker und Schauspieler eine beständige Anziehungskraft besaß. Der Kulturbund wird es schon in diesem Sommer wieder den Kulturschaffenden aller Art und aus allen Zonen des Reiches ermöglichen, dort einige Zeit in der freien Natur zur Erholung und zum Schaffen zu verbringen."

Das Wustrower Malerehepaar Erich Th. Holtz (1885–1956) und Hedwig Holtz-Sommer (1901–1970) fand in den 30er Jahren auf dem Fischland eine Wahlheimat, die es zu einem umfangreichen künstlerischen Schaffen inspirierte.

Bereits im Juni 1946 zeichnete und textete der Maler und Grafiker Herbert Bartholomäus (1910–1973) einen humoristischen Bericht mit dem Titel „Künstler reisen nach Ahrenshoop", der in Nr. 5/1946 des Mitteilungsblattes des Kulturbundes in Schwerin ganzseitig veröffentlicht wurde. Er schildert die beschwerliche Anreise und die schönen Tage im „St. Lukas", im gastlichen Kurhaus und in der herrlichen Natur.

Im Juni 1946 war Gerhart Hauptmann, der sich zu den Zielen des Kulturbundes bekannt hatte, gestorben – und Johannes R. Becher, der ihn Ende Juli zur Grablegung nach Hiddensee geleitete, fuhr anschließend nach Ahrenshoop in Urlaub, wo er die Gelegenheit zu Gesprächen mit Schriftstellern und Malern nutzte.

Am 18. August 1946 konnten zum ersten Male nach 28 Jahren Ahrenshooper und Fischländer Künstler wieder in dem blauen Kunstkaten ausstellen. Fritz Koch-Gotha, Dora Koch-Stetter, Hedwig Woermann, Doris Oberländer, E. Th. Holtz, Hedwig Holtz-Sommer, Franz Triebsch, Arnold Klünder, Wilhelm Löber, Gerhard Marcks und Hans Brass zeigten in einer gemeinsamen Exposition ihre Arbeiten.

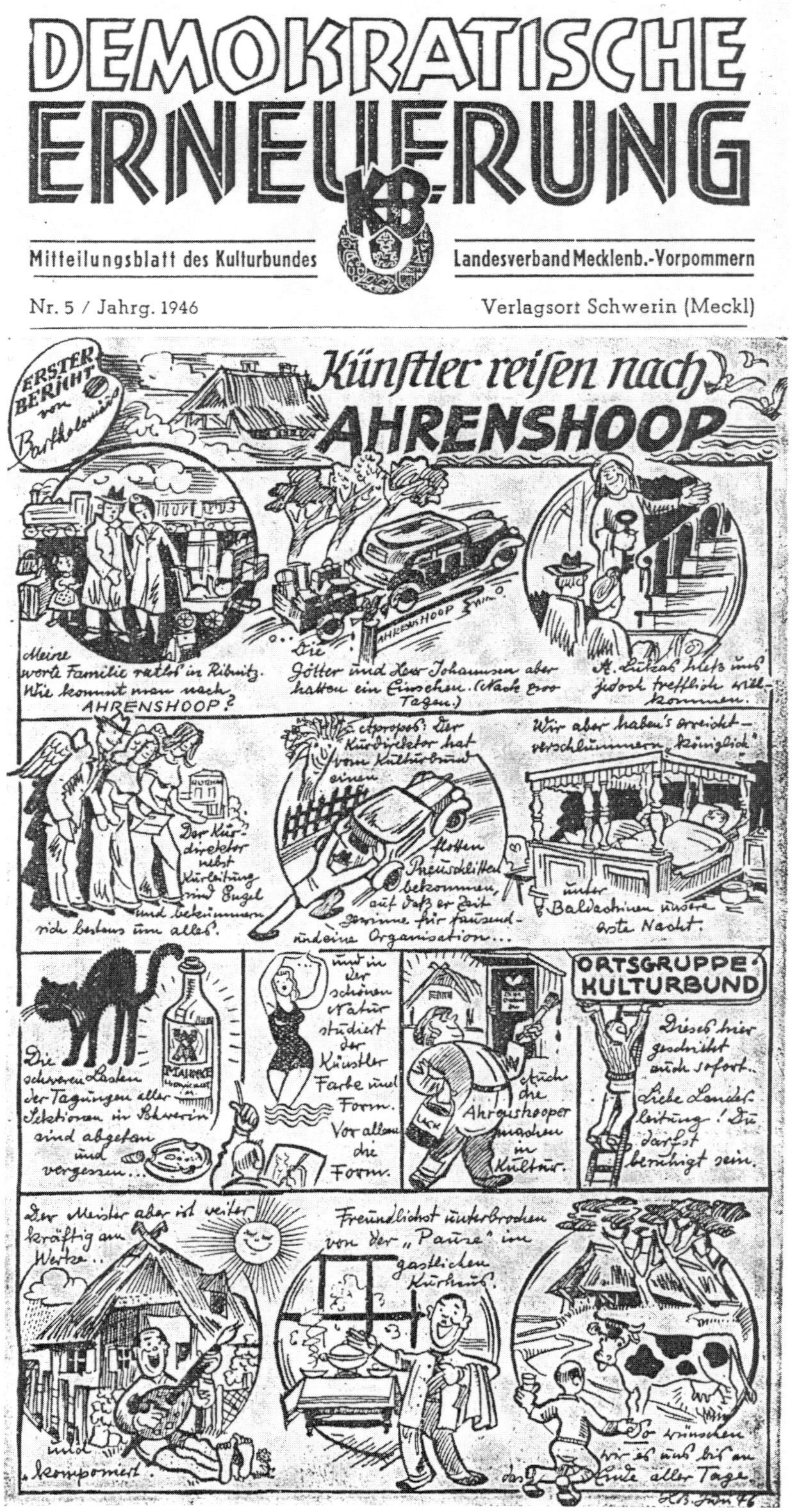

So schilderte der Ludwigsluster Maler und Grafiker Herbert Bartholomäus im Schweriner Mitteilungsblatt des Kulturbundes im Sommer 1946 die Eindrücke der ersten Nachkriegsurlauber in Ahrenshoop.

Im Juli 1946 übersiedelte Gerhard Marcks nach Hamburg: er folgte der Berufung an die Landeskunstschule Hamburg durch Friedrich Ahlers-Hestermann.

Am 18. Juni 1946 hatte er an Felix Weise aus Niehagen geschrieben: „Meine letzten zwei Wochen hier genieße ich, indem ich den alten Koch-Gotha porträtiere. Sie kennen sicher seine Arbeiten – aussehn tut er wie ein weiser Urmensch, Troglodyte mit zerklüfteten sehr bewegten Zügen, an Daumier erinnernd. Da er ein charmanter und sehr gebildeter und belesener Mann ist, so vertragen wir uns sehr ausgezeichnet . . . Er ist rein bürgerlich, mit allen Schatten- und heute nicht anerkannten Lichtseiten."

Ahrenshoop, das früher zum Kreis Franzburg-Barth gehörte, wurde dem Kreis Rostock-Land angegliedert.

Am 1. September 1946 übertrug der Kreisschulrat Hans Bernitt der Lehrerin Erne Wehnert (1900–1985) den Aufbau und die Leitung der Schule Althagen. In Ahrenshoop wurde der Junglehrer Kossow eingesetzt.

Mit dem gleichen Tage wurde die Schulstruktur verändert: Nur noch die Stufen 1–4 besuchten die Ahrenshooper und die Althäger Schule, während die älteren Schüler nach Wustrow mußten, wo sich mit neun aufsteigenden Klassen die Zentralschule des Fischlandes befand.

Da es von Ahrenshoop bis Niehagen noch immer keine Chaussee, sondern nur einen lehmigen Landweg gab, war für die Ahrenshooper Schüler der tägliche Fußweg nach Wustrow und zurück oftmals sehr beschwerlich.

Über diese Zeit heißt es in der Schulchronik:

„Es ist ein schwerer Anfang, ohne Lehrpläne und Schulbücher, ohne Hefte und Schiefertafeln, ohne Kreide die Schule wieder in Gang zu bekommen. Aber wir finden einen Ausweg: gute Kinderbücher, alte Formulare, Kreide am Strand!"

Die Schulgebäude in Ahrenshoop und Althagen wiesen beträchtliche Schäden auf und es begann ein langanhaltender Kampf der Lehrer um die notwendigsten Reparaturen.

Doch zum wichtigsten Problem wurde die Gesunderhaltung der Schulkinder. In der Schulchronik lesen wir über die Situation in den Jahren 1946–1948:

„Die katastrophalen Folgen des Krieges zeigen sich vor allem an unseren Kindern. Der Winter 1946/47 ist sehr hart. Der Bodden trägt wochenlang eine spiegelblanke Eisdecke. Aus Mangel an Heizmaterial (Torf) kann nur ein Klassenraum notdürftig geheizt werden. Es fehlt an warmer Kleidung, an Strümpfen und Schuhwerk. Das entlegene Fischland wird von den Versorgungsstellen vernachlässigt, obwohl es mehr als andere Landstriche Stürmen und peitschenden Regenböen ausgesetzt ist. Erschwerend wirken sich auch die katastrophalen Wegeverhältnisse aus.

Viele Kinder sind unterernährt. Sowohl von den Lehrern als auch von dem Schulausschuß und der Gemeinde werden außerordentliche Anstrengungen unternommen, diese Not zu lindern. Lehrerin Wehnert erhält über das Isländische Rote Kreuz 10 große Flaschen vollwertigen Dorschlebertran, der täglich (je Kind 1 Teelöffel) an die bedürftigen Kinder ausgegeben wird. Käthe Miethe spricht im Namen des Schulausschusses die Bauern an, Freitische und Vollmilch für zwölf besonders unterernährte Kinder zu gewähren. Die Aktion klappt. Die Gemeindeschwester Hildegard Homann übernimmt die Organisation."

Im Herbst 1946 warf der Vorsitzende des Kulturbundes im Land Mecklenburg, der Schriftsteller Willi Bredel (1901–1964) den bildenden Künstlern in einem öffentlichen Artikel vor, zu viele von ihnen würden sich der „Zeitnähe" entziehen, in einem Dornröschenschlaf verharren und sich in ihren Elfenbeinturm verkriechen.

Gegen diesen Vorwurf verwahrten sich viele bekannte Künstler, unter ihnen der Prerower Maler und Grafiker Theodor Schultze-Jasmer, Leiter der Künstlergruppe Darß der Sektion Bildende Kunst im Kulturbund, der Wustrower Maler Erich Th. Holtz, der die Künstlergruppe Fischland leitete und der Althäger Zeichner Fritz Koch-Gotha, der in seiner Stellungnahme zu Willi Bredels Forderung nach „zeitnaher Kunst" im Dezember 1946 u.a. schrieb:

„Alle wirkliche Kunst ist zeitnah, weil sie zeitlos ist. Die Forderung kann also nur sein, überhaupt Kunst zu machen . . . Es entsteht die Gefahr, daß ‚zeitnaher' Schund dem nicht zeitnahen Kunstwerk vorgezogen wird. Sollen die Methoden der Hitlerzeit wieder aufgenommen, die Kunst wieder ‚ausgerichtet', und damit das geistige Niveau der Münchener Ausstellungen wieder erreicht werden? Damals nannte man sein Bild ‚Erbhofbauer', heute heißt es ‚Neubauer'. Man war und ist ‚zeitnah', damals wie heute. Ist damit etwa der Kunst gedient? . . .

Bei uns geht's um Parteidinge und um Auffassungen! Unsere Zeit ist nicht das Ergebnis einer von uns gewollten Entwicklung, sondern sie ist über uns hereingebrochen als eine furchtbare Katastrophe. Wir stecken noch tief und noch auf lange hinaus in den Trümmern einer untergegangenen Welt. Und was das Schlimmste ist, unsere Zukunft ist völlig dunkel und nicht wir bestimmen sie . . ."

Gerhard Marcks 1943 (nach einem Porträt von Leo v. König)

Fritz Koch-Gotha (1877–1956), porträtiert von Gerhard Marcks.

Gerhard Marcks an Weise in einem Brief aus Niehagen vom 18. 6. 1946:

„Meine letzten 2 Wochen hier genieße ich, indem ich den alten Koch-Gotha proträtiere. Sie kennen sicher seine Arbeiten – aussehn tut er wie ein weiser Urmensch, Troglodyte mit zerklüfteten sehr bewegten Zügen, an Daumier erinnernd. Da er ein charmanter und sehr gebildeter Mann ist, so vertragen wir uns ausgezeichnet . . . Er ist rein bürgerlich, mit allen Schatten- und heute nicht anerkannten Lichtseiten . . . Sonderbare Blüte am deutschen Baum. Warum ist so einer kein großer Künstler geworden?"

Johannes R. Becher (1891–1958)
„Aber auch die Zeit in Ahrenshoop, erst zwei Jahre zurückliegend, ist schon entschwunden, und die Gräber von Liebesleidenschaften, die ich dort zurückließ, scheinen mir spurlos überwachsen zu sein. Kein Gespenst, nichts geht um. Und doch – die Gedichte aus dieser Zeit sind geblieben. Dafür haben sich viel Bitternis und Schande gelohnt." (Ahrenshooper Tagebuch, Mai 1950)

Diese Positionen wurden den Malern als kleinbürgerliches Unverständnis der Aufgaben der Zeit ausgelegt. Aber gerade diese drei Künstler verschlossen sich keineswegs den Problemen der Zeit und waren in ihren Gemeinden auf dem Fischland und Darß – wie auch die meisten anderen Maler, die hier lebten – aktiv tätig. Sie kümmerten sich um die Lebens- und Arbeitsbedingungen ihrer Künstlerkollegen, die damals sehr schwer waren, denn nicht nur Lebensmittel und Arbeitsmaterial waren knapp, sondern auch zahlungsfähige Käufer von Kunst. Sie richteten Malzirkel ein, gaben an den Schulen Kunstunterricht und unternahmen – wie vor allem Fritz Koch-Gotha – Ausflüge und Exkursionen mit Schulklassen, und sie arbeiteten künstlerisch engagiert weiter.

Als Kurdirektor in dieser Zeit hatte der Kulturbund Richard Salge eingesetzt, der sich sehr um die Entwicklung Ahrenshoops verdient machte. „Richard Salge führte sein verantwortungsvolles Amt so mit Umsicht und Geschick aus, daß die Einwohner und Gäste noch jetzt, Jahre nach seinem zu frühen Tode mit Hochachtung von ihm sprechen", schrieben H. Glander und E. Venzmer 1963.

Für den Monat Juli 1947 hatte Johannes R. Becher 34 junge Mitarbeiter des Kulturbundes zu einer vierwöchigen Sommerakademie nach Ahrenshoop eingeladen. Namhafte Gäste sprachen zu einer breiten Palette von Themen aus den Gebieten der Wissenschaft, Philosophie, Geschichte, Literatur, Kunst und Kulturpolitik. Unter den Referenten befanden sich namhafte Kulturbundmitglieder wie Alexander Abusch, Johannes R. Becher, Heinrich Deiters, Klaus Gysi, Karl Kleinschmidt, Ernst Niekisch und Paul Wandel, sowie die CDU-Politiker Ferdinand Friedensburg und Ernst Lemmer, die sich später vom Kulturbund abwandten. Es kamen unterschiedliche und divergierende Auffassungen zur Sprache, die offen und heiß diskutiert wurden. Es gab Streitgespräche um prinzipielle Probleme, aber auch solche wie das zwischen den Professoren Levinstein und Resch über Nuancen bei der Bewertung Goethes.

Diese Veranstaltungen entsprachen Bechers Programmatik einer durchgreifenden demokratischen Erneuerung des deutschen Kulturlebens, die er schon in der letzten Kriegszeit im sowjetischen Exil ausgearbeitet hatte. Diese Konzeption blieb bis in die fünfziger Jahre lebendig und wehrte sich zäh gegen die „sozialistische Kulturrevolution". „Daß sie sich am Ende nicht behaupten konnte, ist wohl am wenigsten Becher und seiner Kapitulation anzulasten, auch nicht nur der Führung in der DDR. Der damaligen sowjetischen Politik mußte eine kulturpolitische Praxis innerhalb des sozialistischen Lagers suspekt bleiben, in der ein freier Austausch von geistigen Positionen und Ansichten in aller Öffentlichkeit stattfinden konnte", schrieb K. Jarmatz (1991).

Gegen Ende der vierziger Jahre hatte Ahrenshoop ca. 250 Einwohner, Alt- und Niehagen zusammen rund 400. Hinzu kamen etwa 550 Umsiedler, zumeist waren es Sudetendeutsche.

Die hohe Einwohner- und damit auch Kinderzahl erfordert wieder Veränderungen in der Schulstruktur der Dörfer.

1947 übernahm Lore Sadoni den Unterricht in Ahrenshoop, 1948 wurde sie als dritte Lehrkraft in Althagen eingesetzt. Erst jetzt konnten das 5. und 6. Schuljahr beider Dörfer in Althagen gemeinsam unterrichtet werden. Der Schulamtsanwärter Otto Lüneburg erhielt 1948 die Schulstelle in Ahrenshoop.

Durch die hohe Zahl der Umsiedler in Alt- und Niehagen war hier die Schülerzahl auf 120 angestiegen. Die Kinder wurden in drei Klassen mit je zwei Stufen von drei Lehrern unterrichtet. Es standen aber nur zwei Schulräume zur Verfügung.

Anknüpfend an eine schöne Tradition aus den zwanziger Jahren, die Schulfeiern in Althagen durch Märchenspiele zu beleben, wurde durch Erne Wehnert 1947 die „Fischländer Spielschar" gegründet: in diesem Jahr führten die Sechs- bis Achtjährigen das Spiel „Butzemännchen beim Weihnachtsmann" auf. Dann folgten Jahr für Jahr – zu Weihnachten und zur Frühlingsfeier – zwei Spiele. Es waren Bewegungsspiele, die dem Bewegungsdrang der Kinder, ihrer Lust am „Vertauschen der Rollen", am Verkleiden entgegenkamen und sich als wirksames Mittel zur Beseitigung von Hemmungen erwiesen. Es gibt wohl kaum einen Nachkriegsschüler in Ahrenshoop, Alt- und Niehagen, der nicht mitgespielt hätte, und sei es in der bescheidensten Rolle. Viele Erwachsene – darunter die meisten Künstler – unterstützten diese Aufführungen.

Die alte Ahrenshooper Dorfstraße:
Blick in südliche Richtung; vorn rechts die „Bunte Stube", dahinter die Gaststätte „Zum Seezeichen".

Im Januar 1947 gab es eine weitere Initiative der Schulleiterin: Das Dorf wurde aufgerufen, Holländer, eiserne Schlittschuhe und Lederschuhe hervorzusuchen und der Schule zu leihen oder zu stiften. Bei guten Eisverhältnissen hieß es nun täglich „Treffpunkt Eis" und es wurde zur Selbstverständlichkeit, daß sich die Fischländer und Ahrenshooper Kinder von der 1. Klasse an auf dem Eis tummelten und unter Anleitung trainierten. Eiswanderungen und Eislauffeste der Althäger Schule wurden feste Bestandteile des alljährlichen Wintervergnügens.

Käthe Miethe im späteren Alter, als sie dem Land zwischen Meer und Bodden, seiner Geschichte und seinen Bewohnern ein literarisches Denkmal setzte.
Am Silvesterabend 1947 beendete Käthe Miethe die Arbeit an ihrem Heimatbuch „Das Fischland", das im Rostocker Hinstorff Verlag in kurzer Zeit mehrere Auflagen erlebte. Die Zeichnungen und den farbigen Schutzumschlag schuf Fritz Koch-Gotha.
„Ich habe hier die Liebe und Dankbarkeit sprechen lassen, die mich an das Fischland, das meine Wahlheimat geworden ist, binden", schrieb Käthe Miethe im Vorwort.

Am Altjahrsabend 1947 schrieb Käthe Miethe in ihrem Althäger Katen das Vorwort zu ihrem Heimatbuch „Das Fischland", das sie mit dem Satz beginnt: „Ich habe hier die Liebe und Dankbarkeit sprechen lassen, die mich an das Fischland, das meine Wahlheimat geworden ist, binden." 1948 erschien die erste Auflage des Buches, der 1950 eine zweite Auflage folgte.

1948 schied Hans Brass aus seinem Amt als Bürgermeister von Ahrenshoop, das er in den schweren ersten Nachkriegsjahren erfolgreich ausgeübt hatte. Neuer Bürgermeister wurde Hugo Schroeter (geb. 1881).

Am 1./2. März 1949 kam es an der Ostseeküste zu einer mittleren Sturmflut. Die Pegelstände lagen zwar niedriger, als bei den Sturmfluten von 1872, 1904 und 1913; aber am Vordarß brach die Ostsee ein und richtete große Zerstörungen an. Der Einbruch südlich der Rehberge erfolgte auf 900 m Länge und eine Tiefe von 150 m. Der Weg von Ahrenshoop nach Drei Eichen war teilweise überflutet, die Verbindung nach Born unterbrochen. Nur die Buchen hatten der Salzwasserüberflutung standhalten können. Die Kiefern wurden trocken und mußten abgenommen werden.

1949 kehrte der Maler und Grafiker Georg Hülsse (geb. 1914 in Düsseldorf) aus sowjetischer Kriegsgefangenschaft nach Deutschland zurück. Der gelernte Schriftsetzer hatte die Wredowsche Zeichenschule in Brandenburg besucht und ließ sich bei Karl Säwert in Malerei und Grafik ausbilden. Im Jahre 1937 wurde er zum Militärdienst einberufen. 1939 besuchte er Abendkurse an der Meisterschule des Kunsthandwerks Krefeld, studierte Grafik bei Walter Breker und erhielt 1941–42 Studienurlaub für die Pädagogische Hochschule in Dresden. 1943 ging Hülsses Frau Mechthild in gesegneten Umständen nach Ahrenshoop, wo ihr Vater, der Rechtsanwalt Dr. Theodor Vogt, das Haus Am Strom 6 als Sommeraufenthalt besaß. Die Großeltern gehörten schon vor der Jahrhundertwende zu den ersten Badegästen in Ahrenshoop. Frau Hülsse meldete sich und ihren Mann polizeilich in Ahrenshoop an; mußte aber mit den Kindern noch lange auf dessen Ankunft im neuen heimatlichen Domizil waren: 1945 war Georg Hülsse in Gefangenschaft geraten. Hier war er als „Lagerkünstler" ein gefragter Mann; aber Militär-, Kriegs- und Nachkriegszeit hatten die künstlerische Entwicklung im Verlaufe von 12 Jahren doch mehrfach gebrochen. Erste Hilfe in Ahrenshoop gaben ihm mit Zeichenbrett und Arbeitsmaterial das Malerehepaar Holtz in Wustrow.

Das Hülsse-Haus beschrieb Käthe Miethe einmal so:

„Ein Haus auf dem schmalen Landstrich zwischen dem Saaler Bodden und der Ostsee, das auf ein rund 150jähriges Dasein zurückblickt, ursprünglich ist es der Räucherkaten eines Fischers auf dem Darß gewesen, wovon das schwarze Gebälk noch zeugt. Es wurde von den Sturmfluten hart mitgenommen und sieht von außen noch immer wie in alten Zeiten aus."

Am 6. Mai 1949 wurde die 1846 gegründete Großherzogliche Navigationsschule und spätere Reichsseefahrtschule als Seefahrtschule wiedereröffnet. In fünf Klassenräumen in einem einhundertjährigen Gebäude begann die Ausbildung von Seeleuten für die Fischerei, von denen 49 erfolgreich die Küstenschifferprüfung ablegten.

Im August 1950 waren Bertold Brecht und Helene Weigel in Ahrenshoop und wohnten im Dornenhaus. Brecht notierte in seinem Arbeitsjournal: „anfang august 50 – fahren (nach) ahrenshoop, helli mit den kindern, ich mit ruth im steyr. es gibt einige alte fischerhäuser, die, selbst dunkelblau abgestrichen oder verfallen oder sogar renoviert für das fremdengeschäft, gut ausschauen, vielleicht, weil man das alter so interpretiert, als hätten sie sich gut hier gehalten; die neueren sehen so aus wie freche behauptungen, im grunde haltlos, von der landschaft verachtet.

es ist eine reine nazigegend, und nicht viel ist geschehen bisher, nicht viel konnte geschehen; es gibt zu wenige ansatzpunkte. die kleinen fremdenindustriellen sehen sich durch die maßnahmen gegen den schwarzen markt allenthalben behindert, als bauern müssen sie abliefern usw. als domäne des kulturbundes ist die gegend aber im sommer besucht von leuten, die der neuen regierung ziemlich direkt angehören."

Im selben Jahr erschienen unter dem Titel „Unterm eigenen Dach" zwei Erzählungen von Käthe Miethe aus dem Fischland. In der „Geschichte meines kleinen Hauses" schilderte sie das bewegende Schicksal ihrer Althäger Büdnerei B 54.

Im Jahre 1949 waren die Schäden an der Althäger Schule so stark, daß nur sofortige Abhilfe das Gebäude vor dem Verfall retten konnte. Am 28. September 1949 wurde auf Anregung des Lehrers Karl Friemel ein Lokaltermin mit allen am schulischen Leben Beteiligten durchgeführt, die zu einem Antrag an den Gemeinderat führte, in dem ein detailliertes Programm an Sofortmaßnahmen formuliert war. Am selben Abend wurde der Antrag angenommen und nach einer erfolgreichen Geldsammlung bei den Eltern und Freunden war die Materialbeschaffung gesichert und die Arbeiten – bis auf die Dachreparatur – waren noch vor dem Winterbeginn beendet.

Der Dramatiker Bertolt Brecht.

Helene Weigel (nach einem Porträt von Otto Niemeyer-Holstein)
oben links:
Das Haus des Malers und Grafikers Georg Hülsse in Ahrenshoop Am Strom

Ein Vierteljahrhundert lang gestaltete Georg Hülsse in Ahrenshoop die Programmhefte und Plakate des Rostocker Volkstheaters, mit dem ihn eine feste Freundschaft verband.

Kapitän Heinrich Voß (1865–1963) stammte aus der Ahrenshooper Schifferfamilie Voß im Feldweg 1. Er fuhr viele Jahre zur See – auch noch zur Zeit der Segelschiffahrt. Der Ahrenshooper Kirche stiftete Heinrich Voß in den fünfziger Jahren die von ihm gebauten Schiffsmodelle, die dem Innenraum das Flair einer Schifferkirche verleihen.

Nun kam auch Käthe Miethes Plan zur künstlerischen Ausgestaltung der Klassenräume zur Verwirklichung. Die Maler Hedwig Holtz-Sommer und Erich Th. Holtz aus Wustrow und Georg Hülsse aus Ahrenshoop schmückten die Wände unentgeltlich: Für die Kleinen entstanden in ihrem Unterrichtsraum die Motive aus den schönsten deutschen Volksmärchen, während im Nebenzimmer eine Heimatklasse Gestalt annahm: eine bunte Heimatkarte zeigte das Land zwischen Meer und Bodden, die Leuchtfeuer und Kirchtürme, die Hallen der Boddenwerft und das Gjedser Feuerschiff, die Arbeit der Fischer und das Tonnenreiten. Das Material für die Maler verdienten die Kinder mit der Gestaltung eines Elternabends, der rund 160,– Mark einbrachte. Die Zeitungen schrieben, daß die Kinder auf dem Fischland die schönsten Schulklassen Mecklenburgs erhielten.

1950 schrieb Johannes R. Becher sein Tagebuch „Auf andere Art so große Hoffnung", in das auch sein „Ahrenshooper Tagebuch" einbeschlossen ist.

Im Jahre 1950, wenige Monate nach der Gründung der Deutschen Demokratischen Republik, wurde die große Gemeinde Ahrenshoop gebildet, zu der nunmehr auch die benachbarten Fischlanddörfer Alt- und Niehagen als Ortsteile gehörten.

Bürgermeister der gesamten Gemeinde Ahrenshoop wurde Kahlert, Hugo Schroeter wurde stellvertretender Bürgermeister und übte dieses Amt bis zu seinem Tode 1951 aus.

Es war ein Kennzeichen der ersten Nachkriegsjahre, daß trotz Hunger und Kälte sowohl Lehrer als auch Eltern und Schüler allen Schwierigkeiten energisch zu Leibe rückten und sogar Zeit fanden, fröhliche Feste zu feiern. Ab 1947 fanden in Althagen und ab 1949 auch in Ahrenshoop wieder große Kinderfeste statt. Am Ahrenshooper Kinderfest im Juli 1949 nahmen 250 Kinder (Schüler und Gäste) teil. Am guten Gelingen war das ganze Dorf beteiligt.

Am 1. Juni 1950 fand das Kinderfest – zur Feier des Internationalen Kindertages – erstmalig gemeinsam für beide Schulen statt. In der Schulchronik wurde über diesen Tag eingetragen: „Höhepunkt dieses Festes ist – nach Fischländer Brauch – der Kampf um die Königswürde: bei den Jungen durch Tonnenabschlagen zu Rad, bei den Mädchen durch Taubenstechen. Für die Lütten ist der Kasper mit seinen drolligen Späßen Hauptanziehungspunkt. Sportliche Wettkämpfe wie Stangenklettern, Tonnenreiten und Tonnenrollen folgen. Ein schönes Buch oder ein anderes Geschenk – Spender ist das ganze Dorf – erwartet die großen und kleinen Sieger. Mit improvisierten Tänzen und einer Polonaise klingt das Fest aus. König und Königin werden mit Musik nach Hause gebracht."

Die Tradition des Tonnenabschlagens wurde fortgesetzt und 1950 traten die Ahrenshooper und die Alt- und Niehäger Tonnenbrüder dem Kulturbund bei, der die Wahrung alter Volksbräuche zu einer wichtigen Aufgabe vor allem in ländlichen Gebieten erklärt hatte.

Am 23. 1. 1951 teilte das Landesamt für Denkmalpflege die vom Landeskonservator der Bau- und Kunstdenkmale in Mecklenburg, Dr. Heinz Mansfeld, unterzeichnete Denkmalserklärung für Ahrenshoop mit, in der es u.a. hieß:

„Gemäß § 2 des Gesetzes zum Schutze der Denkmale, der Natur und der Landschaft (Denkmalschutzgesetz) vom 5. 12. 1929 in der Fassung des Änderungsgesetzes vom 29. 9. 1934 wird hiermit im Sinne des Gesetzes zum Denkmal erklärt:

Das Ortsbild des vom ‚Kulturbund zur demokratischen Erneuerung Deutschlands' als Erholungsstätte für seine Mitglieder und Gäste in Anspruch genommenen Seebades Ahrenshoop mit den Gemeindeteilen Althagen und Niehagen (Kreis Rostock-Land).

Die Grenze des geschützten Gebietes fällt mit der Gemeindegrenze zusammen.

Sämtliche innerhalb dieses Gebietes liegenden Straßenzüge, Bauwerke, Anpflanzungen jeder Art sind als Denkmäler im Sinne des Gesetzes anzusehen.

Alle Maßnahmen, die eine Beseitigung, Veränderung oder erhebliche Ausbesserung eines solches Objektes darstellen, bedürfen einer vorherigen Genehmigung durch das Landesamt für Denkmalpflege. Insbesondere ist eine solche vorherige Genehmigung erforderlich für Maßnahmen, die eine sichtbare Veränderung des Ortsbildes bedeuten, wie Anlegung neuer Straßenzüge, Neubauten, neue Anpflanzungen, Anbringung von Anschlagtafeln, Reklametafeln und Reklameschriften, von Beleuchtungskörpern usw."

1951 wurde der Ahrenshooper Bürgermeister Kahlert in seinem Amt durch Bürgermeister Ehrlich abgelöst.

Am 1. Juni 1951 fand im „Ostseehotel" die erste große Kinderolympiade im Rahmen des Kinderfestes statt, an der das ganze Dorf Anteil nahm. Von der Jury, der außer den Lehrern der Zeichner Fritz Koch-Gotha, die Schriftstellerin Käthe Miethe, der Maler Arnold Klünder und Frau Magdalene Reiche angehörten, wurden die besten Erzähler, Sänger, Instrumentalisten und Maler ermittelt und mit Buchpreisen prämiert.

In diesem Jahr führten die Schulen in Ahrenshoop und Althagen auch die ersten Sommer-Ferienspiele durch, die zumeist am Strand stattfanden. In einer Elternversammlung vor den Ferien hatte Erne Wehnert die Losung der Schule erläutert: „Jedes Kind muß schwimmen lernen!" Die Eltern begrüßten diese Forderung und im Sommer begann das Training mit dem Ziel, die Frei- und Fahrtenschwimmerprüfung abzulegen.

Im Jahre 1951 wurde die Ahrenshooper Kirche errichtet, der erste sakrale Nachkriegsneubau in Vorpommern. Sie wurde von dem in Prerow wohnenden jungen Architekten Hardt-Walter Hämer entworfen und fügt sich als Holzbau mit steilem Rohrdach harmonisch in die sie umgebende Landschaft ein. An der Spitze des Westgiebels befindet sich ein großes Kreuz aus Eisen und über der Eingangsglastür das Christuszeichen. Unter einem Vordach am Ostgiebel hängt die Glocke.

Neben der Prerower Seemannskirche (1728) und der Borner Kirche (1935) war sie nun die letzte der Darßer Kirchen. Der Ahrenshooper Bildhauerin Doris Oberländer-Seeberg (1903 –1989) wurde die Innenausstattung der Kirche – die Altarwand, die Predigtkanzel und das Taufbecken – übertragen. Als Material verwendete sie das Holz einer Pappel, die auf der Baustelle stand und gefällt werden mußte.

Die vier Modellschiffe, die den Kirchenraum schmücken – die Brigg „Glaube", den Dreimastgaffelschoner „Liebe", das Vollschiff „Hoffnung" und die Galiot „Frieden" – schuf der Ahrenshooper Kapitän Heinrich P. Voß (1865–1963) in den fünfziger Jahren und stiftete sie der Kirche.

Von Seiten der Ahrenshooper erhielt der Prerower Pfarrer Walter Pleß, zu dessen Kirchspiel das Dorf gehörte, für den Neubau nahezu keine Unterstützung: Seit Jahrhunderten gingen sie zum Gottesdienst nach Wustrow in Mecklenburg, daran waren sie gewöhnt und sahen keinen rechten Sinn in einer Veränderung. Aus Prerow, Wieck und Born kamen Holz, Rohr und Arbeitskräfte und nur die Fundamentsteine sammelte man am Hohen Ufer.

Georg Hülsse (Jahrgang 1914)
„Georg und Mechthild Hülsse wohnen in einem Denkmal: Ihr romantisches Haus stand vor langer Zeit als Räucherkaten am Weststrand . . . Urgemütlich und anheimelnd ist es bei den Hülsses; bewahrte Ahrenshooper Traditionen innen wie außen. Ein Atelier im klassischen Sinne fehlte im Hause: Georg Hülsse kommt mit einfachen Schaffensbedingungen durchaus zurecht. Seine Motive hat er rings um sich her, angefangen von der Blumenpracht des Garten von Frau Mechthild bis zur großflächigen Landschaft, die er vor allem in seinen Aquarellen so tief empfunden wiedergibt." (Ausstellungsblatt des Kunstkatens Ahrenshoop)

links oben:
Den Maler Arnold Klünder (1909–1976) konnte man sommers wie winters am Strand bei der Arbeit antreffen. Seit den 30er Jahren Sommergast auf dem Fischland, nahm er 1946 seinen ständigen Wohnsitz in Althagen.

Im Jahre 1951 wurde die jüngste der Darßer Kirchen geweiht – die Ahrenshooper Kirche.

Am 14. Oktober 1951 hielt Pfarrer Pleß den ersten Gottesdienst in der neuen Kirche und konnte zugleich den Sohn des Architekten, Johann Sebastian, taufen.

In der Silvesternacht des Jahres 1951 starb der Doberaner Schriftsteller Gerhard Ringeling (geb. 1887). In den „Mecklenburgischen Monatsheften" hatte er sich mit Porträtskizzen über bekannte mecklenburgische Persönlichkeiten bereits einen Namen gemacht, als 1935 im Wichern-Verlag Berlin sein Buch „Seefahrend Volk – Vier Erzählungen vom alten Fischland" erschien, dem nach dem zweiten Weltkrieg „Fischländer Volk – Geschichte und Schicksal einer mecklenburgischen Küstenlandschaft" folgte. Gerhard Ringelings vom tiefen Glauben durchdrungenen aber keineswegs frömmelnden Erzählungen gehören zum literarischen Schatz vom Fischland und Darß.

Das Frühjahr 1952 brachte am 11. Februar einen Schneesturm der Windstärke 12, der es den Kindern unmöglich machte, zur Schule zu kommen.

Die Saison lockte wieder tausende Gäste in das sommerliche Ahrenshoop; die materiellen Bedingungen der Urlauberbetreuung einschließlich der Verpflegungsprobleme hatten sich spürbar gebessert. Kritik dagegen gab es an den kulturellen und geselligen Möglichkeiten in Ahrenshoop. Auf einer Protestversammlung der aufgebrachten Kurgäste wurde eine Resolution an die Adresse der Bundesleitung des Kulturbundes angenommen. Auch die Presse stieg mit ein und mahnte die Verantwortung des Kulturbundes an. Man erinnerte daran, daß 1951 die örtliche Kulturbundgruppe in der Bunten Stube mehrere Ausstellungen veranstaltet und die Seefahrtschule Wustrow stets die neuesten Filme vorgeführt hatte. Nun wurde den örtlichen Instanzen, die selbst gar nichts auf kulturellem Gebiet leisteten, Behinderung der Initiativen und dem neuen Kurdirektor Untätigkeit vorgeworfen. Die Schließung der „Giftbude" am Althäger Hafen „durch Bürokraten" 1950 gegen den Willen der Gäste kam ebenso zur Sprache, wie die Nichtausnutzung der Bettenkapazitäten durch die Berliner Kulturbundzentrale trotz örtlicher Bemühungen und großer Nachfrage.

Im Jahre 1953 erschien Käthe Miethes Roman „Die Flut – Bilder vom alten Ahrenshoop", in dem sie die Geschichte Ahrenshoops in der bewegten Zeit zwischen 1872 und 1914 an menschlichen Schicksalen im Dorf künstlerisch nachvollzieht.

Im Februar 1953 erreichte die „Aktion Rose“ auch Ahrenshoop. Unter diesem harmlosen Namen wurde staatlicherseits der berüchtigte Schlag gegen zahlreiche private Hoteliers, Pensionsinhaber, Gastwirte und Geschäftsleute an der Ostseeküste geführt. Unter konstruierten Vorwänden der Schieberei und des Steuerbetruges kam es zu Verhaftungen und Verurteilungen – falls den Betreffenden nicht rechtzeitig die Flucht in den Westen gelang. Zahllose Enteignungen schufen die Grundlage für Verstaatlichungen und die Erweiterung des gewerkschaftlichen Feriendienstes in der DDR.

Ende Februar 1953 wurde Ahrenshoop von einer Welle von Kriminalpolizei überschwemmt. Alle Gastwirtschaften und Läden wurde kontrolliert und versiegelt.

Das Kurhaus wurde geschlossen und die Inhaber verhaftet. Ebenso wurden das „Seezeichen“ und das „Ostsee-Hotel“ geschlossen; die Inhaber – Knecht und Oehmke – setzten sich nach Westberlin ab. Einige Läden wurden ebenfalls beschlagnahmt und dem Konsum bzw. der staatlichen Handelsorganisation (HO) übereignet.

In einem Brief vom 6. März 1953 schrieb Fritz Koch-Gotha: „Übrigens war auch Fritz Wegscheider wegen irgendwas angeklagt, und manch einer wäre ‚abgehauen‘, wozu auch im allgemeinen geraten wurde. Es schien gar zu deutlich, daß auch sein Geschäft ‚volkseigen‘ werden sollte, und dazu brauchte er sich nicht auch noch einsperren zu lassen. Aber er wurde – wenn auch nur dank einer äußerst geschickten Wendung seines Rechtsanwaltes – freigesprochen, und sein Geschäft hat er nun noch.“

Auch die Häuser aller, die „illegal“ die DDR verlassen hatten, wurden beschlagnahmt und unter Zwangswirtschaft gestellt.

Im Sommer 1953 wurde das „Bezirkstonnenfest“ in Althagen durchgeführt und der Barnstorfer Bauer Franz Ehrke wurde Bezirkstonnenkönig.

Seit ihrer Weihe ist die Ahrenshooper Kirche vor allem in den Sommermonaten eine von den Gästen gern genutzte Stätte kultureller Begegnungen und des geistigen Austauschs. Auf unserem Bild: Der Greifswalder Bischof Krummacher erzählt von seiner Reise nach Südamerika (Sommer 1960)

1953 mußte erneut die Schulstruktur verändert werden. Die absinkende Schülerzahl hatte zur Folge, daß in diesem Jahr in Althagen und Ahrenshoop wieder zum Drei- bzw. Vierstufenunterricht zurückgekehrt werden mußte. Der Vorschlag des Schulamtes, die gleichen Stufen in den Schulen – zugunsten eines qualifizierten Unterrichtes – zusammenzulegen, wurde von der Elternschaft der weiten Wege und der sehr schlechten Beschaffenheit der Dorfstraße wegen nicht akzeptiert. Nur die Stufe 5 wurde gemeinsam in Althagen unterrichtet.

Neuer Bürgermeister in Ahrenshoop wurde 1953 Wilhelm Reimer.

DIE FREIWILLIGE FEUERWEHR
ORTSTEIL AHRENSHOOP
LÄDT

AM SONNABEND, 23. 2. 52,
20.30 UHR IM KURHOTEL ZU
EINEM
GEMÜTLICHEN
ABEND
HERZLICH EIN

EINTRITT NUR MIT DIESER EINLADUNG
EINLASS 20 UHR · UNKOSTENBEITRAG 2 DM

III/15/18 F 14 206 0.3

Die im März 1906 gegründete Ahrenshooper Feuerwehr (damals Feuerwehrverein genannt), setzte auch nach dem Zweiten Weltkrieg ihr traditionsreiches Wirken fort; wozu nicht nur die zuverlässige Abwehr von Feuersbrünsten gehörte, sondern auch das fröhliche Feiern.

Arnold Zweig (1887–1968)
„Liebster Feuchtwanger! Dies ist der erste Brief, den ich seit einem Monat diktiere, und auch der erste wieder in Berlin. Gestern abend nämlich erst kamen wir, Dita und ich, aus Ahrenshoop zurück, wo wir uns 20 Tage am Ostseestrand tummelten und erholten. Ich hatte einen Briefbogen mit, um an Sie mit der Hand zu schreiben, aber im ganzen Ort gab es keine Stelle, wo das nach Einbruch der Dunkelheit möglich gewesen wäre. Am Tage aber lagen wir im oder neben dem Wasser, oder teilten unsere Mahlzeiten mit Bechers oder Eislers – Hanns und Lou. In einem entfernteren Teil des Dorfes wohnten Brechts und Ruth Berlau, dicht neben uns Ernst Busch mit seiner Frau und drei Hundchen, und nun wissen Sie ungefähr, wieviel wir lachten, ernsthaft berieten (die Akademie und das Theater) und uns in der Hauptsache erholten . . ."
Arnold Zweig an Lion Feuchtwanger, Brief vom 14. 9. 1950.
rechts oben:
Das alte „Haus am Meer" in der Ahrenshooper Dorfstraße 36.
Im Vordergrund „Haus Nordlicht".

Am 4. Januar 1954 richtete eine große Sturmflut in der südlichen Ostsee beträchtlichen Schaden an. Hinsichtlich der an verschiedenen Küstenstationen gemessenen, maximalen Pegelstände nahm sie unter den großen Ostsee-Sturmfluten der letzten hundert Jahre die vierte Stelle ein. Jedoch blieb im Vergleich zu den vorhergegangenen Sturmfluten die Wirkung der am 4. Januar an der Küste wehenden starken bis stürmischen Winde gering. Es wurden keine nennenswerten Sturmschäden beklagt, Licht- und Fernsprechleitungen blieben unbeschädigt und es wurden keine Schiffe in Seenot gemeldet.

Aber die alten Gefahrenstellen traten wieder deutlich hervor. So wurden auf dem Vordarß mehrere Quadratkilometer der Wils (Bruchwald) überschwemmt. Vor dem Waldeingang floß das Meerwasser in einem 6 m breiten und 40–50 cm tiefen Wasserlauf nach der Werre, einer Bucht im Saaler Bodden, so daß der Weg von Ahrenshoop nach Born unpassierbar wurde. Die Düne war an der Einbruchstelle auf etwa 100 m Länge fortgespült worden. Die Uferverluste betrugen am 4. Januar 1954 im Bereich der Dünen vor Ahrenshoop 3,0 bis 6,0 m, beim Waldeingang am Vordarß bei Ahrenshoop 2,0 bis 3,0 m und an den Rehbergen 6,0 m.

Bei einer Sturmflut wie der von 1913 würde ein Durchbruch an der inzwischen durch das Meer von jedem natürlichen Schutz entblößten Uferstrecke des Vordarß nicht abzusehende Folgen für die Binnenküsten nach sich gezogen haben. Bei der erheblichen Verzögerung des nachfolgenden Abzuges des Wassers hätte es einen starken Übersturz gegeben. Es wurde nach dieser Sturmflut klar, daß die Lage am Vordarß als außerordentlich gefahrbringend für alle am Bodden gelegenen Ortschaften anzusehen war und die gefährdete Uferstrecke allein durch Deiche am Außen- und Binnenufer geschützt werden konnte.

Ein anderes Problem, das seiner Lösung harrte, waren nach wie vor die Verkehrsverhältnisse: die Fischlandchaussee endete seit vielen Jahren beim Kiel in Niehagen, die Chaussee, die von Barth über Prerow führte, ging bis Born. Dazwischen, durch zwei unsägliche Sandwege mit den Nachbarn verbunden, lag Ahrenshoop.

Der bedeutende deutsche Romancier Arnold Zweig (1887–1968) veröffentlichte 1954 in der Zeitschrift „Bildende Kunst" einen Aufsatz unter dem Titel „Strand und See: Künstler in Ahrenshoop", in dem es hieß:

„Der lange schmale Küstenstreifen zwischen Meer und Bodden wird vom Hinterland durch eine Landstraße getrennt, an der sich bessernde Hände vorläufig nicht versucht haben. Wozu auch? Vorspanndienste für beschädigte Autos oder solche, die in tiefen Schlammkuten stekkenblieben, sind den Anwohnern doch zu gönnen. Und man kommt ja auch schließlich dennoch, die zerfahrenen Kilometer überwindend in einen gastlichen Ort . . ."

In seinem Aufsatz beschrieb Arnold Zweig die Wirkung der See auf die Malerei, die Dichtung und die Musik, ein Phänomen, das ihn schon Jahre zuvor in Deutschland und Palästina mehrfach beschäftigt hatte. Arnold Zweig gefiel es in Ahrenshoop ausnehmend gut und er schwamm gern vor dem Hohen Ufer in die See hinaus – in Begleitung, da er fast erblindet war.

Um diese Zeit hatte der Botaniker Prof. Dr. Werner Rothmaler in Ahrenshoop, wo er seit 1952 regelmäßig die Sommerwochen verbrachte, eine Station des Agrobiologischen Instituts der Greifswalder Universität, dessen Direktor er war, aufgebaut. Von hier aus begann 1954 entsprechend seinem Habil-Thema Prof. Rothmalers Oberassistent Franz Fukarek seine umfangreichen pflanzensoziologischen Untersuchungen und Kartierungen der Vegetation vom Fischland und Darß. Fukarek erinnerte sich: „Das Gebiet östlich von Prerow war von Ahrenshoop aus nur schwer zu erreichen. Feste Wege gab es damals auf dem ganzen Darß nicht. Und selbst mit dem Motorrad war das Fahren eine alles andere als leichte und angenehme Sache. Ich entwickelte mich so notgedrungen zu einem recht brauchbaren Motocross-Fahrer . . ." Die Habilschrift von Franz Fukarek wurde 1961 unter dem Titel „Die Vegetation des Darß und ihre Geschichte" veröffentlicht.

Von der Ahrenshooper Station des Agrobiologischen Instituts aus haben in jenen Jahren zahlreiche Studenten der Greifswalder Universität auf Exkursionen den Darß kennengelernt.

Der Winter 1954/55 war still, sonnig und klar. Fast drei Monate lang – mit einer kleinen Unterbrechung bis Ende März – machte es das anhaltende Spiegeleis des Boddens Tag für Tag möglich, das Schlittschuhlaufen zu betreiben.

Am 4. Februar fand das Eislauffest der Schule Althagen statt. Es begann querab vom Hafen an einem anfangs klaren Abend gegen 17 Uhr. Das ganze Dorf war geladen, und zu Fuß, auf Peek-, Segel- oder Pferdeschlitten kamen Eltern und Freunde zum Fest, das mit einem Laternenreigen der Stufen 2–5 eröffnet wurde. Es war ein wunderschönes Bild. Bäckermeister Hermann Saatmann begleitete die Paar- und Gruppentänze auf dem Schifferklavier. Es folgten rein sportliche Darbietungen, darunter ein Slalomlauf, wobei es beachtliche Leistungen gab. Eine fünftourige Polonaise, in raschem Tempo gelaufen, stellte Können und Disziplin der Fortgeschrittenen auf eine harte Probe und beschloß dieses schöne Fest. Plötzlich aufkommender dicker Nebel hüllte das Boddenufer ein und zwang Teilnehmer und Gäste, den Weg am Rohr entlang zu ertasten.

1955/56 wurde der rund vier Kilometer lange Seedeich zwischen Ahrenshoop und den Rehbergen errichtet, für den etwa 114 000 Kubikmeter Mineral- und Lehmboden abgebaut, transportiert und aufgeschüttet werden mußten.

1955 wurde ein bedeutendes Projekt des Küstenschutzes in Angriff genommen: die letzten beiden Sturmflutdurchbrüche der Ostsee 1948 und 1954 am Vordarß und südlich der Rehberge waren Anlaß, künftigen ernsthaften Gefährdungen von 14 Boddendörfern vorzubeugen und einen Seedeich nördlich Ahrenshoop zu bauen.

Vier Millionen Mark stellte der Ministerrat dafür zur Verfügung. In den Sommermonaten standen 170 Arbeiter im Schweiße ihres Angesichts an ihren Maschinen und Geräten oder versahen den Transportdienst, um einen wirksamen Wall gegen das Meer zu errichten.

Der Seedeich zog sich in 120 bis 150 Meter Küstenabstand von Ahrenshoop bis zu den Rehbergen hin; das sind ungefähr vier Kilometer. Er erhebt sich 3,5 Meter über NN. Benötigt wurden etwa 90 000 Kubikmeter Mineralboden und 24 000 Kubikmeter Lehmboden. Der Mineralboden wurde auf der am Saaler Bodden gelegenen Halbinsel Mövenort gewonnen. Lehm, der in dieser Gegend knapp ist, wurde unter der Humusschicht des Vittebrook beim Grenzweg gefunden, abgebaut und mit Loren zur Deichbaustelle befördert.

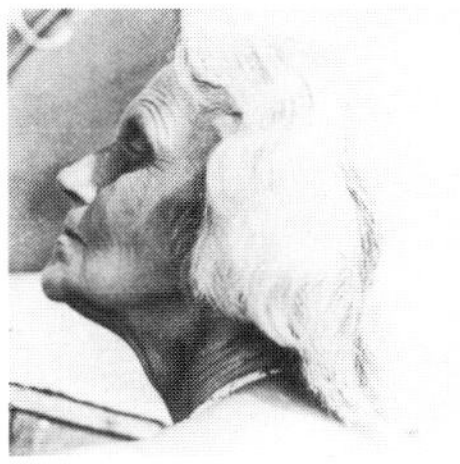

Die Bildhauerin Hertha von Guttenberg (1896–1990), kam seit 1924 regelmäßig nach Ahrenshoop:
„Fast jeden Sommer wohnten wir mal hier, mal da im Dorf und manche Freundschaft mit den Dörflern entstand, bis wir 1956 ein eigenes Sommerhaus bauen konnten, da mein Mann als Botanikprofessor einen Nationalpreis erhalten hatte . . . Durch mein ganzes Leben zog sich die Leidenschaft für das Portrait, für den Ausdruck, der ein menschliches Antlitz prägt, seien es berühmte Musiker, Wissenschaftler, Handwerker oder Fischer."

Professor Franz Triebsch (1870–1952): Selbstbildnis.
Der Porträtmaler fand 1912 den Anschluß an die Ahrenshooper Malerkolonie: sein Haus auf dem Schifferberg war das letzte Vorkriegsmalerhaus, das hier in „Neu-Ahrenshoop“ entstand.
rechts oben:
Vor rund 125 Jahren begann der Buhnenbau zum Schutze der Küste – und blieb seither eine Dauerbeschäftigung, ohne daß dadurch dem Küstenrückgang am Fischland, dem Vordarß und dem Darßer Weststrand dauerhaft Einhalt geboten werden konnte.

Der Kern des Deiches besteht also aus Sand, darüber liegt der bindige Boden, die „Lehmschürze“. Darüber wurde humoser Sand planiert, der das Austrocknen der Lehmschürze verhindert. Abschließend wurde zum Zweck der Grasanpflanzung Mutterboden aufgetragen. 1956 sah der Deich noch kahl aus; aber schon im darauffolgenden Jahr trug er sein grünes Kleid.

1955 begannen die Arbeiten zur Verlängerung der Fischlandchaussee – die seit 1930 in Niehagen endete – bis Ahrenshoop.

1955/56 war die Geburtszeit der Fischlandkeramik.

In Althagen – wo sie bereits seit 1932 ansässig waren – bauten Frieda und Wilhelm Löber gemeinsam eine Keramik-Werkstatt auf. Ihnen folgten im Althäger Haus hinter dem Deich Barbara und Arnold Klünder mit ihrer Keramikwerkstatt. Barbara, die Tochter von Fritz Koch-Gotha und Dora Koch-Stetter, lebte seit 1943 in Althagen, wo 1946 auch ihr Mann, der Maler Arnold Klünder, seinen Wohnsitz nahm.

1956 bezog die Bildhauerin Hertha von Guttenberg (1896–1991) aus Rostock, die bereits seit 1924 regelmäßiger Gast in Ahrenshoop war, ihr eigenes Sommerhaus im Feldweg, unmittelbar neben dem Mühlengrundstück. Hertha von Guttenberg widmete sich vor allem der Porträtplastik.

In dieser Zeit waren Georg Hülsse und Arnold Klünder besonders rührig im Kulturbund tätig und organisierten nahezu alle Ausstellungen im Kunstkaten. Im Gemeinderat kümmerten sie sich aktiv um die Belange der Dörfer, und Georg und Mechthild Hülsse engagierten sich energisch für das grüne Antlitz Ahrenshoops.

Im Jahre 1956 hielt der Tod seine schmerzliche Ernte unter der Schar der älteren Malergeneration:

Der älteste war Prof. Franz Triebsch (geb. 1870), der seit 1912 in seinem Haus Am Schifferberg wohnte.

Im Juni starb Fritz Koch-Gotha (geb. 1877). Noch im vergangenen Winter, als das Eis vor Ahrenshoop Blöcke und Schollen zu hohen Mauern auftürmte, hatten ihn die Schulkinder dort draußen begrüßt: oftmals hatte er sie auf ihren Fahrten nach Stralsund, Barth und Ribnitz begleitet und stets großes Verständnis für sie gehabt.

Ebenfalls im Juni starb Erich Th. Holtz (geb. 1885), der seit 1924 in Wustrow lebte.

Im Dezember schließlich starb nach langem Leiden in Hamburg Otty Kaysel verehel. Ziel (geb. 1875), die als Malschülerin Paul Müller-Kaempffs nach Ahrenshoop gekommen war und über eine große malerische Begabung verfügte.

1956 wurde Heinz Berend neuer Bürgermeister von Ahrenshoop, und im darauffolgenden Jahr wurde das Gemeindeamt, das sich seit 1950 in der Althäger Büdnerei B 40/41 befunden hatte, nach Ahrenshoop verlegt.

Am 8. März 1957 brannte durch Funkenflug der Lorenz-Lokomotive, die beim Straßenbau eingesetzt war, das kleine Haus Wegscheider in der Dorfstraße ab. Der Wiederaufbau wurde unverzüglich in Angriff genommen, wobei vor allem das Dachgeschoß weiter ausgebaut wurde.

Auf der Buchausstellung 1957 in Berlin war Georg Hülsse, der als Buchgestalter für den Hinstorff Verlag Rostock tätig war, vertreten. Hülsse machte sich vor allem auch als Gebrauchsgrafiker und Programmheftgestalter für die Theater in Putbus und Rostock einen guten Namen. Zwangsläufig trat für ihn die Malerei dabei in den Hintergrund seines Schaffens. Tausenden von Urlaubern aber wurde Georg Hülsse durch seine eindrucksvollen Lichtbildvorträge im Kulturbundhaus bekannt, mit denen er sie auf die oftmals verborgenen Reize der Küsten- und Boddenlandschaft aufmerksam machte und ihnen half, die Landschaft mit den Augen des Malers zu sehen.

Im Jahre 1958 gab es im Bereich der Fischereiaufsichtsstelle Barth zwanzig Zeesenfischer, von denen sieben aus Ahrenshoop/Althagen waren, wie die ausgegebenen Erlaubnisscheine für Treibzeesen belegen:

1. Dade, Heinrich
2. Dade, Peter
3. Dade, Richard
4. Hebert, Ernst
5. Konow, Paul
6. Schwanz, Gustav
7. Schwedemann, Franz

1958 wurde das Wasserwerk in Althagen fertiggestellt. Der Wasseranschluß ging anfangs bis Niehagen; 1959 erhielt auch Ahrenshoop eine Wasserleitung und 1960 waren alle Hausanschlüsse verlegt.

1959 wurde der Chausseebau bis zum Café „Namenlos" weitergeführt, so daß es nun nach drei Jahrzehnten eine durchgehende Fischlandchaussee von Ribnitz bis Ahrenshoop gab.

Im selben Jahr hatten sich die Handweberinnen Ita Rost und Marianne Schmidt-Kirstein auf dem Althäger Weg zum Hohen Ufer ihre Werkstätten erbaut.

An diesem schönen Birkenweg begann in den fünfziger Jahren die Besiedlung des Hohen Ufers, auf dem zuvor nur das Haus „Windeck" und weiter südlich die Häuser „Störtebeker" und „Stranddorn" gestanden hatten.

So wurde der Buhnenbau noch über die erste Jahrhunderthälfte hinaus betrieben.

Im Jahre 1959 wurde die Fortsetzung der Fischlandchaussee von Niehagen bis zum Ahrenshooper Kurhaus fertiggestellt.

1959 starb in Berlin Hans Brass (geb. 1885), der bereits 1951 Ahrenshoop verlassen hatte. Brass, Mitbegründer der Bunten Stube und zweimaliger Ahrenshooper Bürgermeister, war als Künstler „zeitlebens ein Suchender, der sich um die Gestaltung von Ideen bemühte und infolgedessen in seinem Werk dem Menschen mehr Raum gab, als der Landschaft . . . Er hinterließ ein Werk, das nicht umfangreich, doch eindrucksvoll ist", schrieb Hermann Glander.

1959 kam der Maler und Grafiker Klaus Müller-Schoenefeld (1910–1991) nach Althagen und bezog die Büdnerei B 24/25. Er hatte zuvor zwölf Jahre in Pruchten am anderen Boddenufer gelebt. Müller-Schoenefeld malte vor allem Landschaften und spezialisierte sich auf die Hinterglasmalerei.

An Stelle von Heinz Berend wurde 1959 Otto-Julius Müller neuer Bürgermeister von Ahrenshoop.

In den Jahren 1959/60 wurde die Chaussee von Ahrenshoop nach Born gebaut und somit die durchgehende feste Straßenverbindung zwischen Ribnitz und Barth über die Halbinselkette zwischen See und Bodden vollendet.

Bis dahin hatten sich nur vereinzelte kühne Autofahrer mit ihren Wagen den alten Waldweg nach Born zu befahren getraut. Nun war klar, daß mit der durchgehenden Chausseeverbindung Ahrenshoop an einer Durchfahrtstrecke zwischen Rostock/Ribnitz und den Darßdörfern liegen würde. Demzufolge löste der Chausseebau nicht nur Zustimmung, sondern auch viele kritische Einwände aus und in den Einwohnerversammlungen und den Zeitungsspalten wogte der Meinungsstreit, an dem sich natürlich auch viele auswärtige Freunde Ahrenshoops und des Darßes beteiligten. Man befürchtete, daß es nun mit der Ruhe Ahrenshoops und der Abgeschiedenheit des Darßes vorbei sein würde. Aber die offensichtlichen Vorteile der Chaussee und die zentrale Finanzierung gaben den Ausschlag. Mit einem Kostenaufwand von 360 000,– DM je Kilometer wurde die Straße gebaut, die zwischen Drei Eichen und Born manche Sümpfe und Brüche zu überwinden hatte.

Im Frühjahr 1960 schlossen sich 21 kleine Landwirtschaftsbetriebe Ahrenshoops, von denen die meisten nur 5 ha groß waren, zu einer Landwirtschaftlichen Produktionsgenossenschaft zusammen und man kam überein, sich vorwiegend mit Viehzucht und Weidewirtschaft zu befassen.

Am 22. Dezember 1960 starb die Malerin und Bildhauerin Hedwig Woermann (geb. 1879), die vierzig Jahre in Wustrow gelebt hatte und zur Porträtistin der Fischlandbewohner ihrer Zeit wurde.

Am 13. März 1961 folgte ihr die Schriftstellerin Käthe Miethe (geb. 1893), die literarisch so viel zur Bewahrung der geschichtlichen Identität des Fischlandes und seiner Menschen beigetragen hat wie kein anderer.

So waren zu Anfang der sechziger Jahre die meisten Maler und Schriftsteller der ersten und auch der zweiten Generation der Ahrenshooper und Fischländer Künstler gestorben, und der künstlerische Zuwachs war geringer, als der natürliche Verlust.

Trotzdem blieb Ahrenshoop wie auch in den acht Jahrzehnten zuvor ein Künstlerort. Nach dem Kriege wurde es für viele Maler vor allem aus Berlin, Sachsen und Mecklenburg zum beliebten Sommeraufenthalt und die Landschaft mit ihren reizvollen Luft- und Lichtverhältnissen regte sie zum Malen an. Einige Namen aus der großen Schar älterer und jüngerer Maler mögen für viele genannt sein:

Nachdem der Ludwigsluster Herbert Bartholomäus bereits 1946 als erster die „Reise eines Malers nach Ahrenshoop“ geschildert hatte, kam er Jahr für Jahr wieder.

Ende der vierziger Jahre kamen der Dresdner Professor Rudolf Bergander (1909–1970), der Berliner Professor Oskar Nerlinger (1893–1969) und der Grafiker Herbert Tucholski (1896–1984) sowie der Maler, Grafiker und Fotograf Edmund Kesting (1892–1970) als Gäste nach Ahrenshoop.

Anfang der fünfziger Jahre folgten die Dresdner Professoren Ernst Hassebrauk (1905–1974) und Bernhard Kretzschmar (1889–1972), sowie Walter Denecke (1906–1975), der sich hier ein Haus baute, in dem er im siebzigsten Lebensjahr starb.

Die 1959/60 erbaute Chaussee Ahrenshoop-Born, als Projekt noch heißumstritten, schloß die Lücke der durchgehenden Verkehrsverbindung zwischen Ribnitz und Barth über die Halbinselkette Fischland–Darß–Zingst.

Im Sommer 1954 starb beim Malen in Pramort Professor Ernst Schaumann (geb. 1890) aus Teltow bei Berlin. Er war nach dem Kriege ständiger Sommergast in Ahrenshoop und wurde auf dem Ahrenshooper Friedhof beigesetzt.

Alle diese Maler und Grafiker schufen in Ahrenshoop Skizzen, Zeichnungen, Aquarelle und Ölgemälde, zumeist Landschaften, Stilleben und Porträts, die sie häufig in ihren Heimatorten als „Winterarbeit“ ausführten, da es ja in Ahrenshoop keine Ateliers mehr gab wie in den Zeiten der alten Malerkolonie.

Durch den Kulturbund kamen auch zahlreiche Schriftsteller, Theaterleute, Wissenschaftler und Journalisten nach Ahrenshoop als Sommergäste.

Im Jahre 1960 hatte es Ahrenshoop mit Alt- und Niehagen auf 8019 Gäste gebracht.

Die Kulturbund-Ortsgruppe veranstaltete in dieser Saison neun aktuelle Klubgespräche, 26 heimatkundliche, vier Reise- und 14 populärwissenschaftliche Vorträge, vier Theater- und vier literarische Abende, acht Konzerte, einen Schallplattenabend und vier Kindernachmittage mit insgesamt 3827 Gästen sowie – gemeinsam mit ansässigen Künstlern – vier Ausstellungen, in denen 4216 Besucher gezählt wurden.

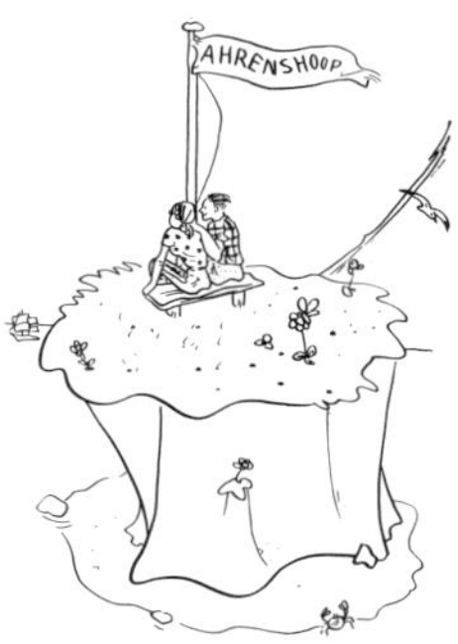

In Zeichnungen wie dieser von Heinz Kuhn brachten Maler und Grafiker immer wieder ihre liebevolle Verbundenheit mit Ahrenshoop zum Ausdruck.

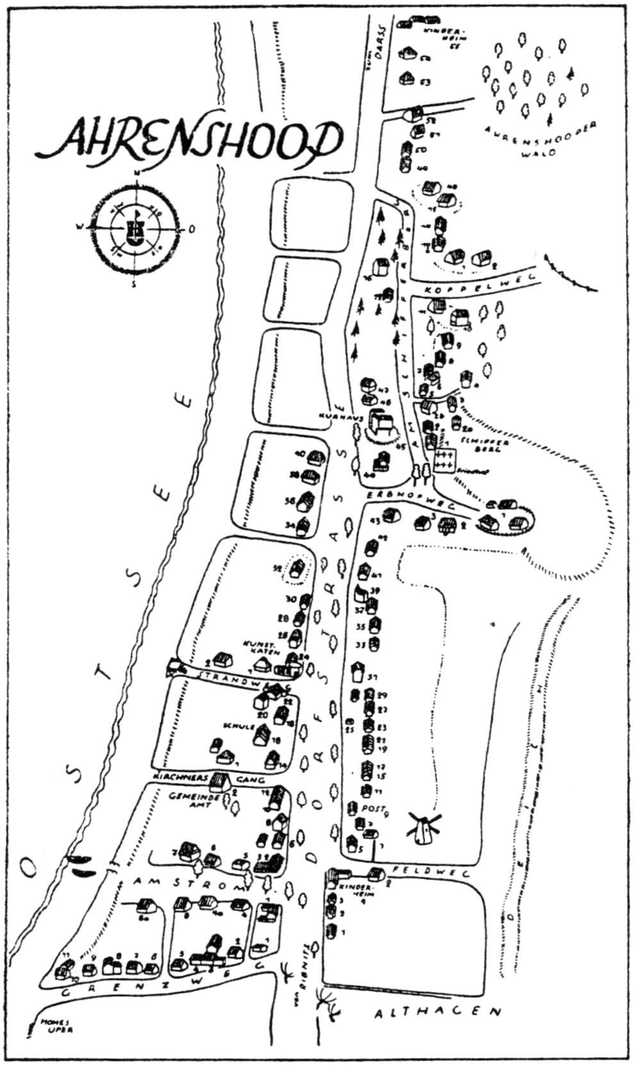

HOTELS / PENSIONEN / GASTSTÄTTEN

(Näheres siehe umseitige Inserate)

Kurhotel Ahrenshoop	Dorfstraße 45
Pension Charlottenhof	Grenzweg 3
Zum Seezeichen	Dorfstraße 22
Pension Basso	Koppelweg 1
Musikzimmer	Erbhofweg 2
Kaffee Namenlos	Dorfstraße 44

FREMDENHEIME / PRIVAT-VERMIETUNGEN

Dorfstraße		
3	Haus Höppner	Magnus Höppner
5	„ Gräff	Emil Gräff
7	„ Niemann	Frau Henny Niemann
8	„ Kliem	Frau Luise Kliem
10	„ Zorn	Betty Zorn
11	„ Paetow	Frau Hedwig Paetow
15	„ Both	Frau Marie Both
17	„ Saatmann	Helmuth Saatmann
18	„ Krull	Frau Else Krull
21	„ Bradhering	Heinrich Bradhering
26	„ Wegscheider	Frau Martha Braß
29	Strandheim	Hugo Lange
33	Haus Permien	Frau Erna Permien
35	St. Lukas	Bernhard Saatmann
36	Haus am Meer	Frau Lehnhardt
43	„ Henk	Frau Martha Henk
48	„ Kellner	Frau Magdalene Kellner
52	„ Sonnenfrieden	Frau Ilse-Irene Pilster
Grenzweg		
1	Haus Langner	Frau Frieda Richter
4	„ Hebert	Ernst Hebert
7	„ Klein	Johannes Baerwald
Am Strom		
1	Haus Lappe	Frau Martha Lappe
2	„ Meyer	Willy Meyer
3	„ Staben	Hella Staben
6	„ Vogt	Georg Hülße
7	„ Claaßen	Frau Carola Claaßen
Feldweg		
1	Haus Emma	Heinrich Voß
2	„ Schmidt	Frau E. Schmidt
Kirchners Gang		
1	Haus Helms	Frau Martha Helms
Strandweg		
2	Haus Schorn	Frau Dr. v. Monroy
Am Schifferberg		
4	Haus Seeberg	Frau Prof. Marie Seeberg
12	„ Linkenbach	Frau E. Linkenbach

Druck: Carl Hinstorffs Buchdruckerei, Rostock 102/4 95163/50 10000

Mit seinen Hotels, Pensionen, Gaststätten, Fremdenheimen und privaten Zimmern knüpfte Ahrenshoop in den Nachkriegsjahren wieder an seine traditonelle Gastfreundschaft an.

Hinzu kamen Kabinettausstellungen in der Bunten Stube und musikalische Veranstaltungen in der Ahrenshooper Kirche, die sich großer Beliebtheit erfreuten.

Nachdem 1957 bereits der Westdarß zum Naturschutzgebiet erklärt wurde, erhielt das Ahrenshooper Holz durch Anordnung vom 30. März 1961 ebenfalls diesen Schutzstatus.

Das Ahrenshooper Holz, ein rund 54 Hektar großes Waldgebiet, ist bereits auf der Stellaschen Karte von 1525 verzeichnet. Es handelt sich um einen an Rotbuchen reichen Birken-Stieleichen-Wald mit einer vielfältigen Pflanzenwelt und einer reizvollen Singvogelfauna. Das Ahrenshooper Holz hat einen bemerkenswert großen Bestand an Stechpalmen oder Hülsen (Ilex aquifolium), da für sie die Bedingungen hier besonders günstig sind. Der Ilex verlangt ein atlantisches Klima, d.h. ein Ausgleichsklima mit relativ milden Wintern, und hier ist die frostfreie Zeit mit 216 Tagen im Jahr die längste an der gesamten mecklenburgisch-vorpommerschen Küste. Manche der Ilexbäume erreichen eine Höhe von vier Metern.

Ende Juli 1961 weihte Landesbischof D. Krummacher aus Greifswald in der Ahrenshooper Kirche die neuerbaute Orgel. In einem Zeitungsbericht hieß es: „In der noch bis auf den Vorplatz hinaus dichtbesetzten Kirche fand Pfarrer Pless aus Prerow vor den Gliedern der Ahrenshooper und Nachbargemeinden und vielen Gästen Worte tiefbewegten Dankes dafür, daß er am Ende einer drei Jahrzehnte langen Amtszeit auf dem Darß diese Orgelweihe erleben dürfte. In seiner Erinnerung führte er die Gemeinde zurück in die Jahre, als der Bau der Ahrenshooper Kirche, ‚in der sich die sakralen Kräfte der Heimat die Hände reichten‘ und die er ‚die schwerste Arbeit meines Lebens‘ nannte, begonnen wurde.“

Das von der Orgelbaufirma Alexander Schuke in Potsdam gebaute Instrument, ein einmanualiges Positiv mit fünf Registern, wurde von Kirchenmusikdirektor Prost aus Stralsund abgenommen und nach der Weihe erstmalig öffentlich gespielt.

Zum Sitz des Kulturbundes in Ahrenshoop wurde die „Villa Elisabeth“, das 1894 von der Malerin Elisabeth von Eicken (die 1940 verstorben war) erbaute Haus in der Dorfstraße 39. Hier fanden zahlreiche und vielfältige Veranstaltungen für die Feriengäste und die Einheimischen des Ostseebades statt.

In den Jahren 1960/61 bewegte eine Diskussion monatelang die Gemüter in Ahrenshoop und andernorts. Es ging um die Pläne für „das neue Ahrenshoop“, die nach langer Projektierungsvorbereitung in einer Versammlung im Sommer 1960 der Öffentlichkeit in Ahrenshoop zur Kenntnis gebracht wurden.

Diese Pläne des Deutschen Reisebüros (DER) – dem 1960 das Kurhaus übertragen worden war – im Auftrage des Kulturbundes sahen, knapp gefaßt, vor:

1) Zur Vergrößerung des veralteten Kurhauses wird ein neungeschossiges Hochhaus mit 130 Betten erbaut, das mit dem Kurhaus durch eine lange verglaste Veranda verbunden wird. Baubeginn 1962, Vollendung 1964.

2) Das DER errichtet zwischen Webergasse und Grenzweg eine Bungalow-Siedlung mit 30 Doppel- und 20 Einbettzimmern, deren Mittelpunkt ein flaches Restaurant mit 300 Plätzen ist. Die Bungalows sind heizbar.

Das geplante neue Kurhaus, von der See aus gesehen *(Entwürfe: VEB Hochbauprojektierung Rostock)*

„Wie finden Sie das neue Ahrenshoop?". Unter diesem Titel eröffnete das Wochenblatt „SONNTAG" in seiner Ausgabe 9/1961 eine Diskussion über die Pläne des deutschen Reisebüros (DER), welche die Gemüter der Ahrenshoop-Fans verständlicherweise in Wallung brachte.

3) Am Schifferberg entsteht eine Hotelsiedlung: fünf ein- bis zweistöckige neue Hotels bieten je 40 bis 50 Plätze – in einer Parklandschaft rund um ein Restaurant mit 500 Plätzen und Kulturräumen. Inbetriebnahme 1966.

4) 1965 ist der Baubeginn für weitere Hotels mit 250 Plätzen, erstmals auch mit Appartement-Wohnungen.

5) Für den Schifferberg und das Hochhaus sind ein zentrales Heizgebäude, mehrere Parkplätze und ein Garagenbau für etwa 100 Pkw vorgesehen.

Die Gesamtinvestition ist mit 16 Millionen DM veranschlagt. –

Ausgegangen wurde von dem Grundsatz, daß Ahrenshoop ein Erholungsort der Kultur- und Geistesschaffenden war, ist und bleibt. Aber 1960/61 standen Angebot und Nachfrage schon längst in keinem Verhältnis mehr zueinander. Die Zahl der Plätze, über die der Kulturbund verfügte, war von 600 auf 400 gesunken, da der Eigenbedarf der wachsenden Einwohnerschaft zunahm und etliche Zimmer unbenutzbar geworden waren.

Im Februar 1961 veröffentlichte die Kulturbund-Wochenzeitung SONNTAG in einem Beitrag von Egon Richter die Pläne des DER und Kulturbundes unter der diskussionsfordernden Überschrift: „Wie finden Sie DAS NEUE AHRENSHOOP?"

Alle vier Wochen veröffentlichte die Zeitschrift eine Auswahl der eingegangenen Diskussionszuschriften, die von „einem klaren Nein" (Prof. Dr. Theodor Hurtig) und einem drastischen „Großzügig, aber ohne Verstand" (Dr. med. Günter P. Krause) über ein abwägend-warnendes „Ich bin sehr erstaunt" (Prof. Dr. Rosegger) bis zur bedenkenswerten Frage „Will man Privilegien erhalten?" (Prof. Dr. Elfriede Rehbein) reichten.

Die meisten Stimmen waren ablehnender Natur. Es ging vor allem um zwei Dinge:

Erstens um die gestalterischen Probleme der geplanten Erholungsstätten – und hier vor allem um das „Hochhaus" –, mit denen das Reisebüro und der Kulturbund die Erholungskapazität Ahrenshoops erweitern und die gastronomischen und kulturellen Verhältnisse verbessern wollten, zweitens aber gerade um diese Kapazitätserweiterung, die mehr Künstlern und Wissenschaftlern als bisher die Chance eines Ahrenshoop-Urlaubs geben sollte, vor allem jenen, die kein eigenes Haus, kein festes Stammquartier oder gute Beziehungen in Ahrenshoop besaßen.

Im Juli 1961 brachte der SONNTAG einen zusammenfassenden und abschließenden Artikel von Egon Richter unter der Überschrift: „So finden Sie das neue Ahrenshoop", der mit den Sätzen begann: „Die Würfel sind gefallen: Das Projekt Ahrenshoop wird in die Wirklichkeit umgesetzt; aber nicht über die ‚Interessenten' hinweg. Als Kulturbund, Reisebüro, Projektanten, Küstenschutz und Baubeauftragte, Bürgermeister und Gemeindevertreter nochmals zu einer ausführlichen Beratung zusammenkamen, standen auf der Tagesordnung die Argumente aus der SONNTAG-Diskussion und teilweise neue Pläne."

Trotz harter Worte:

Demokratie in Aktion

So finden sie das neue Ahrenshoop

Unsere Diskussion brachte wertvolle Anregungen

Die Würfel sind gefallen: Das Projekt Ahrenshoop (siehe SONNTAG Nr. 9/1961, umstritten in Nr. 16, 19 und 23) wird in die Wirklichkeit umgesetzt; aber nicht über die „Interessenten" hinweg. Als Kulturbund, Reisebüro, Projektanten, Küstenschutz und Baubeauftragte, Bürgermeister und Gemeindevertreter nochmals zu einer ausführlichen Beratung zusammenkamen, standen auf der Tagesordnung die Argumente aus der SONNTAG-Diskussion und teilweise n e u e Pläne.

Der neue Entwurf für das „hohe Haus" in Ahrenshoop Zeichnung: Dipl.-Ing. Zimmermann, VEB Hochprojektierung Rostock

„So finden Sie das neue Ahrenshoop" – resümierte der „SONNTAG" im Heft 30/1961, die ein halbes Jahr währende öffentliche Debatte über die Pläne für eine weitreichende Umgestaltung Ahrenshoops, von denen in der Folgezeit fast keiner zur Ausführung kam.

Aber die Veränderungen waren keineswegs gravierender Natur, mit Ausnahme des Neubaus des abzureißenden Kurhauses in Gestalt eines zweigeschossigen Restaurants, wodurch die Gaststätte für die „Hotelsiedlung" am Schifferberg entfallen würde.

Diese auf einen Neubau hinauslaufende umfassende Rekonstruktion des Kurhauses begann tatsächlich im Jahre 1967 und wurde mit der Eröffnung des jetzigen Kurhauses im Sommer 1970 gekrönt.

Seit 1960 hatten sich in wachsendem Maße auf dem Hohen Ufer eine Reihe Künstler und Geistesschaffende – darunter verdienstvolle DDR-Wissenschaftler von Rang und Namen – rohrgedeckte Sommerhäuser gebaut und dafür häufig unter Ausschluß der Gemeindevertretung von übergeordneten Instanzen Ausnahmegenehmigungen erhalten. So entstand die kompakte Feriensiedlung „Am Hohen Ufer".

Aber das so emotionell umstrittene NEUE AHRENSHOOP-Projekt blieb Schall und Rauch: Am 13. August 1961 errichtete die DDR die Berliner Mauer und baute die Sicherungsanlagen an der Westgrenze aus. Der kalte Krieg zwischen Ost und West war in einen neuen Abschnitt seiner Eskalation eingetreten. Die ökonomischen Probleme und Widersprüche in der DDR vertieften sich und für solche ehrgeizigen infrastrukturellen Projekte wie DAS NEUE AHRENSHOOP standen keine Mittel mehr zur Verfügung.

LITERATURAUSWAHL

Bastian, W.: Die Hafen- und Stromburgen im ehemaligen Land Barth und die Burg von Vitte in Ahrenshoop. – Bodendenkmalpflege in Mecklenburg, Jahrbuch 1959, Schwerin 1961.

Becher, J.R.: Auf andere Art so große Hoffnung. Tagebuch 1950. Auswahl in sechs Bänden, Band 6, Berlin 1952. („Ahrenshooper Tagebuch" S. 338 ff.)

Berg, G.: Beiträge zur Geschichte des Darßes und Zingstes. Prerow 1934.

Bohn, B., V. Bombor und W. Karge: Ahrenshoop – eine Künstlerkolonie an der Ostsee. Fischerhude 1990.

Curschmann, F.: Matrikelkarten von Vorpommern 1692–1698. Karten und Texte. I. Teil, Rostock 1948.

Dolberg, L.: Eine Küstenwanderung von der Warnow bis Wustrow durch die Rostocker Heide, Graal, Müritz, Dändorf und Dierhagen wie das Fischland. Ribnitz 1885.

Enking, O.: Tilsche Schellwegen – die Hexe vom Fischland. Roman, Wismar 1936.

Fukarek, F.: Die Vegetation des Darß und ihre Geschichte. Jena 1961.

Glander, H. und E. Venzmer: Ahrenshoop. Schwerin 1963.

Glander, H.: Ahrenshoop – Maler entdecken ein Dorf. Schwerin 1967.

Hamer, D.: Gerhard Marcks – Bilder aus Niehagen/Briefe nach Mecklenburg. Rostock 1989.

Hurtig, Th.: Die mecklenburgische Boddenlandschaft und ihre entwicklungsgeschichtlichen Probleme. Berlin 1954.

Kempin, L.: Die heilige Insel. Eine Sommergeschichte. Bielefeld und Leipzig 1919.

Kolp, O.: Sturmflutgefährdung der deutschen Ostseeküste zwischen Trave und Swine. Stralsund 1955.

Kühl, P.: Geschichte der Stadt und des Klosters Ribnitz. Neubrandenburg 1933.

Marcks, Gerhard: 1889–1981; Briefe und Werke. Archiv für bildende Kunst (Nürnberg), München 1988.

Meyer-Scharffenberg, F.: Zwischen Meer und Bodden. 1. (6.) überarb. Auflage. Rostock 1968.

Miethe, K.: Das Fischland – ein Heimatbuch. Rostock 1953.

Miethe, K.: Die Flut – Bilder vom alten Ahrenshoop. Rostock 1954.

Miethe, K.: Bark Magdalene. Roman. 7. Aufl., Rostock 1987.

Miethe, K.: Rauchfahnen am Horizont. Roman. 4. Aufl., Rostock 1987.

Miethe, K.: Auf großer Fahrt. Die Navigationsschule zu Wustrow auf Fischland. Neuaufl. Rostock 1990.

Peters, C.J.F.: Das Land Swante-Wustrow oder Das Fischland. Eine geschichtliche Darstellung. Wustrow 1862. 2. Aufl. 1884. 3. Aufl. Ribnitz 1926.

Prignitz, H.: Vom Badekarren zum Strandkorb. Zur Geschichte des Badewesens an der Ostseeküste. Leipzig 1977.

Ringeling, G.: Seefahrend Volk. Vier Erzählungen vom alten Fischland. Berlin 1935.

Ringeling, G.: Fischländer Volk. Rostock 1947.

Ringeling, G.: Erzählungen. 12. Aufl., Berlin 1969.

Schulz, F.: Ahrenshoop zwischen Meer und Bodden. Ahrenshoop 1990.

Schulz, F.: Wustrow auf dem Fischlande. Ahrenshoop 1990.

Segebarth, J.: Die Halbinsel Darß-Zingst. Prerow 1900. 2. Aufl. Prerow 1910.

Wossidlo, R.: „Reise/Quartier/in Gottesnam". Rostock 1940/42, 9. Aufl. Rostock 1980.

BILDQUELLEN UND HINWEIS

Wir danken allen privaten Leihgebern für die Überlassung des Fotomaterials, ohne die das Buch in dieser Form nie entstanden wäre. Selbstverständlich respektieren wir deren Wunsch, nicht namentlich genannt zu werden.

Für die Überlassung der Bildrechte danken wir dem Bildarchiv Preußischer Kulturbesitz, Berlin; Seite 109 rechts außen und S. 127 rechts oben. Der Johannes Eichner- und Gabriele-Münter-Stiftung, München für die Abb. auf S. 68, der Gerhard-Marcks-Stiftung, Bremen, für S. 98, 118, 123. Trotz aller Sorgfalt können in diesem Buch unautorisierte Abbildungen vorhanden sein, da die Urheberrechter nicht in Erfahrung gebracht werden konnten. Wir bitten in diesen Fällen um Nachsicht und Mitteilung an den Herausgeber oder Verlag.

INHALTSVERZEICHNIS

DANKSAGUNG

Bei der Arbeit an diesem Buch konnten wir uns auf gewissenhafte Chronisten stützen, die in der Vergangenheit Ahrenshoop und den Fischlanddörfern ihre Aufmerksamkeit widmeten. Von den gedruckten Quellen wären hier vor allem zu nennen:

August von Wehrs: „Der Darß und der Zingst, ein Beitrag zur Kenntnis von Neuvorpommern" (1819), Gustav Berg: „Beiträge zur Geschichte des Darßes und des Zingstes" (1934), Käthe Miethe: „Das Fischland – ein Heimatbuch" (1948), Hermann Glander und Erich Venzmer: „Ahrenshoop" (1963).

Zu neuen und weiterführenden Erkenntnissen gelangten wir durch die Einsichtnahme in archivalische Unterlagen der Familie Wegscheider und der Gemeindeverwaltung Ahrenshoop. Von großem Gewinn waren die persönlichen Aufzeichnungen von Frau Marianne Clemens (Hamburg), die uns auch die Erinnerungen ihres Vaters, Dr. Rudolf Ziel, zur Verfügung stellte. Ergänzende wertvolle Auskünfte gewährten uns in Briefen und Gesprächen zahlreiche Persönlichkeiten, die mit der Geschichte Ahrenshoops, Alt- und Niehagens auf unterschiedliche Weise verbunden sind. Besonderer Dank gilt den Damen und Herren Werner Eknigk (Althagen), Prof. Dr. Franz Fukarek (Greifswald), Mechthild und Georg Hülsse (Ahrenshoop), Eva Niemann (Ahrenshoop), Lore Schmidt (Berlin), Walter Schüler (Berlin), Prof. Dr. Karl-Heinz Schulmeister (Berlin), Gertrud Wegscheider (Ahrenshoop) und Kurt Wegscheider (Berlin).

Wir danken Frau Eleonore Rösel (Ribnitz), die wertvolle Informationen aus zahlreichen Jahrgängen alter lokaler Tageszeitungen herausfischte und Frau Anneliese Schulz (Berlin), die kritisch-prüfend alle Manuskript-Fassungen las.

IMPRESSUM

Verlag Atelier im Bauernhaus
2802 Fischerhude
in Zusammenarbeit mit der
„Bunten Stube Ahrenshoop"
Hrsg.: Andreas Wegscheider, Ahrenshoop
Herstellung und Gestaltung:
H.-G. Pawelcik

DER AUTOR

Friedrich Schulz, geboren am 18. Dezember 1925 in Berlin.

Nach der Schulzeit Lehre als Industriekaufmann. 1943 Arbeitsdienst in Pütnitz bei Damgarten (Vorpommern); hier erste Bekanntschaft mit der Darßer Boddenlandschaft. 1943 Einberufung zur Wehrmacht, 1944 Fronteinsatz als Funker; 1944–19948 sowjetische Kriegsgefangenschaft. 1948–1959 Bauarbeiter, Verwaltungsmitarbeiter, Lehrer an Verwaltungs- und Wirtschaftsschulen in Ost-Berlin, Fernstudium.

Nach 1959 Journalist im Deutschen Fernsehfunk, Autor und Redakteur publizistischer Sendungen, Egon-Erwin-Kisch-Preis der OIRT. Verheiratet, drei Töchter. Seit Januar 1990 Rentner, wohnhaft in Berlin-Friedrichshagen.

Beschäftigt sich seit 1960 mit der Geschichte des Ostseeküstengebietes zwischen Rostocker Heide und Hiddensee. Autor zahlreicher Zeitschriften- und Zeitungsbeiträge zur mecklenburgisch-vorpommerschen Heimat- und Kulturgeschichte. Publikationen: „Eisenbahn zwischen Meer und Bodden – ein Beitrag zur Geschichte der Darßbahn Barth–Prerow" (1988 mit G. Jonas), „Ahrenshoop zwischen Meer und Bodden" (1990), „Wustrow auf dem Fischlande" (1990), „Der Darß – Streifzüge in die Natur und Geschichte einer vorpommerschen Küstenlandschaft" (1991), „Von Vogelfreistätten zum Nationalpark – zur Naturschutzgeschichte unserer Boddenlandschaft" (1991) und „Prerow auf dem Darß – ein vorpommersches Ostseebad und seine Nachbardörfer Wieck und Born" (1992). – Mitarbeit im Förderkreis Ahrenshoop e.V., im Förderverein Nationalpark Boddenlandschaft e.V. und im Heimatverband Mecklenburg-Vorpommern.

Satz: Fotosatz M. Simmering, Lilienthal
Reproarbeiten: G. Rieke, Achim
Druck: Girzig & Gottschalk, Bremen
ISBN 3 88 132 290-6

Weitergehende Hinweise und Ergänzungen, Bild- und anderes Material, das zu diesem Thema gehört, erbitten wir an den Herausgeber: Andreas Wegscheider, Dorfstraße, O-2593 Ahrenshoop.